社区矫正应用辅导系列教材

# 社区矫正工作教程

SHEQU JIAOZHENG GONGZUO JIAOCHENG


主　编◇陈明国

副主编◇刘朝宽　王　强　陈爱蓓

执行主编◇唐清利　向　军　胡　勇



法律出版社 | LAW PRESS

社区矫正应用辅导系列教材

# 社区矫正工作教程

**主　　　　编：**陈明国

**副　主　编：**刘朝宽　王　强　陈爱蓓

**执 行 主 编：**唐清利　向　军　胡　勇

**编辑委员会主任：**陈明国

**编辑委员会副主任：**刘朝宽　姚正奇　王　强　陈爱蓓　沈华伦　何　华　安家爱　唐清利　向　军

**编辑委员会委员：**曹　策　李西臣　田婉蓉　罗　媛　朱晓科　彭思远　路国航　陈思颖　吕　茜　郑晓茜　张玉扩　陈　新

# 前　言

社区矫正是目前国际上普遍实行的一种刑罚执行制度。它最早作为一种罪犯改造方式于20世纪60年代出现于美国，由于其执法成本相比监狱要低很多而得到美国各州政府的大力支持。1972年，社区服务正式纳入英国的《刑事司法法》，成为英国社区令的重要组成部分，并逐渐被西方国家普遍采用。西方早期社区矫正运动是在对监狱改造模式进行批判反思的基础上，探索借助社会环境，通过为罪犯提供必要的社会支持而助其走上正途的一种改造罪犯的措施和机制。从国际发展趋势看，应减少监禁刑的适用，扩大缓刑范围，或通过其他非监禁措施代替监禁刑；对于确因罪行严重，需进入监狱服刑的罪犯，也要尽可能缩短在监狱服刑时间，放宽假释限制。

社区矫正在我国始于2003年，是在立足我国国情，继承我国原有非监禁刑罚执行制度，总结社区矫正实践经验，吸收借鉴国外社区矫正有益做法基础上建立的。2011年2月，《刑法修正案(八)》正式确定了社区矫正刑罚制度。2012年3月，新《刑事诉讼法》对社区矫正制度又作出进一步规定。这两部法律的相关规定标志着我国社区矫正法律制度的确立。

社区矫正是对我国宽严相济刑事政策的贯彻，对刑罚执行制度的探索、改革和完善，构建了我国监禁刑执行和非监禁刑执行协调统一、相互贯通、互为支撑的新型刑罚执行体系。社区矫正与非监禁刑刑罚和缓刑、假释制度有着密切的关系，但与监狱采取监禁刑罚执行方式不同，社区矫正是把符合法定条件的罪犯放在社会上监督管理和教育改造。对那些主观恶性不大、社会危害性不大的罪犯不予收监关押，在社会上依法实行社区矫正，有利于从源头上遏制、减少违法犯罪。通过综合运用社会力量对社区服刑人员进行教育改造和帮扶，丰富改造手段和方式，提高了改造效果。目前，社区矫正工作已在全国各省、自治区、直辖市全面开展，社区服刑人员数量不断增长。各地累计接收社区服刑人员已超过250万人，社区服刑人员在矫正期间的重新犯罪率一直保持在0.2%的较低水平。

新形势下，为落实十八届三中全会提出的“健全社区矫正制度”的要求，司法行政机关社区矫正机构正在全面推进社区矫正各项工作，加大对社区矫正经费保障政策的贯彻执行力度，推进社区矫正基础设施建设，加强社区矫正信息化建设，社区矫正立法也在紧锣密鼓地推进。但是，各地在社区矫正工作的实践探索长期在没有上位法指导的环境中进行，相关理论研究严重滞后，甚至社会上对于社区矫正的性质认识都不清晰。社区矫正依法是刑罚执行的一种方式，但是，很多领域仍然把社区矫正作为一项普通的司法行政服务行为看待，这种错误认识甚至在个别司法行政机关工作人员中都出现了“服务社会而非执行刑罚”的误解。社会上一些群体对待社区服刑人员生怕侵犯了其“人格”非要用“社区矫正人员”的称呼代替，普通大众甚至误以为这是一种特殊工作。凡此种种，已到了必须有理论、有认识、有法度、有体制、定位清、性质明的时候了。不仅需要有一套普及性读物让社会认知“社区矫正”，也需要一套具有大致共识的理论为进一步研究和立法工作做准备，还需要一套既可以为社区矫正刑罚执行人员提供操作规程指引的教材，更需要有一套为了实现社区矫正刑罚执行特有的改造罪犯的目的而专门针对罪犯自身的通俗读本。正是基于这种目的，我们组织编写了这套教材和指导用书。这套书共三本：《社区矫正工作教程》《社区服刑人员常见法律问题》《社区服刑人员社会适应性问题》。

本书《社区矫正工作教程》主要是结合有关社区矫正的中央精神、基本法条、规范性文件以及多年实践探索中各地大致相近的经验，根据社区矫正的基本流程、行权结构、主要问题和解决对策构建写作逻辑，立足于实践需要，体现“理论－制度－案例－评析”相结合的写作风格，力图在反映社区矫正基本理论和制度体系的同时，提升实操性和针对性。第一章社区矫正制度的理念与实践概况，主要介绍了社区矫正的基本理论和制度沿革等基础性问题，包括域外社区矫正制度发展状况及其在我国的实践，社区矫正制度的基本理论，社区矫正制度的体系构成，社区矫正的适用范围、阶段与类型，社区矫正的保障机制几个方面。第二章调查评估，主要从实务操作的层面展开，包括调查评估的理论与方法，调查评估的理解与运用，调查评估的基本经验与典型案例等方面。第三章交付执行，主要包括：交付执行的程序和主要方式，交付执行制度的理解与运用，交付执行的基本经验与典型案例等实际问题。第四章监督管理，主要包括监督管理的制度构成，监督管理的理解与运用，监督管理的基本经验与典型案例等问题。第五章教育矫正与适应性帮扶，包括教育矫正的概念与方式，适应性帮扶的概念与内容，教育矫正与适应性帮扶的理解与运用，教育矫正及适应性帮扶的基本经验与典型案例等方面。第六章分类分阶段矫正，包括分类分阶段矫正的概况，分类分阶段矫正的理解与运用，分类分阶段矫正的基本经验与经典案例等方面。第七章考核及其运用，包括考核的基本内容，考核的理解与运用，考核及其运用的基本经验与典型案例等方面。第八章社区矫正的解除与终止，包括社区矫正解除与终止的概念、特征、适用，社区矫正解除与终止的理解与运用，社区矫正解除与终止的基本经验与案例等方面。第九章社区矫正衔接机制，包括社区矫正衔接机制的概念、特征及原则，社区矫正相关衔接制度规范，社区矫正衔接机制的主要内容等方面。文后我们还用了两个附录，包括有关规范性文件和实务操作文书范本以便于社区矫正在实践中得到更好地理解和运用。

为了克服缺少上位法指引，并防止理论与实践脱节的问题，本书在编纂过程中，力求结合已有研究文献资料、部分省（市）的社区矫正工作实践经验和国外相关经验展开写作，但这也是本书的不足之处，部分理论和采用的规范性文件尚有可商榷之处，恳请同仁批评指正。

编写组

2017 年 7 月

# Contents | 目录

# 第一章　社区矫正制度的理念与实践概况

## 导读

19 世纪末，行刑社会化思想在西方兴起，社区矫正制度正是在这种思潮下产生。从本质上来说，社区矫正制度是对监禁刑的一种补充，是通过将罪犯放置在社区，由特定的机关和组织进行监管，实现罪犯再社会化，并提升罪犯的改造效果，减少其重新犯罪的可能性。这项制度自兴起以来，理论上、实践中都受到了越来越多的重视。从实施效果上讲，社区矫正对减轻监狱压力和提升罪犯改造效果都起到了重要作用。经历十多年的社区矫正实践，如何建立具有中国特色的社区矫正制度，已成为完善我国刑罚制度亟需回答的问题。为此，本章分为五节，分别从域外社区矫正制度发展状况及其在我国的实践，社区矫正制度的基本理论，社区矫正制度的体系构成，社区矫正的适用范围、阶段与类型以及社区矫正的保障机制几方面对社区矫正制度展开阐述研究。

## 第一节　域外社区矫正制度发展状况及其在我国的实践

### 一、域外社区矫正制度发展的基本状况

英国是世界上最早实行社区矫正制度的国家之一。在 1907 年实行的《罪犯保护观察法》中首创了保护观察制度。作为近代世界监狱改良运动和刑罚执行社会化的发源地，英国在 19 世纪末 20 世纪初期就已经通过刑事立法和司法确立了社区矫正制度，各种非监禁刑罚也相继进入了司法实践领域。英国的社区矫正刑罚是一种由一系列不同的社区矫正令组合而

成的复合刑种,具有较强的针对性和可操作性。2000 年英国国会通过的《刑事法院量刑权限法案》,对社区矫正制度作了比较完备的规定。社区矫正刑包括社区恢复令、社区服务令、结合矫正令、宵禁令、毒品治疗与检测令、出席中心令、监督令以及行为规划令等。①

美国也是社区矫正制度的发源国之一,1973 年美国明尼苏达州议会通过了世界上第一部《社区矫正法》,用于规范全州范围内社区矫正工作。自此以后,社区矫正在美国各州得到了迅速的发展。美国的社区矫正制度是以保护公众安全为出发点,在社区矫正的适用和实行上都是以保护公共安全为首要的考虑因素,而不仅仅是着眼于罪犯重返社会。因此,美国的社区矫正又被称为"公众保护模式"的社区矫正。同时,美国社区矫正的形式也是多种多样,主要方式包括转向、假释、中途之家、社区服务、家中监禁、工作释放等。②

如果说社区矫正制度的发源地在英美国家,那么其进一步的发展却是在日本。日本的社区矫正立法经历了相当长的时间,特别是为社区矫正中的更生保护制度提供了有力的法律保障。1949 年日本制定了《犯罪者预防更生法》;1953 年和 1954 年日本修改刑法,授权刑事裁判所可以批准终止判决的执行;1969 年日本修改《犯罪者预防更生法》;1996 年制定了《更生事业保护法》,2000 年修改并扩大了保护观察者的适用范围。这些法律的制定标志着社区矫正在日本基本得以确立。③ 在日本对罪犯的矫正形式主要有两种:一种是监狱矫正;另一种是社区矫正,又称为更生保护制度。因此,日本的社区矫正工作又称为更生保护工作,其主要对象包括:被家庭法院判处保护观察处分的少年、从少年教养院假释的少年、监狱中假释的犯罪分子、被法院判处缓刑并处保护观察的犯罪分子、从妇女辅导院假释的妇女。④ 日本的社区矫正制度设置的目的是给予罪犯各种帮助和

---

① 王兰娣:《英国的社区矫正制度》,载首都政法综治网 http://www.bj148.org/zhenggong/zgwh/djzfwy/qt/201311/t20131129_418577.html,2016 年 11 月 24 日访问。

② 王胜:《社区矫正制度研究》,载《环球市场》2016 年第 5 期。

③ 王胜:《社区矫正制度研究》,载《环球市场》2016 年第 5 期。

④ 梅义征:《从日本、新西兰社区矫正制度看我国社区矫正工作的发展方向》,载《中国司法》2007 年第 9 期。

引导,以便使他们能够作为健康的社会成员过正常的生活。

进入 21 世纪以来,社区矫正工作变得更加灵活多样。香港地区的社区矫正制度设立于 1933 年,当时只以青少年为矫正对象,1956 年的《感化犯人条例》颁布后,矫正对象扩展至任何年龄的罪犯。香港的非监禁刑主要包括:社会服务令、保释、罚金、感化(即缓刑监督)、下令补偿或赔偿、刑事破产令、没收及吊销驾驶执照等。同时,香港刑事法律判处的刑罚也可适用缓刑和假释制度。因此,就香港社区矫正制度而言,主要由社会服务令和缓刑监督两大块组成。社会服务是指由法院判令罪犯在特定的期限内无偿地完成一定时数的于社会有益的工作与服务,以此视为对自身行为的补偿并替代其他判决,或在其他处罚之外判令犯罪人从事有益于社会的无报酬工作。缓刑监督又名感化,也是一种非监禁性的刑罚方式,具体规定缓刑制度的规范性文件是《罪犯缓刑条例》。① 在香港地区,社区矫正工作执行主要由惩教署和社会福利署完成,惩教署是统一管理监狱、惩教所、劳役中心、戒毒所、精神治疗中心的监禁刑的执行机构,同时也负责一部分非监禁刑的执行,惩教署下设的更生事务组主要帮助矫正对象的改造,使其重新融入社会,更生事务组又分设若干小组。② 在对国外社区矫正制度的借鉴中,香港既吸收了西方发达国家社区矫正制度的先进经验,同时又保留了本地区的鲜明特色。③

我国台湾地区在社区处遇制度方面有一定发展,并形成了独特的社区矫正执行体系——观护制度。④ 社区矫正在台湾地区也称为社区处遇,旨在突出“治疗”的目的,区别于设施内的“矫正”处遇。社区处遇乃指不将犯罪人收容于设施内,而让其在社会上一边过着通常的生活,一边用指导、

① 陈立峰、高晓峰:《香港社区矫正介绍及其对内地的借鉴》,载《浙江万里学院学报》2006 年第 19 卷第 6 期,第 65 ~ 68 页。

② 刘强:《国外和我国港台地区“社区矫正”法律规范的殷鉴》,载《探索与争鸣》2003 年第 10 期,第 29 ~ 31 页。

③ 闵征:《内地与香港社区矫正比较研究——以善导会为视角》,载《中国监狱学刊》2010 年第 6 期。

④ 戴艳玲:《我国台湾地区社区矫正观察及其启示》,载《中国监狱学刊》2015 年第 4 期。

援助等手段使其能够改善更生的措施，藉以减少机构性处遇之运用、减少监禁时间、缩减犯罪人与正常社会的距离，以利于犯罪人能再复归社会。社区处遇，不只包含假释、保护管束及更生保护等保护性处遇外，尚包含新形态的社区处遇如损害回复、社区服务及科技设备监控等。社区矫正的概念台湾地区还没有专门的社区矫正规定，长期以来，社区矫正的工作依据分散在许多规定当中。因此，台湾地区社区矫正在制度层面上没有明确的分类。但基于社区处遇方式的划分，其主要分为社区服务和社区监督两大类别。台湾地区社区矫正执行的核心是“观护”，即监督和保护，对社区服刑人员实施监督和保护一系列规范的总和就构成了观护制度，包括保护管束（主要是缓刑付保护管束和假释付保护管束）、缓起诉处分社区处遇、附条件缓刑社区处遇、易服社会劳动等各项执行制度。① 从世界范围来看，社区矫正作为一项刑事制度也已日臻完善。②

## 二、我国社区矫正制度的引入和实践

随着我国经济社会的发展，犯罪诱因增多，国内犯罪相对数量增长较快，给监狱的关押造成了巨大的压力，与此同时，人权保障观念和刑法理论、刑罚技术等方面取得了很大的进步，因此，对于罪行轻微，不需要关押的罪犯，适用社区矫正的方式进行改造已逐渐成为社会共识。中央为此也开展了相关的试点工作。2003 年 7 月，“两高两部”确立了首批社区矫正工作试点省（直辖市）。③ 在社区矫正中，按照我国《刑法》《刑事诉讼法》等有关法律、法规和其他规范性文件的有关规定，一方面，社区矫正作为刑罚的一种适用方法，首要目的是要加强对社区服刑人员④的管理和监督，

---

① 戴艳玲：《我国台湾地区社区矫正观察及其启示》，载《中国监狱学刊》2015 年第 4 期。

② 王顺安：《社区矫正研究》，山东人民出版社 2008 年版，第 53 页。

③ 首批社区矫正工作试点省（市）：北京、天津、上海、江苏、浙江和山东。

④ 尽管 2016 年《社区矫正法（征求意见稿）》规定，适用社区矫正的对象为社区矫正人员，但该征求意见稿尚未通过，且此前关于社区矫正的规范性文件规定适用社区矫正的系社区服刑人员，如《关于进一步加强社区矫正工作衔接配合管理的意见》（司发〔2016〕88 号）适用“社区服刑人员”这一概念。为统一称谓并突出社区矫正的刑罚执行特点，本书均采用社区服刑人员的概念。

确保刑罚的顺利实施。另一方面,通过多种形式,加强对社区服刑人员的思想教育、法制教育、社会公德教育,矫正其不良心理和行为,使他们悔过自新,弃恶从善,成为守法公民。同时,帮助社区服刑人员解决在就业、生活、法律、心理等方面遇到的困难,以利于他们顺利适应社会生活。

各地也紧跟中央出台了相关的社区矫正文件。北京市针对社区矫正的实行方式、工作要求等下发了《关于开展社区矫正试点工作的意见》(京政法〔2003〕32号)等文件,使社区矫正试点工作有章可循,稳步推进;上海市针对工作流程、工作者要求等下发了《关于开展社区矫治工作试点的意见》(沪委政法〔2002〕101号)、《关于推进本市社区矫治工作的实施意见》(试行)(沪委政法〔2002〕102号)等文件,进一步规范社区矫正的试点工作;浙江省下发了《浙江省社区矫正试点工作意见》(浙委办〔2004〕27号〕,明确规定社区矫正的指导思想、适用范围、主要任务和工作队伍等要求;江苏省下发了《江苏省社区矫正试点工作实施意见》(苏社矫〔2004〕1号)和《江苏省社区矫正工作流程(试行)》(苏社矫〔2004〕2号)等文件,规范社区矫正的流程,推进社区矫正试点工作的进行。

这些试点工作为中国特色社区矫正制度的发展奠定了基础。在制度层面,它基本解决了社区矫正的主体、工作机制、衔接机制、责任机制以及社区矫正的基本程序、主要方法等问题。在社区矫正的主体上,确立了司法行政机关作为社区矫正的工作主体,这不仅符合刑罚执行的要求,而且能够保障社区矫正工作的真正落实。在社区矫正工作机制上形成了由司法行政机关牵头组织实施,相关部门协作配合,司法所具体负责社区矫正日常工作的机制。在衔接机制上形成了政法牵头,司法行政为主,法院、检察院、公安等各个部门明确分工,相互配合的机制。而在责任机制上则形成了以市、区(县)、街道(镇)为区划,分别成立由党委牵头,公、检、法、司、民政、劳动和社会保障、监狱等部门组成的领导小组(或办公室),负责本地区的社区矫正的领导和组织工作。同时,也确立了社区矫正的基本程序和主要方法,在社区矫正接收、执行、考核与奖励、解除矫正等环节中,充分运用监督管理、教育矫正、适应性帮扶、分类分阶段矫正等方法改造罪犯。

但是从全国的试点工作来看,社区矫正还面临着一系列亟待需要解决的急迫问题,比如主体身份问题、主体职责问题、执法权问题、执法手段问题、各机关之间的执法衔接问题。这些问题各个地方在试点中进行了探索,并取得了一些经验,但仍缺乏顶层设计。

1. 就主体身份问题,一些省(直辖市、自治区)在试点过程中,采用了队建制模式,借鉴公安机关执法队伍建设方式,设立总队、支队、大队,并且成立社区矫正局或处。浙江省下发的《浙江省社区矫正试点工作意见》(浙委办〔2004〕27号)规定,在县级司法局社区矫正管理科基础上成立社区矫正执法大队,承担和履行县级社区矫正机构监管执法职能,并由执法大队进驻监管指挥中心,统一协调和办理本辖区的社区矫正工作,但是这些经验,并未在编制上确认,社区矫正工作的开展仍有难度。

2. 就主体职责问题,各地在试点过程中,基本形成了以司法所为社区矫正日常管理的工作主体模式。北京、上海、江苏等地都明确规定了司法所的职责,但司法所的工作人员并没有类似警察的执法权,同时也缺乏专业培训,业务素质参差不齐,不利于社区矫正工作的开展。

3. 对于执法权问题,在试点过程中,北京市《关于开展社区矫正试点工作的意见》(京政法〔2003〕32号)较早就采取了抽调监狱警察派驻司法所的模式,每个司法所至少派驻一名监狱警察,并初步形成一系列制度。但由于社区矫正通常由基层司法行政机关(司法所)来承担,司法所不具有执法权,对于那些拒不服从管理,甚至公然对抗矫正的社区服刑人员,只能采取说服教育的方式。此外,司法所缺乏强制措施,且派驻的监狱警察人员较少,一旦遇到社区服刑人员引发的突发事件,无法在第一时间对现场形势进行控制。

4. 在执法手段上,为了加强对社区服刑人员的监管,防止其脱、漏管,山东省明确要求省内各地社区矫正工作人员配备执法记录仪,将社区服刑人员和执法人员的谈话、教育过程全程数字化记录,为入矫报到、谈话、走访等现场真实记录提供第一手实时影像资料。同时,通过脸谱识别仪对社区服刑人员的面部、指纹等相关信息进行收集、存储和处理。在日常报到、社区服务、集中教育等活动中,改变传统的签字方式,由系统根据采集的信息进行自动识别和签到。由于各省的经济发展水平有差异,山东省的模式未能在全国全面普及。

5. 针对各机关执法衔接问题,上海市在《中共上海市委政法委员会关于构建预防和减少犯罪工作体系的意见》(沪委办〔2003〕16 号)中对进一步推进社区矫正试点作出了总体部署,提出了明确的要求。明确规定通过召开公、检、法、司的联席会,统一认识和行动,协调力量,相辅相成形成合力,推动工作的发展。虽然在制度层面上形成了对接,但在实际操作中由于存在工作职责、交接时间、管理主体等不明的原因,造成衔接机制不够完善。

## 三、我国社区矫正制度的初步形成与改革完善

经过十多年的不断探索,社区矫正制度逐步形成了一批具有操作性强的工作规范,制度化的雏形也逐渐显现。我国社区矫正制度主要由中央的制度规范与各地的实施方案组成。

中央发布的主要的规范体系有:《社区矫正实施办法》(司发通〔2012〕12 号)、《关于全面推进社区矫正工作的意见》(司发〔2014〕13 号)、《关于组织社会力量参与社区矫正工作的意见》(司发〔2014〕14 号)、《关于印发〈暂予监外执行规定〉的通知》(司发通〔2014〕112 号)、《关于进一步加强社区矫正工作衔接配合管理的意见》(司发〔2016〕88 号)等。与此同时,各地也结合自己实际,制定了相应的工作细则,如四川省出台了《关于全面推进社区矫正工作的实施意见》(川司法发〔2015〕56 号)、《四川省社区矫正实施细则》(川司法发〔2015〕58 号)、《四川省县(市、区)社区矫正中心建设标准(试行)》(川司法发〔2016〕38 号),明确规定了社区矫正过程中各部门的职责以及工作流程等相关要求,并提出了社区矫正中心建设标准,加强信息化建设,在各市县建立指挥中心,监控中心等。青海省大力推进社区矫正信息化建设步伐,印发了《青海省社区矫正信息化管理平台项目建设实施方案》,依托全省电子政务系统网络,实现社区服刑人员位置监控、信息交互、警示告知、考核管理、档案管理、矫正管理、统计分析以及内部办公平台等多项功能。同时建立起纵向到省、市、县、乡四级的社区矫正机构互联互通,横向与公、检、法、监实现信息共享的信息化网络格局,全面推动全省社区矫正执法水平和管理效能的提升。

在建立了初具雏形的社区矫正制度后,社区矫正制度改革也提上了工作日程。相关研究以及在探索基础上形成的基本共识是:既要明确社区矫

正的价值目标、基本任务,也要注重工作机制针对性、适用性,并进一步强调社区矫正的制度化、规范化、专业化、信息化建设。在《社区矫正实施办法》(司发通〔2012〕12号)基础上,进一步健全完善工作规定,使社区矫正工作制度覆盖调查评估、交付接收、管理教育、考核奖惩、收监执行、解除矫正等各个环节,确保社区矫正工作规范运行。一方面要深入推进社区矫正执法规范化建设,健全执法机制,完善执法流程,加强执法检查,切实规范执法行为;另一方面要维护社区服刑人员合法权益,努力在每一个执法环节、每一起执法案件办理上使人民群众、社区服刑人员及其家属感受到公平正义。"两高两部"最新出台的《关于进一步加强社区矫正工作衔接配合管理的意见》(司发〔2016〕88号)目的在于加强社区矫正适用前、社区服刑人员交付接收、监督管理以及收监执行中的衔接配合管理,以更好地推进社区矫正专业化、规范化建设。

## 第二节　社区矫正制度的基本理论

社区矫正制度的产生和发展离不开社区矫正理论的不断完善。总体上来看,社区矫正理论与刑罚理论是一脉相承的,因此,本节主要在阐述刑罚及其适用方法理论的基础上,介绍当前主要的四种社区矫正基础理论,即行刑社会化理论、刑罚人道主义理论、恢复性司法理论、犯罪标签理论。

### 一、刑罚基础理论及其适用方法

#### (一)刑罚的基础理论

刑罚是国家为了防止犯罪行为对法益的侵犯,由法院根据刑事立法,对犯罪人适用的建立在剥夺性痛苦基础上的最严厉的强制措施。[①] 刑罚的基本特征包括:第一,刑罚的内容是对犯罪人一定权益的限制和剥夺。刑罚的本质属性和惩罚性质是让犯罪人承受一定的痛苦。第二,刑罚的对象只能是犯罪人。刑罚处罚的对象只能是实施了犯罪行为的犯罪人,包括自然人或单位。因此,犯罪人既是犯罪行为的实施者,也是刑罚的物质承

① 张明楷:《刑法学》,法律出版社2011年版,第452页。

担者。第三,刑罚适用的主体只能是国家审判机关。国家审判机关是适用刑罚的专门机关,在我国,刑罚适用的主体是人民法院。第四,刑罚的种类及适用标准必须以刑法的明文规定为依据。我国《刑法》明确规定了罪刑法定原则,即“法无明文规定不为罪,法无明文规定不处罚”。可见,不仅犯罪需要由刑法事先作出明文规定,而且刑罚也必须由刑法明文载于法条。第五,刑罚适用必须依照刑事诉讼程序。人民法院适用刑罚时必须以刑法的规定为依据,并遵循刑事诉讼法规定的讼诉程序进行。①

目前刑罚的基础理论主要有绝对主义(报应刑论)、相对主义(目的性论)以及并合主义(相对报应刑论)三种理论。

绝对主义是以绝对报应刑论为内容,以“个人”为本位,强调刑罚的施加在于报应,即对犯罪人施以刑罚,使其痛苦,以达到报应的效果即可。从适用效果看,绝对主义虽然满足了国民的报应与报复感情,但它过度强调报应,有时不仅会导致犯罪人受到不恰当的处罚,而且也会使得减刑、假释制度以及相关的短期自由刑制度无立足之地。②

相对主义是以目的刑为主要内容,以“社会”为本位,主张通过对犯罪人的惩罚,实现预防犯罪、保卫社会的目的。因此,在预防犯罪所必要且有效的限度内,刑罚才是正当的。从适用效果上看,相对主义虽然主张防卫社会而适用刑罚,并且主张对犯罪人的教育与改造,但为了实现矫正罪犯、防卫社会的目的,以人身危险性、犯罪人人格等流动因素决定刑罚轻重,容易导致刑罚的适用失去稳定的法则,出现刑罚过重的后果。

并合主义以相对报应刑论为内容,认为刑罚的目的是为了满足善有善报、恶有恶报的正义需求。同时并合主义理论认为刑罚必须受到限制,即在报应刑的范围内实现一般预防与特殊预防。③ 由于报应刑论与目的刑论都是从某一角度论证刑罚正当性的依据,并且对于具体犯罪的量刑根据以及刑罚制度的取舍,两者都各有利弊。并合主义可以使两者优势互补、

---

① 高铭暄、马克昌主编:《刑法学》,北京大学出版社 2011 年版,第 216 ~ 217 页。

② 张明楷:《刑法学》,法律出版社 2011 年版,第 455 页;陈金林:《刑罚的正当性危机与积极的一般预防》,载《法学评论》2014 年第 4 期。

③ 张明楷:《刑法学》,法律出版社 2011 年版,第 454 页。

弊病相克。《刑法修正案(一至九)》,尤其是《刑法修正案(九)》中的大量条文都体现了并合主义的刑罚理念。[①] 但目前的并合主义理论并非十全十美,在把握"报应"与"防卫"的融合机制上尚未达到精准的地步,还需进一步完善。[②]

(二)刑罚的适用方法

刑罚是犯罪的法律后果,其内容是对犯罪人利益的剥夺。一般来说,人的利益包括人身利益与非人身利益。人身利益如生命、身体的自由等,非人身利益包括资格、财产等。依据所剥夺的利益的性质不同,刑罚可以划分为生命刑、自由刑、资格刑、财产刑。

生命刑又称死刑,是永久剥夺犯罪人生命的刑罚方法。"杀人偿命"、"罪在不赦"等都表明生命刑所具有的报应性质。历史上出现过的生命刑行刑方法包括分尸、砍头、车裂等。[③] 随着人道主义的发展,人们对生命刑本身的性质与该刑罚产生的效果产生了怀疑,一些国家在行刑方法上采取了更为人道的做法(如绞刑、枪毙、电椅等[④]),并进一步缩小了死刑的适用范围。

自由刑是以剥夺犯罪人的自由或限制犯罪人的自由为内容的刑罚。根据刑期的长短,自由刑可分为终身自由刑、不定期自由刑、短期自由刑与普通自由刑四种类型。终身自由刑需要终身剥夺犯罪分子的人身自由;不定期自由刑是指剥夺犯罪分子人身自由的期限不定,需要根据犯罪分子服刑期间的表现确定被剥夺人身自由的期限;短期自由刑是在短期剥夺犯罪分子的人身自由;普通自由刑则是有确定期限但绝非短期地剥夺犯罪分子的人身自由。我国的自由刑种类包括管制、拘役、有期徒刑、无期徒刑。其中拘役、有期徒刑、无期徒刑是由公安机关、监狱管理机关在一定的行刑场

---

① 张明楷:《新刑法与并和主义》,载《中国社会科学》2000 年第 1 期;李晓明、陈争尧:《"并合主义"刑罚观对我国刑法立法的推动——〈刑法修正案(九)〉为视角》,载《政法论丛》2016 年第 2 期。

② 李晓明、陈争尧:《"并合主义"刑罚观对我国刑法立法的推动——以〈刑法修正案(九)〉为视角》,载《政法论丛》2016 年第 2 期。

③ 张建明:《社区矫正实务》,中国政法大学出版社 2013 年版,第 3 页。

④ 张建明:《社区矫正实务》,中国政法大学出版社 2013 年版,第 4 页。

所执行；管制则不剥夺犯罪人的人身自由，犯罪人仍在原工作单位或者居住地工作或劳动，但要限制一定的人身自由。随着时代的发展，为了更好地实现预防犯罪的刑罚目的以及避免自由刑的某些弊端，缓刑、假释等刑罚制度也逐渐兴起并走向成熟。

财产刑是以剥夺犯罪人财产上的利益为内容的刑罚。财产刑一般包括罚金刑与没收财产刑，我国刑法规定的财产刑也包括这两种。其中，我国罚金刑一般适用于经济犯罪、财产犯罪和其他故意犯罪；没收财产刑中没收财产的范围仅限于犯罪分子个人所有的合法财产，并且出于人道主义考虑，必须为犯罪分子个人及其扶养（抚养）的家属保留必需的生活费用。从财产刑的适用效果看，财产刑既可给罪犯一定的惩戒教育，又可避免罪犯在关押中受其他罪犯恶习的影响。

资格刑是剥夺或限制犯罪人从事某种活动的条件、身份，以及剥夺或限制犯罪人由于从事某种活动所形成的身份的刑罚。资格刑一般包括剥夺一定的公权利（如政治权利）、剥夺从事某种行为的资格、剥夺一定的民事、经济权利、剥夺某种奖励章或者荣誉称号、适用于法人、团体的资格刑等。我国的资格刑包括剥夺政治权利、驱逐出境（适用外国人）、职业禁止等。[①] 资格刑的适用具有针对性地剥夺犯罪人的某些能力和资格的功能，能有效地防止犯罪人再次利用公职、利用某种职业资格实施犯罪。另外，还可以通过独立适用资格刑的方式避免因适用自由刑造成被监禁罪犯的交叉感染以及改造成本过高的不足。

## 二、社区矫正的基础理论及其内容

### （一）社区矫正的基础理论

社区矫正作为现代刑罚制度的重要组成部分，不仅体现了现代社会对犯罪行为、刑事责任以及人权保护等方面认识的深化，而且制度本身也有

---

① 我国《刑法修正案（九）》规定，在《刑法》第37条后增加一条，作为第37条之一：因利用职业便利实施犯罪，或者实施违背职业要求的特定义务的犯罪被判处刑罚的，人民法院可以根据犯罪情况和预防再犯罪的需要，禁止其自刑罚执行完毕之日或者假释之日起从事相关职业，期限为3年至5年。

着深厚的理论依据。最常见的社区矫正基础理论包括行刑社会化理论、刑罚人道主义理论、恢复性司法理论、犯罪标签理论。

行刑社会化理论认为刑罚的执行方式应该社会化,对罪行较轻的犯罪人应尽可能地适用非监禁刑,对必须监禁的犯罪人则在监禁的同时使其多接触社会,最大限度地动员社会力量参与对犯罪人的改造、矫正。[①] 目前,行刑社会化理论的代表性观点主要有社会力量参与说、自由刑执行模式变革说、出狱人保说、综合说。[②] 社会力量参与说以马克昌、金鉴等人为代表,认为行刑社会化是依靠社会力量参与行刑和对罪犯进行社会说教。该说指出了行刑社会化中社会参与的主要特征,但忽视了刑罚执行主体即行刑机构的主导作用。自由刑执行模式变革说以陈兴良为代表,认为应该在行刑机构中营造有利于罪犯回归社会的环境,以加强对罪犯的教育改造,弱化隔离与封闭的影响,改善罪犯的处遇。该说虽然强调行刑环境由封闭走向开放、半开放,但却忽视了社会参与性,也存在外延过窄的问题。[③] 出狱人保说由台湾地区林纪东为代表,认为社会团体应代替行刑机构承担罪犯释放后的保护义务。此说也存在定义过窄的问题。冯卫国赞成综合说,他认为行刑社会化就是为了避免监禁刑的某些弊端,在刑事政策方面要服务于对罪犯的再社会化,所以,要慎用监禁刑,尽可能使用非监禁刑,注重对罪犯的教育改造,使受刑人在社会广泛参与下多接触社会,尽早回归社会。[④] 该说在内涵与外延方面都对上述几种学说做了整理,包容性强,有利于行刑手段与行刑目标的统一。

刑罚人道主义理论在不同的历史时期重心有所不同。刑罚人道主义首先由刑事古典法学派代表贝卡利亚提出,他主张刑罚人道主义应以人本主义为视角,将犯罪人以伦理上的人来看待,而不是作为物,还提出了彻底废除死刑的主张。[⑤] 以龙勃罗梭和李斯特等人为代表的刑事实证学派进一步提出了对犯罪人进行教育矫正的理念,认为要实现这一目标需要依靠

---

① 张建明主编:《社区矫正实务》,中国政法大学出版社 2013 年版,第 14 页。

② 姜祖桢主编:《社区矫正理论与实务》,法律出版社 2010 年版,第 65 页。

③ 姜祖桢主编:《社区矫正理论与实务》,法律出版社 2010 年版,第 66 页。

④ 冯卫国:《行刑社会化论纲》,北京大学 2002 年博士学位论文。

⑤ 韩谦:《论刑罚的人道主义》,载《公民与法》2014 年第 7 期。

经过特殊培训后能胜任教育矫正的官员队伍。在刑罚执行过程方面,刑事实证法学派主张应关注犯罪人重新返回社会的可能性,给予犯罪人一定联系社会的空间。新社会防卫学派则认为刑事政策应该保护个人,在惩罚犯罪人的同时要注重对犯罪人的教育,并认为社会防控不仅在于防控社会,更重要的是保障人权,使犯罪人重新回归社会。

犯罪标签理论是一组试图说明人们在初次犯罪后,为什么会再次犯罪,从而形成的犯罪理论观点。按照标签理论,如果一个人被他人贴上了“犯罪者”的标签,就很可能走向职业罪犯道路。[①] 要解决这个问题,该理论给出的建议是尽可能撕毁犯罪人身上的“犯罪者”标签,使他尽可能地融入社会,成为普通大众的一员。除此之外,标签理论还提出了许多刑事政策的意见,如强调将一些罪犯在行刑机构中服刑转移到在社区中服刑,以减轻消极标签效果对罪犯的影响。标签理论不仅倡导将狱内矫正转变为社区矫正,而且主张判令犯罪人通过支付赔偿金或通过其他方式补偿受害人,或者通过社区服务的形式补偿犯罪行为所造成的损害。标签理论提出的刑事政策建议,对社区矫正的刑事立法与司法活动产生了深远的影响。

恢复性司法理论认为,犯罪人的犯罪行为首先侵害的是被害人的权利,其次是社区的权利,最后才是国家的法律秩序。因此,对犯罪人的处罚不能仅仅考虑国家的法律秩序,也要考虑被害人、社区的需要,积极挽回因犯罪人犯罪行为导致的不良后果。除此之外,该理论还认为社区应对犯罪人的犯罪行为承担相应的责任。所以,犯罪人犯罪后,社区的其他人员要积极帮助犯罪人,为其悔过自新提供力所能及的支持。恢复性司法理念不仅为社区矫正的发展提供了理论支撑,而且拓宽了社区矫正的运用范围。

(二)社区矫正的内容

从各国的社区矫正立法与实践来看,由于各国对“社区矫正”的理解不同,社区矫正的内容也不尽相同。美国习惯将非监禁刑罚执行活动称为社区矫正,美国的社区矫正内容主要包括社区服务、家中监禁、电子监控、

① 姜祖桢主编:《社区矫正理论与实务》,法律出版社 2010 年版,第 85 页。

日报告制度等。[①] 英国将社区矫正称为社区刑罚,社区刑罚在英国的刑罚体系中属于中等强度的刑罚,并且不是单一刑种,而是复合型、多元化的刑种群,由多个单个的社区刑罚令组成。根据2000年英国国会通过的《刑事法院量刑权限法案》第33条第1款规定,社区刑罚包括社区恢复令、社区惩罚令、宵禁令、监督令、毒品治疗与检测令、禁毒令、行动规划令等。德国没有"社区矫正"的法定制度,但存在与我国社区矫正类似的制度,例如,缓刑、假释、行为监督等。[②] "社区矫正"一词在日本是从"以社区为基础的社区矫正措施"的意义上来使用的,主要是指日本的更生保护制度(社会内处遇)。在性质上,更生保护制度并没有被界定为一种刑罚执行制度,而是内容更加广泛的针对违法、犯罪者的一种社会内处遇制度,内容主要包括缓刑、假释、罚金、社区服务令、保护观察、恩赦等。[③]

在我国,社区矫正主要是指对被判处管制、宣告缓刑、裁定假释、暂予监外执行的罪犯所实施的一种非监禁刑罚适用方法。[④] 同上述一些国家的社区矫正内容相似,我国社区矫正相关的法律法规及其他规范性文件中也规定了诸如报告、禁止令[⑤]等内容,具体包括以下几类:

---

① 张传伟:《我国社区矫正制度的趋向》,中国检察出版社2006年版,第59~62页。

② 刘强主编:《社区矫正组织管理模式比较研究》,中国法制出版社2010年版,第107页。

③ 刘强主编:《社区矫正组织管理模式比较研究》,中国法制出版社2010年版,第40页。

④ 尽管在2003年《关于开展社区矫正试点工作的通知》规定,剥夺政治权利的,并在社会中服刑的,也属于社区矫正的范围。但在2012年新修订的《刑事诉讼法》第258条规定,对被判处管制、宣告缓刑、假释或者暂予监外执行的罪犯,依法实行社区矫正,由社区矫正机构负责执行。第259条规定,被判处剥夺政治权利的,交由公安机关执行。2016年《社区矫正法(征求意见稿)》则进一步对剥夺政治权利在社会上服刑的罪犯予以排除,其第2条明确规定社区矫正的适用对象为被判处管制、宣告缓刑、假释或者暂予监外执行的罪犯。

⑤ 2016年《社区矫正法(征求意见稿)》第21条规定:社区服刑人员在社区矫正期间应当遵守法律、行政法规和国务院司法行政部门关于报告、会客、外出、迁居、保外就医等监督管理规定以及人民法院禁止令。第27条规定:社区矫正机构应当对社区服刑人员进行法制、道德、形势政策等内容的思想教育,增强其法制观念、道德素质和悔罪意识。

1. 日常报告制度

依据《社区矫正实施办法》第11条规定，社区矫正人员应当定期向司法所报告遵纪守法、接受监督管理、参加教育学习、社区服务和社会活动的情况。发生居所变化、工作变动、家庭重大变故以及接触对其矫正产生不利影响人员的，社区矫正人员应当及时报告。保外就医的社区矫正人员还应当每个月向司法所报告本人身体情况，每三个月向司法所提交病情复查情况。

2. 禁止令制度

《社区矫正实施办法》第12条规定，对于人民法院禁止令确定需经批准才能进入的特定区域或者场所，社区矫正人员确需进入的，应当经县级司法行政机关批准，并告知人民检察院。

3. 外出请假与居住地变更批准制度

按照《社区矫正实施办法》的规定，社区矫正人员未经批准不得离开所居住的市、县（旗）以及变更居住的县（市、区、旗）。

4. 教育学习制度

社区服刑人员应当参加公共道德、法律常识、时事政策等教育学习活动，增强法制观念、道德素质和悔罪自新意识。

5. 社区服务制度

有劳动能力的社区服刑人员应当参加社区服务，修复社会关系，培养社会责任感、集体观念和纪律意识。

6. 心理辅导制度

社区矫正机构要根据社区服刑人员的心理状态、行为特点等具体情况，采取有针对性的措施进行个别教育和心理辅导，矫正其违法犯罪心理，提高其适应社会能力。

## 三、社区矫正的社会价值与基本方法

### （一）社区矫正的社会价值

惩罚和教育是刑罚的内在属性，它们从静态角度揭示了刑罚的本质特征。社区矫正作为一种刑罚的适用方法，蕴含着刑罚的惩罚性与恢复性双重价值。同时，刑罚资源又是一种有限的社会资源，它的运行需要昂贵的经济成本。而社区矫正则安排罪犯在社区中服刑，具有经济成本低的特点,因此它又拥有经济性价值。

1. 惩罚性价值

社区矫正作为一种刑罚适用方法,自然要严格落实刑罚的具体惩罚性措施,以实现刑罚的惩罚性。社区服刑人员作为罪犯,应当就其犯罪行为给社会造成的危害承担惩罚性后果,得到应有的惩罚。同时,惩罚社区服刑人员也是国家实现社会正义、维护社会公正的客观要求。

2. 恢复性价值

社区矫正受行刑社会化理论的影响,一方面使罪犯得到有效监管,使人们改变对罪犯的"标签"式看法,让社会变得更加公正、和谐;另一方面社区矫正通过弱化监狱的封闭性、放宽罪犯自由度、增加罪犯与社会的联系,促使罪犯掌握生活技能与相关社会知识,塑造罪犯正常生活的信念和人格,最终促成其回归社会,摆脱犯罪"标签"的影响,使其能够更快、更好地融入社会,达到预防犯罪的目的。可见,社区矫正不仅体现了对人的尊严的尊重,更重要的是满足了罪犯再社会化和实现自我发展的需求。

3. 经济性价值

社区矫正的经济性价值,首先表现在随着适用社区矫正的罪犯逐渐增加,被监禁的罪犯从数量上减少,刑罚的运行成本逐渐降低;其次,社区矫正的适用将刑罚的间接影响限制在最小范围,使刑罚适用本身对社区的损害性得以降低,因而也具有经济性价值;最后,社区矫正因社会公众的广泛参与,也进一步巩固和提高了行刑效益。①

(二)社区矫正的基本方法

社区矫正的基本方法是指在社区矫正工作中,为了取得良好的社区矫正效果所适用的基本手段与方式。科学完善的社区矫正工作方法是做好社区矫正工作的重要前提。经过十多年的探索与实践,我国许多省(直辖市、自治区)在社区矫正工作中都积累了大量的社区矫正工作方法,这些方法贯穿于社区矫正的所有环节,概括起来主要包括以下几种:

1. 心理认同法

这一方法较多适用于社区服刑人员入矫环节。为了使社区服刑人员

① 张传伟:《我国社区矫正制度的趋向》,中国检察出版社2006年版,第36页。

尽快适应社区环境，社区矫正工作人员应从细节着手，注意社区服刑人员的心理、情绪的变化，及时疏导与沟通，帮助他们消除心理压力，使其能够自觉接受社区矫正。

2. 分类管理及个案矫正的方法

这一方法主要应用于对社区服刑人员的监督管理以及教育矫正环节。社区矫正工作人员应认真分析社区服刑人员的犯罪原因、生活经历、家庭情况等因素，按照犯罪类型、心理特点、年龄特征和生活状况等制定出有针对性的矫正方案，确定管理重点，实行个案矫正、一人一案，并随时根据情况的变化修改矫正方案。

3. 帮困解难

在社区服刑人员群体中，很多人在生活、就业方面都遇到困难，社区矫正机构在帮助社区服刑人员接受矫正的同时，还应该关心和解决他们生活上的困难，解除其后顾之忧，使他们能够安心接受矫正。除此之外，还应积极为他们创造就业机会，鼓励他们自食其力，用自己的诚实劳动来赢得社会的关爱、理解和尊重。

4. 因人施教

在社区矫正过程中，随着社区服刑人员个人档案的建立，报到、思想汇报、请销假等制度执行以及相关的谈话、教育、公益劳动等日常管理也都会步入正常化。但一以贯之的管理却不能兼顾到每个社区服刑人员的特点，有时甚至影响到他们的生活和工作的正常进行。对此，社区矫正机构应灵活掌握管理方法，因人施教。如社区服刑人员王某某在办理手续之后，考虑到其工作的性质，特将日常汇报、教育及公益劳动等管理措施尽量安排在合适的时间，既保证了将矫正对象纳入社区矫正的管理范围，又不影响其正常工作。

5. 培养社区服刑人员回报社会的积极性

很多社区服刑人员接受社区矫正以后，思想变化很大，不仅通过辛勤劳动自食其力，而且想以实际行动奉献爱心，回报社会。因此，社区矫正机构应注意挖掘社区服刑人员的潜力，努力给他们创造机会，鼓励其爱心善举，既可以提高矫正质量，增强其社会责任感，又可以激励其他社区服刑人员的改造积极性。

## 第三节 社区矫正制度的体系构成

### 一、社区矫正制度的渊源

法律渊源是法的外在表现形式。社区矫正制度的渊源是指在社区矫正制度方面,那些来源不同(制定法与非制定法、立法机关制定与政府制定等),因而具有不同效力作用的法的外在表现形式。当前,我国社区矫正制度的渊源主要有以下几种:

(一)宪法

我国《宪法》涉及社区矫正制度的规定主要有两条。《宪法》第28条规定:“国家维护社会秩序,镇压叛国和其他危害国家安全的犯罪活动,制裁危害社会治安、破坏社会主义经济和其他犯罪的活动,惩办和改造犯罪分子。”该条确认了国家参与惩办、改造犯罪分子的职能。同时,第111条第2款规定:“居民委员会、村民委员会设人民调解、治安保卫、公共卫生等委员会,办理本居住地区的公共事务和公益事业,调解民间纠纷,协助维护社会治安,并且向人民政府反映群众的意见、要求和提出建议。”进一步明确了社区参与维护社会治安的职能。这两条规定为社区参与矫正犯罪人提供了宪法支持。

(二)法律

我国《刑法》第33条规定了作为主刑中一个种类的管制。《刑法修正案(八)》规定:“二、原第二款作为第三款,修改为:‘对判处管制的犯罪分子,依法实行社区矫正’。”该条以法律的形式明确了对判处管制的犯罪分子适用社区矫正。同时《刑法》第38~41条还分别规定了管制的执行内容、程序和要求。此外,我国《刑法》还详细地规定了缓刑和假释这两种刑罚制度。《刑法》第76规定:“对宣告缓刑的犯罪分子,在缓刑考验期限内,依法实行社区矫正,如果没有本法第七十七条规定的情形,缓刑考验期满,原判的刑罚就不再执行,并公开予以宣告。”第85条规定:“对假释的犯罪分子,在假释考验期限内,依法实行社区矫正,如果没有本法第八十六条规定的情形,假释考验期满,就认为原判刑罚已经执行完毕,并公开予以宣告。”这两条明确规定了对宣告缓刑和假释的犯罪分子适用社区矫正。

我国2012年修订的《刑事诉讼法》第四编“执行”第254～257条，对暂予监外执行的适用条件、监督以及终止等作出了详细规定。我国《刑事诉讼法》第258条专门对社区矫正予以规定：“对被判处管制、宣告缓刑、假释或者暂予监外执行的罪犯，依法实行社区矫正，由社区矫正机构负责执行。”

我国2012年修订的《监狱法》第三章“刑罚的执行”的第三节详细规定了在刑罚执行过程中的暂予监外执行，其中第27条明确规定：“对暂予监外执行的罪犯，依法实行社区矫正，由社区矫正机构负责执行。原关押监狱应当及时将罪犯在监内改造情况通报负责执行的社区矫正机构。”第四节规定了由狱内变更到狱外执行的假释的内容和程序，其中第33条第2款规定：“对被假释的罪犯，依法实行社区矫正，由社区矫正机构负责执行。”

（三）国际法

我国政府所签订、加入或承认的国际条约和作为联合国常任理事国参与起草的有关社区矫正的法律文件，也是我国社区矫正的法律渊源。1985年11月29日，联合国大会第40/33号决议通过《联合国少年司法最低限度标准规则》（《北京规则》），[①]倡导非监禁处理，要求尽可能依靠社会力量（包括家庭、志愿人员、其他社区团体、学校和其他社区机构）处理少年违法行为。1990年12月14日，联合国大会第45/110号决议通过《联合国非拘禁措施最低限度标准规则》（《东京规则》），[②]规定会员国应在其本国法律制度内考虑到遵守人权的义务、社会正义的需求以及改造罪犯方面的需要，尽量采用非拘禁措施，从而减少使用监禁办法的程度，并使刑事司法政策合理化。

（四）其他规范性文件

目前，我国开展社区矫正工作最直接的依据是最高人民法院、最高人

---

① 联合国大会1985年年11月29日第40/33号决议通过的《联合国少年司法最低限度标准规则》（《北京规则》）。

② 联合国大会1990年12月14日第45/110号决议通过的《联合国非拘禁措施最低限度标准规则》（《东京规则》）。

民检察院、公安部、司法部颁布的相关规范性文件,主要包括两个阶段,一是试点至全国试行阶段,关于社区矫正工作的通知、意见;二是全面推进阶段,关于社区矫正工作的实施办法、通知、意见。

1. 试点至全国试行阶段,关于社区矫正工作的通知、意见

2003 年 7 月 1 日,最高人民法院、最高人民检察院、公安部、司法部(以下简称"两高两部")联合下发的《关于开展社区矫正试点工作的通知》(司发〔2003〕12 号),确定北京、天津、上海、江苏、浙江和山东等省(市)为进行社区矫正工作的试点省(市),并提出要在充分调查研究的基础上,结合本地实际,制定试点的具体方案。2004 年 5 月 9 日,司法部关于印发《司法行政机关社区矫正工作暂行办法》的通知(司发通〔2004〕88 号),较为详细地规定了社区矫正的概念、原则、目的、任务、适用范围、管教办法、法律依据及法律监督、工作机构、人员及其职责、社区服刑人员的接收、社区矫正措施、社区矫正终止,并规定"各试点省、自治区、直辖市的司法厅(局)可依据本办法制定本地区社区矫正工作实施细则。"尽管该暂行办法的法律位阶较低,但毕竟向社区矫正规范化、制度化迈出了重要的一步。

2005 年 1 月 20 日,"两高两部"下发《关于扩大社区矫正试点范围的通知》(司发〔2005〕3 号),在肯定社区矫正早期试点工作取得成效的基础上,提出为进一步推动工作的开展,决定将河北、内蒙古、黑龙江、安徽、湖北、湖南、广东、广西、海南、四川、贵州、重庆等十二个省(直辖市、自治区)列为第二批社区矫正试点地区。

2009 年"两高两部"下发的《关于在全国试行社区矫正工作的意见》(司发通〔2009〕169 号),明确了全面试行社区矫正工作的指导思想、基本原则、适用范围及主要任务等。其中,《关于在全国试行社区矫正工作的意见》的下发,标志着我国社区矫正工作进入到一个崭新的阶段。

2. 全面推进阶段,关于社区矫正工作的实施办法、通知、意见

2012 年 3 月,为配合 2011 年《刑法修正案(八)》以及 2012 年《刑事诉讼法》对社区矫正的新规定,"两高两部"联合发布《社区矫正实施办法》,规定了社区矫正的执行主体、矫正程序、矫正行为和矫正方式、法律责任等

内容，进一步规范了社区矫正工作流程。[①]

2013 年 5 月 9 日，司法部发布《关于进一步加强社区矫正执法工作的通知》（司发通〔2013〕95 号），提出开展自查自纠，加强经费保障和管理，进一步规范执法，加强组织领导。2014 年 8 月 27 日“两高两部”发布《关于全面推进社区矫正工作的意见》（司发〔2014〕13 号），提出充分认识全面推进社区矫正工作的重要性和必要性，全面推进社区矫正工作的主要任务，切实加强对全面推进社区矫正工作的组织领导。2014 年 9 月 26 日，司法部、中央综治办、教育部、民政部、财政部、人力资源社会保障部联合发布《关于组织社会力量参与社区矫正工作的意见》（司发〔2014〕14 号），提出各地要把进一步鼓励引导社会力量参与社区矫正提上重要议事日程，立足实际建立完善社会力量参与社区矫正的政策措施和制度办法。

2016 年 8 月，为进一步加强社区矫正工作衔接配合，确保社区矫正依法适用、规范运行，“两高两部”联合发布《关于进一步加强社区矫正工作衔接配合管理的意见》，规定了社区矫正适用前的衔接配合管理、对社区服刑人员交付接收的衔接配合管理、对社区服刑人员监督管理的衔接配合、对社区服刑人员收监执行的衔接配合管理。2016 年 7 月 26 日，为维护因犯罪在大陆受审的台湾居民的合法权益，保障缓刑的依法适用和执行，由“两院两部”联合印发，并于 2017 年 1 月 1 日施行的《关于对因犯罪在大陆受审的台湾居民依法适用缓刑实行社区矫正有关问题的意见》（法发〔2016〕33 号）进一步对因犯罪在大陆受审的台湾籍居民依法适用缓刑（判处管制、裁定假释、决定或者批准暂予监外执行，实行社区矫正的，可以参照适用）实行社区矫正的调查评估、矫正执行、适应性帮扶等相关问题进行了规定。

（五）地方性法规

为规范和保障社区矫正工作，各省（市）陆续制定相应的社区矫正工作条例等地方性法规规章。2014 年 1 月 16 日，江苏省第十二届人民代表大会常务委员会第八次会议通过《江苏省社区矫正工作条例》，规范和保障了当地社区矫正工作的开展。该工作条例包括了总则、社区矫正机构和

① 张建明主编：《社区矫正实务》，中国政法大学出版社 2014 年版，第 62 页。

人员、矫正执行、保障和监督、法律责任、附则。

除此之外，北京、四川、江西等地的也相继出台了关于社区矫正工作实施细则等地方性法规规章。

## 二、社区矫正制度的基本构成

现行我国开展社区矫正工作的法律、法规及其他规范性文件主要包括：《刑法》《刑事诉讼法》《社区矫正实施办法》《关于全面推进社区矫正工作的意见》《关于在全国试行社区矫正工作的意见》《关于进一步加强社区矫正工作衔接配合管理的意见》等。这些法律文件主要规定了社区矫正基本原则、执行主体、矫正程序、矫正行为和矫正方式、法律责任等内容。

### （一）基本原则

社区矫正基本原则是指社区矫正工作应遵循的基本准则。社区矫正是我国刑罚执行制度的一项重要改革任务，事关大局，影响深远。2016 年《社区矫正法（征求意见稿）》第 3 条明确规定了我国社区矫正工作的基本原则。

1. 监督管理与教育帮扶相结合

矫正社区服刑人员犯罪心理和行为恶习是社区矫正的目的之一，教育改造社区服刑人员是社区矫正工作的重要任务。做好社区矫正工作，需要采取多种形式，对社区服刑人员进行思想教育、法制教育和道德教育，矫正其不良心理和行为，切实做好社区服刑人员监督管理与教育帮扶，把社区服刑人员改造成守法公民，预防和减少重新犯罪。

2. 专门机关与社会力量相结合

社区矫正是指把符合法定条件的罪犯置于社区内，由专门机关和社会力量依法共同对社区服刑人员进行监管、教育和帮扶的一种非监禁刑罚执行活动。作为与监狱矫正相对应的行刑方式，社区矫正具有开放性、社会参与性等特点，这也决定了社区矫正工作开展需要专门机关与社会力量相结合。《社区矫正实施办法》规定，专门机关主要指司法行政机关，主要负责对社区服刑人员进行监督管理和教育帮扶，而社会工作者、志愿者、有关部门、村（居）民委员会、社区服刑人员所在单位、就读学校、家庭成员或者监护人、保证人等作为社会力量，在社区矫正机构的组织指导下参与社区矫正工作。

3. 保障公众安全与维护社区服刑人员合法权益相结合

从本质上讲，社区矫正是一种刑罚执行活动，而社区服刑人员作为罪犯，有其一定的人身危险性。社区矫正的实施场所不是在类似监狱这样的封闭机关，而是在社区内。如果将罪犯放任社会必然会对公众安全造成威胁。所以，在社区矫正工作的执行中，必须考量罪犯的人身危险性，保证监督管理措施的贯彻执行。此外，社区服刑人员虽是服刑人员，但依然享有基本的合法权益。这些权益仍应得到法律的保障与维护。

（二）执行主体

执行主体是指由国家设置的具有法定职责而从事或参与社区矫正工作的机构。《社区矫正实施办法》第 2 条、第 3 条明确规定，司法行政机关作为社区矫正的执行主体，负责指导管理、组织实施社区矫正工作。其中，县级司法行政机关社区矫正机构对社区服刑人员进行监督管理和教育帮助，司法所承担社区矫正日常工作。社会工作者和志愿者在社区矫正机构的组织指导下参与社区矫正工作。有关部门、村（居）民委员会、社区服刑人员所在单位、就读学校、家庭成员或者监护人、保证人等协助社区矫正机构进行社区矫正。

此外，《社区矫正实施办法》还明确规定，人民法院对符合社区矫正适用条件的被告人、罪犯依法作出判决、裁定或者决定。人民检察院对社区矫正各执法环节依法实行法律监督。公安机关对违反治安管理规定和重新犯罪的社区服刑人员及时依法处理。

（三）矫正程序

社区矫正的基本程序包括社区服刑人员接收、矫正执行、矫正终止与矫正解除。

社区服刑人员的接收，是指司法行政机关依据人民法院、公安机关或监狱的判决、裁定或决定，在法定时限内对社区服刑人员进行接收、登记，并与人民法院、公安机关或监狱交接有关法律文书和材料的一系列活动。社区矫正的接收工作主要涉及矫正接收的管辖机关、相关部门之间的协调衔接以及接收的具体程序和内容。①

矫正执行是社区矫正工作的核心环节,这一环节要加强对社区服刑人员的监督管理和教育帮扶。通过对社区服刑人员进行监督管理,保证刑罚执行的严肃性;通过对社区服刑人员进行思想教育、法制教育和道德教育相关的教育矫正活动以及必要的帮扶活动,使其认识自己的错误,矫正其犯罪心理和行为恶习,促进其顺利回归社会。

社区矫正的解除是社区矫正的最后一道程序,指社区服刑人员因矫正期限届满而引起的一种非监禁刑的解除活动。社区矫正解除的原因是社区服刑人员的矫正期限届满。

矫正终止是社区服刑人员在社区矫正期间出现法定事由导致适用社区矫正的条件消失,使非监禁刑终止。矫正终止的法定事由有社区服刑人员死亡、被决定收监执行或者被判处监禁刑罚。

(四)矫正行为和矫正方式

社区矫正行为是指司法行政机关对符合法定条件的罪犯,通过采取监督管理、教育矫正、适应性帮扶等方式,矫正其犯罪心理和行为恶习,促进其顺利回归社会的一系列刑罚执行活动。社区矫正行为作为一种法律行为,能够产生一定的法律效果,无论是执行主体还是矫正对象都要履行相关的职责或义务,否则将需要承担相关的法律责任。

社区矫正方式是指司法行政机关为矫正社区服刑人员不良心理和行为而采取的方法。根据《社区矫正实施办法》规定,社区矫正的方式主要包括:(1)定期报告;(2)遵纪守法、接受监督管理;(3)参加教育学习;(4)参加社区服务和社会活动;(5)运用现代科技手段进行监管。此外,《社区矫正实施办法》规定,司法所可根据社区服刑人员接受监督管理、参加教育学习和社区服务等情况,定期对其接受矫正的表现进行考核,并根据考核结果,对社区服刑人员实施分类管理。

(五)法律责任

社区矫正的法律责任是指在社区矫正工作中,相关单位或个人违反相关的法律规定而承担的不利法律后果。《社区矫正实施办法》第 38 条

① 张建明主编:《社区矫正实务》,中国政法大学出版社 2014 年版,第 113 页。

规定，人民检察院对社区矫正各执法环节依法实行法律监督。人民检察院发现社区矫正执法活动违反法律和本办法规定的，可以区别情况提出口头纠正意见、制发纠正违法通知书或者检察建议书。交付机关和执行机关应当及时纠正、整改，并将有关情况告知人民检察院。

在实施社区矫正过程中，司法工作人员有玩忽职守、徇私舞弊、滥用职权等违法违纪行为的，依法给予相应处分；构成犯罪的，依法追究刑事责任。

## 第四节　社区矫正的适用范围、阶段与类型

### 一、社区矫正的适用范围

社区矫正的适用范围也就是指社区矫正的适用对象。2012 年修订的《刑事诉讼法》第 258 条规定，对被判处管制、宣告缓刑、假释或者暂予监外执行的罪犯，依法实行社区矫正，由社区矫正机构负责执行。因此，社区矫正的对象主要包括被判处管制、宣告缓刑、假释或者暂予监外执行的罪犯。① 在符合上述条件的情况下，对这些罪犯适用非监禁刑罚，实施社区矫正。社区矫正适用范围的划定与社区矫正的性质以及我国的刑罚制度相一致，体现出非监禁刑的特点，从刑罚制度来说，这几种罪犯涉及刑种与量刑制度、行刑制度。②

（一）按刑种与量刑制度划分

按刑种与量刑制度划分，适用社区矫正的对象主要包括被判处管制、

---

① 尽管在 2003 年《关于开展社区矫正试点工作的通知》中规定，剥夺政治权利的，并在社会中服刑的，也属于社区矫正的范围。但 2012 年修订的《刑事诉讼法》第 258 条规定，对被判处管制、宣告缓刑、假释或者暂予监外执行的罪犯，依法实行社区矫正，由社区矫正机构负责执行。第 259 条规定，被判处剥夺政治权利的，交由公安机关执行。2016 年《社区矫正法（征求意见稿）》则进一步对剥夺政治权利在社会上服刑的罪犯予以排除，其第 2 条明确规定社区矫正的适用对象为被判处管制、宣告缓刑、假释或者暂予监外执行的罪犯。

② 康均心、杜辉：《对我国社区矫正适用范围的质疑——以社区矫正的性质为视角》，载《辽宁公安司法管理干部学院学报》2006 年第 4 期。

缓刑的罪犯。

1.管制

管制作为我国刑罚制度的主刑之一，是指对犯罪分子不实行关押，交由司法行政机关执行和人民群众监督，限制其一定自由的刑罚。根据《刑法修正案(八)》第2条相关的规定，判处管制，可以根据犯罪情况，同时禁止犯罪分子在执行期间从事特定活动，进入特定区域、场所，接触特定的人。为确保禁止令制度在执行中正确适用，最高人民法院、最高人民检察院、公安部等联合印发实施的《关于对判处管制、宣告缓刑的犯罪分子适用禁止令有关问题的规定(试行)》(法发〔2011〕9号)中第1条规定："对判处管制、宣告缓刑的犯罪分子，人民法院根据犯罪情况，认为从促进犯罪分子教育矫正、有效维护社会秩序的需要出发，确有必要禁止其在管制执行期间、缓刑考验期限内从事特定活动，进入特定区域、场所，接触特定人的，可以根据《刑法》第38条第2款、第72条第2款的规定，同时宣告禁止令。"

2.缓刑

量刑是指根据行为人所犯罪行及刑事责任的轻重进行刑罚，《刑法》第61条规定："对于犯罪分子决定刑罚的时候，应当根据犯罪的事实、犯罪的性质、情节和对于社会的危害程度，依照本法的有关规定判处。"而缓刑就是根据被判处刑罚的罪犯的犯罪情节和悔罪表现，规定一定的考验期，暂缓刑罚的执行。缓刑适用于3年以下有期徒刑(数罪并罚时决定执行的有期徒刑刑期超过3年的情况下，若其中一罪有判处缓刑的量刑，应附加吸收原则，使缓刑不再执行)、拘役，3年以上有期徒刑或无期徒刑、累犯、犯罪集团首要分子，不适用缓刑。《刑法》第76条规定："对宣告缓刑的犯罪分子，在缓刑考验期限内，依法实行社区矫正，如果没有本法第七十七条规定的情形，缓刑考验期满，原判的刑法就不再执行，并公开予以宣告。"①

① 《刑法》第77条规定：被宣告缓刑的犯罪分子，在缓刑考验期限内犯新罪或者发现判决宣告以前还有其他罪没有判决的，应当撤销缓刑，对新犯的罪或者新发现的罪作出判决，把前罪和后罪所判处的刑罚，依照本法第69条的规定，决定执行的刑罚。被宣告缓刑的犯罪分子，在缓刑考验期限内，违反法律、行政法规或者国务院有关部门关于缓刑的监督管理规定，或者违反人民法院判决中的禁止令，情节严重的，应当撤销缓刑，执行原判刑罚。

（二）按行刑制度划分

从行刑制度方面来说，被裁定假释和被决定暂予监外执行的犯罪人适用社区矫正。这两种犯罪人一般具有特殊的情况，不适用监禁刑，而置于社会中进行社区矫正，是刑罚执行场所的变更而不是刑罚本身的变更。

1. 假释

假释是指对被判处有期徒刑、无期徒刑的犯罪分子，在执行一定刑期以后，因认真遵守监规，接受教育改造，确有悔改表现，不致再危害社会，因而附条件地将其提前释放的制度。《刑法》第 85 条规定："对假释的犯罪分子，在假释考验期限内，依法实行社区矫正，如果没有本法第八十六条规定的情形，假释考验期满，就认为原判刑罚已经执行完毕，并公开予以宣告。"假释是附条件的提前释放，犯罪人在假释期间应当遵守相关规定，积极接受社区矫正，在假释期间有违法规定者依法撤销其假释，执行收监。

2. 暂予监外执行

暂予监外执行是指对被判处无期徒刑、有期徒刑或者拘役的罪犯，具有法律规定的某种特殊情况，不适宜在监狱或者看守所等场所执行刑罚，暂时采取不予关押的一种变通执行方法。最高人民法院、最高人民检察院、公安部、司法部、国家卫生计生委联合制定的《暂予监外执行规定》（司发通〔2014〕112 号）第 3 条规定："对暂予监外执行的罪犯，依法实行社区矫正，由其居住地的社区矫正机构负责执行。"被暂予监外执行的罪犯具体包括：（1）患有属于《保外就医严重疾病范围》的严重疾病，需要保外就医的；（2）怀孕或者正在哺乳自己婴儿的妇女；（3）生活不能自理的。对被判处无期徒刑的罪犯，有前（2）规定情形的，可以暂予监外执行。暂予监外执行的特点除了罪犯羁押场所由监狱内转变到了社会外，还有暂予监外执行的对象一般社会危险性低，不易造成社会危害，并且其接受社区矫正的期间要计入刑期。

## 二、社区矫正的阶段划分

对社区矫正工作进行阶段性划分，是为了司法行政机关在实践层面对社区矫正工作流程有宏观上的掌握，明确在各阶段应该要做的矫正工作内容，确保社区矫正工作有条不紊地进行。自社区矫正工作试点以来，各地结合实际情况,在《社区矫正实施办法》的指导下制定了各地相关的《社区矫正实施细则》。其中,《四川省社区矫正实施细则》将社区矫正具体操作流程分成调查评估阶段、交付执行阶段、解除矫正阶段。《北京市社区矫正实施细则》从矫前调查、交付与接收阶段、社区矫正实施阶段、社区矫正的解除与终止阶段对社区矫正工作进行了划分。《上海市社区矫正工作指导手册》直接将社区矫正工作流程分成接收阶段、矫正阶段、终止阶段。《司法行政机关社区矫正工作暂行办法》从社区服刑人员的接收阶段、社区矫正阶段、社区矫正的终止阶段对社区矫正工作作出了详细的指导。尽管各地的社区矫正阶段划分有所差别,但大体上都是分成社区矫正接收阶段、社区矫正执行阶段、社区矫正解除阶段、社区矫正终止阶段,这样划分,一方面可以让社区矫正工作人员具体操作时知道下一阶段的工作内容,进行工作规划,提高工作效率;另一方面也可规范社区服刑人员到司法所进行社区矫正的流程,使其知晓社区矫正各阶段需要注意的事项,为社区矫正的顺利进行提供指导。

(一)社区矫正接收阶段

社区矫正接收阶段是指司法行政机关依据人民法院、公安机关或监狱的判决、裁定或决定,在法定时限内,对社区服刑人员进行接收、登记,并与人民法院、公安机关或监狱交接有关法律文书和材料的阶段。社区矫正的接收工作主要涉及矫正接收的管辖机关、相关部门之间的协调衔接以及接收的具体程序和内容。[①] 社区服刑人员的接收是将社区服刑人员纳入矫正体系中的重要一环,此阶段之前,接受社区服刑人员的司法行政机关可根据调查评估委托机关的委托对社区服刑人员进行调查评估,《社区矫正实施办法》第4条规定:"人民法院、人民检察院、公安机关、监狱对拟适用社区矫正的被告人、罪犯,需要调查其对所居住的社区影响的,可以委托县级司法行政机关进行调查评估。受委托的司法行政机关应当根据委托机关的要求,对被告人或者罪犯的居所情况、家庭和社会关系、一贯表现、犯罪行为的后果和影响、居住地村(居)民委员会和被害人意见、拟禁止事项等进行调查了解,形成评估意见,及时提交委托机关。"依据该规定,由人

① 姜祖桢主编:《社区矫正理论与实务》,法律出版社2012年版,第179页。

民法院、人民检察院、公安机关、监狱委托其居住地的县级司法行政机关进行调查评估。受委托的县级司法行政机关按照委托机关的要求,对拟适用社区矫正的被告人、罪犯从个人和社会层面进行调查,并形成评估意见,提交委托机关进行审核。

委托机关审核完成后,裁定该被告人、罪犯是否适用社区矫正。根据《社区矫正实施办法》第6条第1款规定:“社区矫正人员应当自人民法院判决、裁定生效之日或者离开监所之日起十日内到居住地县级社区矫正机构报到。县级社区矫正机构应当及时为其办理登记接收手续,并告知其三日内到指定的司法所接受社区矫正。发现社区矫正人员未按规定时间报到的,县级社区矫正机构应当及时组织查找,并通报决定机关。”

由此可见,对于适用社区矫正的被告人、罪犯,判决、裁定或决定机关应当将判决书、裁定书、决定书、执行通知书、假释证明书副本等法律文书,送达其居住地县级司法行政机关,期限为自判决、裁定生效起三个工作日内,同时抄送其居住地县级人民检察院和公安机关,县级司法行政机关应当在接收法律文书后3日内送达回执。适用社区矫正的服刑人员到居住地县级司法行政机关报到的期限为自人民法院判决、裁定生效之日或者离开监所之日起10日内。县级司法行政机关在此阶段准备接收社区服刑人员和适用社区服刑人员的判决书、裁定书、决定书、执行通知书、假释证明书等法律文书,并做好接收准备。社区服刑人员到县级司法行政机关报到时,县级司法行政机关要对其办理登记手续,社区矫正工作人员要与社区服刑人员进行谈话,了解他的个人情况和社会关系,并告知在接受社区矫正期间其需要注意遵守的事项,以保障社区矫正日常工作的正常进行。

(二)社区矫正执行阶段

社区矫正执行阶段是指社区矫正工作人员与社区服刑人员建立专业关系、对社区服刑人员的资料进行收集与分析、对其问题进行分类、制定矫正方案并组织实施的阶段。《司法行政机关社区矫正工作暂行办法》第22条规定:“司法所应当根据有关规定,针对不同类型的社区服刑人员采取不同的具体管理教育措施,确保社区矫正工作的有序进行。”依据此规定,司法所对社区服刑人员制定针对性的教育改造计划和措施方案,并根据矫正效果和需要,适时作出调整。社区矫正的执行阶段具有一定的过程性,是整个社区矫正工作过程的核心,它大体包括入矫宣告、监督管理、教育帮扶和考核奖惩。在入矫宣告之前,司法所为社区服刑人员建立专门的资料档案和矫正小组,司法所应当与矫正小组签订矫正责任书,明确各方的责任和义务,以确保各项矫正措施的落实;矫正小组成员根据社区服刑人员被判处的刑罚种类、犯罪情况、悔罪表现、再犯可能性、个性特征和生活环境等情况进行综合分析和评估,发表各自的意见;通过归纳总结各方意见,初步制定出具有针对性的矫正方案,最后对社区服刑人员进行入矫前的教育和宣告。宣告时社区服刑人员、司法所工作人员、矫正小组成员以及其他相关人员到场,宣告相关法律文书的主要内容:社区矫正期间社区服刑人员应当遵守的规定、被禁止事项以及违反规定的法律责任,社区服刑人员依法享有的权利和被限制的权利,矫正小组成员的职责等有关事项。

社区服刑人员入矫后,司法所对其进行日常监督管理。为了保证刑罚执行,实现刑罚的目的,日常监督管理是强制的,社区服刑人员必须遵守一系列法律、法规。定期到司法所报告,有事外出时必须到司法所请假,通过审批后才可以外出,外出归来要及时进行销假。社区服刑人员因居所变化确需变更居住地的,应由司法所签署意见后报经县级司法行政机关审批。

在对社区服刑人员进行日常监督管理的同时辅以教育帮扶。为增强法制观念、道德素质和悔罪自新意识,社区服刑人员每月参加个别和集中教育的学习时间不少于八小时,学习内容根据社区服刑人员的特征,从公共道德、法律常识、时事政策等方面进行安排。有劳动能力的社区服刑人员每月参加社区服务时间不少于八小时,以此来修复社会关系,培养社会责任感、集体观念和纪律意识。对于存在心理问题的社区服刑人员,司法所需要根据其心理问题和行为特征等情况进行心理辅导,矫正其违法犯罪心理,提高其社会适应能力,以促进社区服刑人员顺利回归社会。除此之外,还应关注社区服刑人员基本生活、学习问题,辅以适当的帮扶。

在社区矫正执行阶段,对社区服刑人员的考核奖惩是另一项重要的工作,对于表现好的社区服刑人员,适当的奖励(记功、建议减刑)能激励社区服刑人员更加积极地接受社区矫正,达到更为理想的矫正效果;社区服刑人员如有违反监督管理规定或者人民法院禁止令情形的,司法行政机关应当调查核实情况,收集相关证明材料,提出处罚意见(警告、提请治安处罚、撤销缓刑假释、收监执行),保障社区矫正工作的正常运行。

(三)社区矫正解除阶段

社区矫正的解除是指社区服刑人员接受社区矫正的期限届满,社区矫正执行机构结束对其的日常监督、教育矫正等相关社区矫正工作。[①] 在社区矫正的解除阶段,需要社区服刑人员作出个人总结,司法所作出鉴定后宣告解除,司法局出具解除证明。《社区矫正实施办法》第30条规定:"社区矫正人员矫正期满,司法所应当组织解除社区矫正宣告。"司法所对其进行解除宣告时,社区服刑人员以及与社区服刑人员相关的机关、单位、人员都需到场,宣告对社区服刑人员的鉴定意见,并宣布社区矫正期限届满,依法解除该社区服刑人员的社区矫正。由县级司法行政机关发放解除矫正社区矫正证明书,并书面通知决定机关,同时抄送县级人民检察院和公安机关。社区矫正解除后将解矫人员转入安置帮教,根据解矫人员的实际情况提供相应支持。一方面可以巩固矫治的效果,促使解矫人员顺利回归社会、融入社会;另一方面可以随时掌握解矫人员的思想动态和行为特征,降低解矫人员再犯罪的可能性。

(四)社区矫正终止阶段

社区矫正终止与社区矫正解除存在着很大的区别,社区矫正解除是社区矫正期限届满,社区服刑人员达到了矫正目标获得释放,其产生的是原判刑罚执行完毕或不再执行的法律后果。社区矫正终止是指社区服刑人员被收监执行、因重新犯罪被羁押或者社区服刑人员死亡从而结束社区矫正,没有达到社区矫正的目标。《社区矫正实施办法》第31条规定:"社区矫正人员死亡、被决定收监执行或者被判处监禁刑罚的,社区矫正终止。"依据此规定,在司法所对社区服刑人员实施社区矫正终止时,要确认撤销缓刑、假释、暂予监外执行的结果,核实社区服刑人员的死亡信息,将确认结果或者死亡信息进行书面汇报,同时做好裁决执行收监的社区服刑人员的交接工作,将社区服刑人员档案予以整理并保存管理。

---

① 姜祖桢主编:《社区矫正理论与实务》,法律出版社2012年版,第180页。

## 三、社区矫正的类型

分类矫正是指对根据社区服刑人员被判处的刑罚种类、犯罪情况、矫正期限、入矫时间、风险等级、悔罪表现、遵纪守法、矫正的具体阶段等情况，实行分门别类有针对性的矫正。① 我国社区矫正实践的时间并不长，对于分类矫正的实践还处于探索阶段，但各地都有相关的实践经验可以借鉴：

1.《四川省社区矫正实施细则》中规定，分类矫正是指根据社区服刑人员被判处的刑罚种类、犯罪情况、矫正期限、入矫时间、风险等级、悔罪表现、遵纪守法等情况，实行严管、普管、宽管分类矫正。

2.《北京市社区矫正实施细则》第 14 条规定："根据矫正对象的需求，结合犯罪原因、心理类型、现实表现等制定矫正方案。"将社区服刑人员进行分类，根据分类制定出符合社区服刑人员的社区矫正方案，依据矫正方案对社区服刑人员进行社区矫正工作。

3. 上海市根据社区矫正工作的实践，结合不同的年龄与案由作进一步的分类。

当然对社区服刑人员进行分类矫正的标准不仅仅局限于以上几种，《社区矫正实施办法》第 9 条规定："司法所应当为社区矫正人员制定矫正方案，在对社区矫正人员被判处的刑罚种类、犯罪情况、悔罪表现、个性特征和生活环境等情况进行综合评估的基础上，制定有针对性的监管、教育和帮助措施。根据矫正方案的实施效果，适时予以调整。"依据此规定，司法所可以按社会危险性标准、犯罪类型标准、年龄、性别标准对社区服刑人员进行分类矫正，这种分类矫正有助于提高矫正科学性和有效性从而提升矫正质量。

### （一）社会危险性标准

社会危险性标准是指综合社区服刑人员的刑罚种类、犯罪的主观恶性、接收矫正期间表现、个人心理情况等对其进行分类。按照社会危险性标准对社区服刑人员进行分类矫正，可以防止再犯罪倾向严重的犯罪人进

---

① 《司法行政机关社区矫正工作暂行办法》（司发通〔2004〕88 号）第 23 条。

入社会，脱离强制监管，增加社会与公众的危险。同时，该标准的制定有助于社区矫正资源的合理配置、社区矫正工作的有序展开以及对社区服刑人员进行针对性的个案矫正管理。

我国一些试点地区对于分类矫正进行了积极的探索和实践，也累积了实践经验，如上海市和北京市。上海市在社区服刑人员报到之初就进行社会危险性评估，测评包括13个项目，分别从个人因素、家庭因素和社区因素三个方面进行，每一项分为A、B、C、D四级，共10个分值。根据分值高低分成A、B、C、D四级，分别代表稳定、一般、重点关注和高危控制，分值越高则表明矫正风险越大。测评过程中除了关注社区服刑人员个人因素外，还会考虑被害人、社区民警等的意见，社区矫正工作人员综合测评因素决定分类级别，再根据分类的等级制定个性矫正方案。

与上海市不同，北京市也对社区服刑人员进行了危险性划分，但是，北京市主要从社区服刑人员接受社区矫正态度、个性心理特征、再社会化程度、再犯罪可能性、社会期望等9方面共100项指标将社区服刑人员划分为A、B、C三类，测评结果主要显示其危险性大小和回归社会的趋向程度，A类表示社区服刑人员危险性小、回归社会趋向好，B类表示社区服刑人员危险性较大、回归社会趋向较差，C类表示社区服刑人员危险性大、回归社会趋向差。社区矫正工作人员针对三类社区服刑人员分别实施低、中、高三种不同强度的日常监督管理。

社区矫正工作人员对社区服刑人员进行危险性分类时，综合考虑社区服刑人员的个人因素和综合层面的因素，在坚持以人为本的宗旨下，以降低再犯罪率、减少社会危险性为目标，以注重效果、保证质量为原则，对社区服刑人员进行危险性分类，制定具有针对性的矫正方案，进行精准性矫正工作。

（二）犯罪类型标准

犯罪类型标准从社区服刑人员的犯罪原因入手，分析其犯罪动机，进行适合犯罪类型的教育和服务，针对同一犯罪类型进行集中教育，结合个别教育，达到矫正的目的。

依据社区服刑人员的犯罪类型对其进行分类矫正，可以将社区服刑人员分为暴力型犯罪、侵犯财产类犯罪、交通安全类犯罪等类型。① 对于暴力型犯罪，我国注重从犯罪人的生理医学因素的影响分析暴力型犯罪，对犯罪人的心理、家庭、社会关系的研究还比较少，尽管部分社区服刑人员在进入社区矫正之前经过一定时期的监狱监管，确有悔改之意，对社会危害性小，但结合实践来看，对暴力型社区服刑人员进行社区矫正时遇到的问题远多于其他类型。苏州市在对暴力型犯罪进行社区矫正时，对这一类型进行统计分析发现，这一类型社区服刑人员有着监狱服刑时间较长，文化水平不高，从监狱出来后年龄普遍偏大，这些导致他们脱离社会时间较长，无法适应社会。因暴力性罪犯的标签，加大了其融入社会的难度，使得矫正效果不理想。为了达到矫正目标，苏州市采取佩戴电子腕带进行监管，辅以财政补贴和企业促进就业等方式对其进行社区矫正。

对于财产类社区服刑人员，上海市对之进行了深入的研究。针对上海市财产类犯罪社区服刑人员价值观、金钱观偏差，白领犯居多，人格分裂的特点，进行集中教育、个别教育和心理辅导相结合的方式进行社区矫正。为其创造平等、被尊重的氛围，对他们进行监督，培养正确的价值观、人生观、世界观，达到矫治的目的。各地财产类社区服刑人员存在的问题具有鲜明的地域特征，因此，在对此类社区服刑人员进行矫治时，要根据本地的特征制定矫正方案，从而有效地解决本地区社区服刑人员存在的问题。

交通安全类主要包括交通肇事和危险驾驶两类。这类社区服刑人员法制观念、组织纪律性淡薄，并存在着一定的侥幸心理，根据这些特征，南京秦淮区司法所对交通安全类社区服刑人员进行专项分类教育：参观警示基地，通过多媒体互动，加深交通安全法规、安全出行知识的学习；观看现身说法，感受交通肇事后果，敲响法律警钟；聆听专题讲座，就车辆安全行车等常识性交通安全知识讲解，着重强调驾驶员要坚决抵制酒后驾驶、超速行驶等危险驾驶行为，用高尚的行车道德保障驾驶安全。通过专项教育活动，使得交通安全类社区服刑人员认识到自己行为后果的严重性，加强他们对交通安全法规的认识，规范自己的行为，减少危险性。

---

① 蔡芹、孙月春：《对社区矫正对象分类矫治的思考》，载《经济研究导刊》2010 年第 36 期。

（三）年龄、性别标准

从年龄、性别标准对社区服刑人员进行分类，主要是考虑到未成年犯罪和女性犯罪的特殊性。《社区矫正实施办法》第33条规定：“对未成年人实施社区矫正对未成年人的社区矫正应当与成年人分开进行，应当遵循教育、感化、挽救的方针。”在未成年人犯罪中，冲动型犯罪、结伴型犯罪、极端型犯罪多发，这与未成年人生理和心理不成熟，控制自己的情绪和行为能力差相关。对于未成年社区服刑人员，北京市设立了“阳光中途之家”对其进行社区矫正。“阳光中途之家”以“以人为本，回归社会”为理念，对未成年社区服刑人员加强法制教育、行为养成教育，营造家庭关爱氛围，鼓励他们完成学业，提供职业技能培训，并加强心理矫正，促进其全面健康的发展。

《社区矫正实施办法》第8条规定：“社区矫正人员为女性的，矫正小组应当有女性成员。”女性社区服刑人员作为社区服刑人员中特殊的群体，存在着特殊的生理、心理问题，同时又有生活、家庭和就业的需要，犯罪体验较浅，主观恶性不大。将女性社区服刑人员根据犯罪类型进行分类，进行集中教育和个别教育相结合，注重心理疏导和增能赋权，有利于提升她们回归社会后的竞争力，降低再犯罪的可能性。

## 第五节　社区矫正的保障机制

社区矫正要达到保护公民安全、维护社会稳定，帮助社区服刑人员改造并回归社会和节约行刑成本的目的，需要相应的保障机制保驾护航。《社区矫正实施办法》第39条规定：“各级人民法院、人民检察院、公安机关、司法行政机关应当切实加强对社区矫正工作的组织领导，健全工作机制，明确工作机构，配备工作人员，落实工作经费，保障社区矫正工作的顺利开展。”现阶段要做好社区矫正工作，亟需解决的是要加强社区矫正机构队伍的保障和社区矫正经费的保障。

### 一、社区矫正的机构队伍保障

健全的社区矫正机构队伍是开展社区矫正工作的前提和基础，理顺社区矫正工作的体制机制，加强矫正工作的机构队伍建设，为我国目前的社区矫正工作提供保障。机构队伍保障分为矫正队伍保障、矫正机构保障、矫正场所保障，这三者在矫正工作中的监督管理和教育帮扶中缺一不可，并确保社区矫正工作顺利展开，以达到矫正工作的目的。

（一）社区矫正队伍保障

社区矫正队伍是社区矫正日常工作的具体执行者，负责社区服刑人员的日常监督管理和教育帮扶，在社区服刑人员矫正期间扮演着监管和帮助者的角色。随着社会法治化进程的发展，对社区矫正队伍的专业化和职业化要求越来越高，社区矫正队伍由社区矫正工作人员和社会力量组成，其中社会力量包含着社会工作者和社会志愿者，如何更好地发挥这支队伍在社区矫正工作中的作用，促进社区矫正工作正常进行，提高矫正效果，已成为不容忽视的问题。

1. 社区矫正工作人员

社区矫正工作人员是负责社区矫正日常工作的专职人员，面对面地接触社区服刑人员，并按照社区矫正的规定对其进行报到、矫正宣告、组织学习、思想汇报等矫正事宜。成熟的社区矫正制度需要一支高水平、专业化的社区矫正队伍。当前，我国的社区矫正队伍主要由司法行政部门的社区矫正管理工作者组成，不仅力量有限，而且多数没有经过专业化的培训和严格的资格考核，社区矫正的工作质量难以保障。

加强社区矫正工作人员正规化建设是社区矫正制度化、法制化的内在要求，同时也是提升队伍素质，完成矫正目标的重要前提。社区矫正队伍正规化建设，是指对社区矫正工作人员岗位行为及行为方式的制度化、规范化、标准化的建设。具体是指以制度建设为核心，在人员招录、管理、考核、培训、工作行为等方面形成标准化、程序化、法制化、科学化的运作机制，进行统一、规范、严格的管理，促使社区矫正队伍正规化、职业化、专业化。①除了对社区矫正工作人员进行正规化建设外，还应适当提高其薪酬，注重绩效考核和激励机制相结合，减少人员的流动性，为社区矫正工作提供稳定的条件，促进矫正工作的顺利开展。

---

① 缪文海：《社区矫正队伍正规化建设研究》，载《辽宁警察学院学报》2016 年第 2 期。

2. 社会工作者

社会工作者是遵循助人自助的价值理念,运用个案、小组、社区、行政等专业方法,以帮助机构和他人发挥自身潜能,协调社会关系,解决和预防社会问题,促进社会公正为职业的专业工作者。作为社区矫正工作中社会力量的来源之一,社会工作者在专业价值的引导下,运用专业工作方法,协助社区矫正工作人员开展工作,是社区矫正工作中不可忽视的辅助力量。

社会工作专业方法强调社会工作者的资源链接、资源调动和资源整合作用。社会工作者参与社区矫正工作,对社区服刑人员进行矫治,也必然要求其成为一个资源链接、调动和整合的主体。① 社会工作者在司法行政机关的组织指导下,协助社区矫正工作人员开展日常的监督管理和教育帮扶工作,在监督管理上主要是与社区矫正责任人、监督人组成矫正小组,协助制定个性化的矫正方案,参与矫正效果评估和奖惩建议等,并定期走访社区服刑人员的社会环境,了解其现状,提出建议;在教育帮扶方面主要是从思想上感化社区服刑人员,加强对其心理辅导,定期开展教育学习、组织开展社区服务活动等。在社区矫正工作中充分发挥社会工作者的功能,有助于提高矫正效果的质量,实现资源节约。

3. 社会志愿者

社会志愿者是在自身条件许可的情况下,在不谋求任何物质、金钱及相关利益回报的前提下,合理运用社会现有资源,志愿奉献个人的时间和行动,自愿参与社会公益活动的人。在社区矫正工作中,作为另一支社会力量,在社区矫正工作中协助开展工作。这里的社会志愿者主要是指社区志愿者。这个社区就是社区服刑人员生活的社区。社区志愿者的人员组成范围广,可以是具有法律知识素养和专业知识、热心社区矫正事业的专业学者、社区居委会成员等。社会志愿者自愿加入社区矫正工作中,对社区服刑人员在社区的情况进行了解,并发动社区服刑人员的亲朋好友加入其中,营造良好的社区环境,督促社区服刑人员进行矫正。

由此可见,在社区矫正工作中,社区矫正工作人员、社会工作者和社会

---

① 文曼:《社会工作者介入社区矫正工作中的法律问题探析》,载《政治与法律》2011年第9期。

志愿者组成“三位一体”的工作机制，为社区矫正工作提供队伍保障，协调三者之间的关系，充分发挥每一部分在矫正工作中的功能，从而达到整合资源，提高工作效率的目的。

（二）社区矫正机构保障

司法部设立社区矫正管理局，主要负责对社区矫正相关法律、法规以及政策的执行情况进行监管，并从宏观上对社区矫正工作的开展提供指导；省、直辖市、自治区级社区矫正管理机关负责本辖区内社区矫正工作的开展，包括贯彻方针政策，制定本辖区内的政策制度，监管协调社区矫正工作的相关事宜，进行社区矫正的宣传以及工作人员培训等；县级社区矫正机构主要配合上级实施的社区矫正政策，并负责具体的监督管理和教育帮扶工作。

《社区矫正实施办法》第3条规定：“县级司法行政机关社区矫正机构对社区服刑人员进行监督管理和教育帮助。司法所承担社区矫正日常工作。”可见司法所具有十分重要的地位，是大量社区矫正工作的承担者，需要接收社区服刑人员并对其进行宣告，为其建档；在矫正开始之前，成立专门的矫正小组，为社区服刑人员制定个性化、针对性的矫正方案，并随着社区服刑人员的矫正情况及时修改矫正方案；组织社区服刑人员进行学习、参加社区服务和社会活动；监督社区服刑人员进行报到和思想汇报；通过走访、通信联络等方式掌握社区服刑人员的活动情况；根据社区矫正的具体情况进行分类管理并实施考核奖惩；在矫正结束时进行解除宣告等。除此之外，还需要实时地向上级汇报本辖区的矫正工作，接受管理。

乡镇、街道司法所负责的矫正工作最为具体和细致，承担着很大的压力。社区矫正工作一环扣一环，对专业化的要求高，需要矫正工作人员一丝不苟地开展工作。在既定的机构设置下，还需要加强部门间的协调沟通，为社区矫正工作的开展提供便利。完善的社区矫正机构不仅使得社区矫正工作能有条不紊地开展，促进社区矫正不断向前发展，更能够实现社会活动的有序化、提高社会效率。

（三）社区矫正场所保障

社区矫正工作的开展，不仅需要矫正机构和矫正人员队伍，也需要具体的实施场所。社区矫正中心,对于强化社区矫正执法、确保社区矫正工作严肃性、统一性和规范性具有重要的作用。社区矫正工作的有序开展需要加强县(区)社区矫正中心建设,优化功能设置,规范运作机制,完善配套管理制度,并以此为平台实现对社区服刑人员的监督管理,为社区服刑人员提供技能培训、过渡安置、就业指导等教育帮扶服务等。①

完善社区矫正机构的矫正场所,配套基础设施,有利于社区矫正工作的正常展开。矫正中心有明确的功能区划分,行政区域、监督管理区域和教育学习区域。每项工作分开进行,并有条不紊地开展日常工作,有利于创造良好的工作环境,提高社区矫正工作人员的工作积极性,减少人员流失,同时也有利于社区服刑人员以更严肃的态度接受矫正,认识到自身的罪行给他人和社会带来的影响,积极地参与矫正,定期报告、学习,参加社区服务。

## 二、社区矫正的经费保障

社区矫正是中央司法体制和工作机制改革确定的非监禁刑罚执行制度改革的重要内容,是一项重要的法律制度。“巧妇难为无米之炊”,没有充足的经费支持,矫正工作的具体实施就会流于形式,政策得不到贯彻,就不能发挥社区矫正在教育改造罪犯、维护社会和谐稳定中的重要作用。

### (一)社区矫正经费组成

根据司法部、财政部修订的《司法业务费开支范围的规定》(〔85〕司发计字第384号)和社区矫正发展的需要,社区矫正经费开支范围包括:司法行政机关社区矫正工作指导管理费,社区矫正工作经费和社区矫正设备费。各地将社区矫正经费列入同级财政预算,予以保障社区矫正工作的正常开展。

根据社区矫正工作的具体情况:(1)司法行政机关社区矫正工作指导费用由社区矫正工作宣传经费、培训经费、表彰奖励费等组成;(2)社区矫正工作经费包括:适用社区矫正调查评估费,社区矫正执行变更案件办理

① 陈俊:《探索构建社区矫正五大工作机制》,载《中国司法》2015年第7期。

费，档案文书费，对社区服刑人员的监督管理、风险评估、突发事件处置费，组织集中教育、心理矫正、社区服务等活动所发生的资料费、场地费等；(3)社区矫正设备费包括：社区服刑人员定位管理设备购置费，社区矫正信息管理系统购置费，音像设备、通信网络设备购置费用，档案管理设备费，其他业务装备购置费用。

虽然社区矫正经费有了明确的划分，但由于各地的经济社会发展水平不一样，所以还存在一定问题。社区矫正经费的具体落实还有待提高，导致社区矫正工作人员的流失，社区矫正中心缺少建设，矫正中心的基础设施配套不完善，对社区服刑人员的实时监控缺少必要的通信设备支持，使得社区矫正效果大打折扣。如何利用好社区矫正经费，为社区矫正工作提供资金支持，发挥好社区矫正工作的经费保障作用，显然已成为司法行政机关需要考虑的问题。

（二）社区矫正经费来源保障

社区矫正经费是社区矫正工作赖以存在和发展的必要物质基础和基本保障，主要包括司法行政机关社区矫正工作经费和社区矫正专职社工报酬两部分。我国社区矫正的经费来源于政府财政拨款，它是最主要的经费来源。政府财政拨款稳定性强，能够在一定程度上保证社区矫正工作的顺利进行。对于资金使用要透明和公开，并建立社区矫正资金保障制度，确保落到实处，切实为社区矫正工作提供资金支持。

目前，我国社区矫正经费主要由省级以下财政负担。首先，财力薄弱的地方，尤其是中西部地区的广大农村，社区矫正经费保障难以落实，也造成全国各地社区矫正经费保障差距较大，不利于社区矫正工作的统一、协调发展。其次，监禁矫正经费单列，而社区矫正经费没有单列，使得社区矫正经费保障缺乏坚实财政基础。我国实行分税制改革以来，县级财政作为一级财政主体的自主权逐渐增强，如果县级财政困难必然导致社区矫正的经费保障难以落实。[①]

---

① 马长生、田兴洪：《完善体制机制强化社区矫正经费保障》，载《中国司法》2016年第6期。

# 第二章 调查评估

## 导读

社区矫正调查评估是社区矫正工作开展之前的一个重要环节，是确定犯罪嫌疑人、被告人、罪犯①是否适合进行社区矫正的依据，科学准确的评估对于顺利开展社区矫正工作具有重要的作用。本章分三节，第一节介绍了社区矫正调查评估的概念、原则、方法及调查结果；第二节对调查评估的委托与实施程序进行了具体阐述；第三节介绍了调查评估的基本经验与典型案例。

## 第一节 调查评估的理论与方法

### 一、调查评估的概念

社区矫正调查评估是指人民法院、人民检察院、公安机关、监狱对拟适

① 最高人民法院、最高人民检察院、公安部、司法部于2012年联合印发《社区矫正实施办法》（司发通〔2012〕12号）第4条规定，调查评估的对象为被告人、罪犯；但最高人民法院、最高人民检察院、公安部、司法部于2016年8月联合制定下发的《关于进一步加强社区矫正工作衔接配合管理的意见》中规定“人民法院、人民检察院、公安机关、监狱对拟适用或者提请适用社区矫正的被告人、犯罪嫌疑人或者罪犯，需要调查其对所居住社区影响的，可以委托其居住地县级司法行政机关调查评估”，增加的“犯罪嫌疑人”也是社区矫正调查评估的对象。此外，《四川省社区矫正实施细则》《四川省社区矫正社会调查评估办法》《山东省调查评估办法》中也有将“犯罪嫌疑人”作为调查评估对象的规定。

用社区矫正的犯罪嫌疑人、被告人、罪犯,委托县级司法行政机关①对其居所情况、家庭和社会关系、一贯表现、犯罪行为后果和影响、居住地村(居)委会和被害人意见、拟禁止的事项等进行专门调查,形成调查与评估报告提交委托机关的一项社会调查活动。②

对拟适用社区矫正的犯罪嫌疑人、被告人、罪犯开展调查评估,使社区矫正工作实现了向前延伸,有利于了解社区服刑人员的基本情况。根据调查评估的结果,司法行政机关可以有效地确定社区服刑人员的人身危险性程度,为实施分类矫正、教育管理提供依据,提高了社区矫正的工作效率。同时调查评估工作的开展,有利于提高风险的预见性,使社区矫正工作与审判工作的衔接更加规范。除此之外,调查评估报告还能够促使社区服刑人员自觉主动地服从监督管理,使相关部门能够提前制定防范措施,从源头上避免社区服刑人员脱管、漏管现象的发生。

## 二、调查评估的原则

社区矫正调查评估是一项具有综合效应的活动,其结果关系到犯罪嫌疑人、被告人、罪犯是否适合进行社区矫正。因此,在具体的操作过程中必须严格遵循有关的工作程序和评估原则,确保评估结果的科学、客观和公正。③

### (一)科学性原则

科学的社区矫正调查评估方法是保证评估质量并实现有效管理的前提条件。科学性是指在调查评估的过程中运用科学的理论和技术,尽可能客观地认识和评价犯罪嫌疑人、被告人、罪犯的居所情况、家庭和社会关系、一贯表现、犯罪行为后果和影响、居住地村(居)委会和被害人意见等信息。在调查评估过程中应注意:一是建立科学的调查和评估体系;二是

① 需要说明的是,不同于《社区矫正实施办法》的规定,2016年《社区矫正法(征求意见稿)》将调查评估实施机关扩大到社区矫正机构或者居民委员会、村民委员会等。鉴于该征求意见稿尚未正式通过,故本书采用现行法律、法规的有效规定,即县级司法行政机关为社区矫正调查评估的实施机关。

② 《社区矫正实施办法》(司发通〔2012〕12号)第4条。

③ 姜祖桢:《社区矫正理论与事务》,法律出版社2010年版,第358~359页。

在调查评估时要有科学的调查评估方法；三是形成的社区矫正调查评估意见书要有科学的解释。

（二）客观性原则

社区矫正调查评估是判断犯罪嫌疑人、被告人、罪犯是否适合进行社区矫正的一项重要调查活动，是刑事公正的体现。所以，调查评估必须客观公正地反映犯罪嫌疑人、被告人、罪犯的基本信息，以及社会和社区的意见，为公正地作出是否适用社区矫正提供重要依据。

（三）标准化原则

社区矫正调查评估应当从社区矫正工作的实际出发，遵循科学规律，运用标准化的基本原理，构建出对调查评估工作定量与定性有机结合的评估体系。标准化是社区矫正调查评估科学性的具体体现，调查评估工作需要统一的标准用于评估与分析。

（四）程序性原则

程序性原则是指社区矫正调查评估工作必须按照法律的规定进行，按照法定的方式组成调查评估人员，按照法定的调查方式进行信息收集，在法定的时限内形成调查评估意见书提交委托机关审查等。程序性原则是调查评估结果公正的形式保障，具有十分重要的现实意义。

### 三、调查评估的基本方法

调查评估是社区矫正工作中的重要环节之一，调查评估报告是多种方法综合运用的结果。调查方法是否科学合理直接关系到所获信息的真实性、准确性与全面性。常用的调查方法主要有问卷法、访谈法、文献法。①

（一）问卷法

问卷法是以书面方式，事先制定好填写式表格，发给被调查人的近亲属、所在单位、学校、社区以及被害人填写。通过问卷的形式可清晰地反映被调查人的基本情况，为评估其危险性提供参考。因问卷可以重复适用，为调查工作提供了很大的便利。但因采用问卷法的方式，调查者不能直接

---

① 张建明主编：《社区矫正实务》，中国政法大学出版社 2014 年版，第 94～95 页。

接触调查对象,其提供的信息和意见的可信度就会大打折扣,调查者在填写信息时也会受主观因素的影响。因此,通过问卷法所取得的信息在可靠性、准确性和针对性上都不如直接调查,这在很大程度上会影响调查结论的科学性。

(二)访谈法

访谈法是指负责调查评估的工作人员通过近距离观察、当面会谈的方式,对涉案的犯罪嫌疑人、被告人、罪犯以及家属、邻居、社区、同事或老师、同学进行采访交流等获得第一手材料的调查方式。访谈法强调直接接触、实地考察,以确保调查结论的可靠性、准确性。

好的访谈技巧和方法的运用可以从访问对象那里获得更多的信息。因此,在访谈中,技巧的运用十分重要。在访谈法的运用过程中要注意以下技巧:

1. 提前设计访谈提纲

无论是哪一种形式的访谈,一般在访谈之前都要设计一个访谈提纲,明确访谈的目的和所要获得的信息,列出所要访谈的内容和提问的主要问题。

2. 访谈过程中应保持友好、亲善的态度

当被访问者的回答互相矛盾或不清楚时,可以进行跟踪提问,把问题搞清楚。如果被访问者对所提问题采取不合作态度时,可以进行劝导。

3. 恰当地进行提问

要想通过访谈获取所需资料,对提问应有特殊的要求。在表述上要简单、清楚、明了、准确,并尽可能地适合受访者,另外适时、适度的追问也十分重要。

4. 准确地捕捉信息,及时收集有关资料

访谈法收集资料的主要形式是倾听。倾听时需要特别注意:不要轻易地打断对方和保持容忍沉默。

5. 适当地作出回应

访谈者不只是提问和倾听,还需要适当回应以促进交流。

6. 及时做好访谈记录,可能的话还要录音或录像

在调查评估过程中,调查评估人员应当制作调查笔录,并经被调查人

签字确认。被调查人拒绝签字的,应当在笔录中注明。

(三)文献法

文献法就是通过文献获取相关资料的方法。在社区矫正工作中,调查评估人员可以利用文献法,如犯罪嫌疑人、被告人、罪犯的相关法律文书(判决书、裁定书、执行通知书、在服刑期间表现情况的材料等),了解犯罪嫌疑人、被告人、罪犯的生活经历、犯罪情况等方面的资料。

### 四、调查评估的结果及其运用

经过对犯罪嫌疑人、被告人、罪犯的居所情况、家庭和社会关系、一贯表现、犯罪行为的后果和影响、居住地村(居)民委员会和被害人意见、拟禁止的事项等进行调查了解,调查评估人员将对资料进行整理与分析,判断犯罪嫌疑人、被告人、罪犯能否适用社区矫正,并形成《调查评估意见书》。县级司法行政机关对《调查评估意见书》进行审核后,将及时提交委托机关。作为适用或者提请适用社区矫正的重要参考,委托机关将认真审查县级司法行政机关的调查评估意见,并及时告知受委托的县级司法行政机关对调查评估意见的采信情况。

对于在调查评估中收集的与案件有关的材料和调查评估意见,委托机关和接受委托的县级司法行政机关的工作人员不得泄露,对调查中涉及的国家秘密、商业秘密、个人隐私以及被封存的犯罪记录,应当保密。

## 第二节　调查评估的理解与运用

### 一、调查评估的委托

(一)调查评估的委托机关

2016年8月,"两高两部"联合印发的《关于进一步加强社区矫正工作衔接配合管理的意见》规定:"1. 人民法院、人民检察院、公安机关、监狱对拟适用或者提请适用社区矫正的被告人、犯罪嫌疑人或者罪犯,需要调查其对所居住社区影响的,可以委托其居住地县级司法行政机关调查评估。对罪犯提请假释的,应当委托其居住地县级司法行政机关调查评估。对拟适用社区矫正的被告人或者罪犯,裁定或者决定机关应当核实其居住地。”可见,调查评估的委托机关是人民法院、人民检察院、公安机关、监狱。此外,除对适用假释的罪犯必须进行调查评估外,调查评估是社区矫正工作中重要但非必备的环节,只有当委托机关认为需要对拟适用社区矫正的犯罪嫌疑人、被告人、罪犯进行调查评估时,才可以委托县级司法行政机关进行调查评估。

我国现行法律规定,适用社区矫正的罪犯主要有四种,即被判处管制、宣告缓刑、裁定假释、暂予监外执行的罪犯。根据调查评估的委托机关不同可以分为:人民法院委托的调查评估、人民检察院委托的调查评估、公安机关委托的调查评估、监狱、看守所委托的调查评估。

1. 人民法院委托的调查评估

人民法院委托的调查评估主要包括两种情形:拟对被告人判处管制、宣告缓刑或者决定暂予监外执行的;拟对被告人适用禁止令的。

2. 人民检察院委托的调查评估

人民检察院委托的调查评估是指人民检察院拟对犯罪嫌疑人提出适用社区矫正的量刑建议的情形。

3. 公安机关委托的调查评估

公安机关委托的调查评估是指公安机关对可能适用社区矫正的犯罪嫌疑人的情形。

4. 监狱、看守所委托的调查评估

监狱委托的调查评估是指监狱、看守所拟对罪犯提请假释、暂予监外执行的情形。①

(二)调查评估的委托程序

调查评估委托是调查评估启动的前置程序。委托机关经审理或审查,拟对犯罪嫌疑人、被告人、罪犯适用社区矫正并决定开展社会调查评估的,应当事先核实调查犯罪嫌疑人、被告人、罪犯的居住地。对于犯罪嫌疑人、被告人、罪犯经常居住地与户籍地分离,或者没有经常居住地的情况,委托机关应该尽审查义务,户籍地与经常居住地相距较远或者罪犯的家庭全家

---

① 《四川省社区矫正实施细则》(川司法发〔2015〕58号)第19条。

搬离户籍地的，调查评估工作应当直接委托经常居住地县级司法行政机关进行。

另外，《关于对因犯罪在大陆受审的台湾居民依法适用缓刑实行社区矫正有关问题的意见》的相关规定，公安机关、人民检察院、人民法院需要对台湾省籍的罪犯嫌疑人、被告人进行调查评估的，可以委托犯罪嫌疑人、被告人在大陆居住地的县级司法行政机关，也可以委托适合协助社区矫正的下列单位或者人员所在地的县级司法行政机关：犯罪嫌疑人、被告人在大陆的工作单位或者就读学校；台湾同胞投资企业协会、台湾同胞投资企业；其他愿意且有能力协助社区矫正的单位或者人员。已经建立涉台社区矫正专门机构的地方，可以委托该机构所在地的县级司法行政机关调查评估。根据上述规定仍无法确定接受委托的调查评估机关的，可以委托办理案件的公安机关、人民检察院、人民法院所在地的县级司法行政机关。①

委托调查评估，应提交如下材料给县级司法行政机关：

1.《调查评估委托函》

根据《关于进一步加强社区矫正工作衔接配合管理的意见》规定，《调查评估委托函》（见附录一）应当包括犯罪嫌疑人、被告人、罪犯及其家属等有关人员的姓名、住址、联系方式、案由以及委托机关的联系人、联系方式等内容。

2. 根据委托机关不同，还须提供相应的法律文书

（1）人民法院委托时，应当附带起诉书或者自诉状；

（2）人民检察院委托时，应当附带起诉意见书；

（3）看守所、监狱委托时，应当附带判决书、裁定书、执行通知书、减刑裁定书复印件以及罪犯在服刑期间表现情况材料。

《调查评估委托函》不得通过案件当事人、法定代理人、诉讼代理人或者其他利害关系人转交居住地县级司法行政机关。若委托调查评估的材料缺失，县级司法行政机关应及时与委托机关取得联系，要求尽快补齐材

① 《关于对因犯罪在大陆受审的台湾居民依法适用缓刑实行社区矫正有关问题的意见》（法发〔2016〕33 号）第 3 条、第 11 条。

料。另外,对于台湾省籍的犯罪嫌疑人、被告人进行调查评估的,可以请当地台湾同胞投资企业协会、台湾同胞投资企业以及犯罪嫌疑人、报告人在大陆的监护人、亲友等协助提供有关材料。①

## 二、调查评估的实施

### (一)调查评估的实施主体

根据《社区矫正实施办法》第 4 条及《关于进一步加强社区矫正工作衔接配合管理的意见》第 1 条规定,县级司法行政机关负责调查评估的实施工作。② 调查评估工作由调查评估小组负责进行,调查评估小组由社区矫正执法人员、社区矫正社会工作者组成。在实施调查评估工作时,由县级司法行政机关组织两名以上工作人员开展,其中应至少有一名社区矫正执法人员。

调查评估结果是人民法院、人民检察院、公安机关、监狱决定是否对犯罪嫌疑人、被告人、罪犯实施非监禁刑的重要参考之一,应客观公正地反映犯罪嫌疑人、被告人、罪犯适用社区矫正的社会危险性等信息。为保证调查评估结果的公正性,调查评估人员应遵循回避制度,如有以下情形,应当回避:一是本案的当事人或者是当事人的近亲属的;二是本人或者其近亲属与本案有利害关系的;三是担任过本案的证人、鉴定人、辩护人、诉讼代理人的;四是与本案当事人有其他关系,可能影响调查评估公正性的。③调查评估人员回避的方式包括自行回避和指令回避。自行回避,是指应当回避的调查评估人员,发现自己具有应该回避的法定情形,自行主动地要求回避。指令回避,是指调查评估人员遇有法定的回避情形而没有自行回

---

① 《关于对因犯罪在大陆受审的台湾居民依法适用缓刑实行社区矫正有关问题的意见》(法发〔2016〕33 号)第 4 条、第 11 条。

② 需要说明的是,不同于《社区矫正实施办法》的规定,2016 年《社区矫正法(征求意见稿)》将调查评估实施机关扩大到社区矫正机构或者居民委员会、村民委员会等。鉴于该征求意见稿尚未正式通过,故本书采用现行法律法规的有效规定,即县级司法行政机关为社区矫正调查评估的实施机关。参见《社区矫正实施办法》(司发通〔2012〕12 号)第 4 条。

③ 《四川省社区矫正实施细则》(川司法发〔2015〕58 号)第 23 条。

避时,县级司法行政机关发现后,有权作出决定,令调查评估人员退出调查评估活动。

(二)调查评估的流程

1. 调查实施

调查评估人员可以采取走访、谈话、查阅资料等方式,向犯罪嫌疑人、被告人、罪犯的家庭、工作单位、就读学校、村(居)民委员会、公安派出所、社区居民、被害人等调查了解情况。调查评估人员进行调查时,应当出示工作证件、介绍信和《调查评估委托函》(见附录一)。同时应制作调查笔录(见附录一),并经被调查人签字确认,若被调查人拒绝签字的,应当在笔录中注明。

调查评估作为判断犯罪嫌疑人、被告人、罪犯是否适合社区矫正的依据,其收集的信息必须包括犯罪嫌疑人、被告人、罪犯的基本信息及背景信息等。社区矫正调查评估是由被调查人居住地的县级司法行政机关进行,主要包括如下几点内容:

(1)居所情况。通过调查居所情况,了解调查对象的居住状况以及经济条件,为当地司法行政机关判断是否适合接收提供重要依据。同时需核实调查对象的年龄、出生地、民族、受教育程度、健康状况、家庭环境、成长经历、婚姻状况、工作现状、经济收入、兴趣嗜好等。这些情况往往会对行为人的性格形成和行为习得有很大影响,从而影响到行为人在特定的环境中是否做出犯罪的选择,以及再犯可能性的大小。

(2)家庭和社会关系。家庭背景调查主要包括家庭成员的构成、家庭氛围、家庭财产状况、父母工作或者生活现状、婚姻状况、子女生活现状、家庭成员对调查对象的态度等。尤其是对未成年人,影响更为突出。家庭对一个人的成长过程有非常大的影响,特别是未成年犯罪人,往往与父母离婚、感情不和、家庭和社会疏于管教、自身成长环境不佳等综合因素有关。这些促成调查对象走向违法犯罪的家庭因素应是调查的重点。社会关系主要包括调查对象与学校老师、学生,与工作单位同事,与同社区邻里以及交往密切的朋友的关系。这些人与调查对象有着较为频繁的接触,对其学习、工作、生活习惯非常熟悉,也了解其性格、人品、为人处事的相关情况。

(3)一贯表现,即犯罪嫌疑人、被告人、罪犯在家庭、学校、工作单位的表现情况。犯罪嫌疑人、被告人、罪犯的一贯表现是调查中的一项重要信息。社区矫正应当适用于那些恶习不深、过去行为表现并无特别不良的人。如果该调查对象过去一贯品德良好,没有什么恶劣品性,只是由于某个偶然的因素导致犯罪,这样的人放在社区不易进一步危害社区,是可以根据相关法律规定适用社区矫正。

(4)犯罪行为的后果和影响。犯罪人犯罪行为的严重危害性反映了犯罪人的反社会性特征。综合分析犯罪性质、犯罪动机、犯罪目的、犯罪手段、犯罪的罪过形式、犯罪时间和地点等环境和条件,可以较为准确地评判犯罪人的人身危险性以及是否适合社区矫正。实施严重侵害社会的犯罪行为的罪犯人身危险性较大。如在其他条件相同或类似的情况下实施抢劫的犯罪人的人身危险性明显比实施盗窃的犯罪人的人身危险性大。犯罪人的犯罪动机和目的也影响犯罪人的人身危险性。如出于义愤而杀人的犯罪人的人身危险性比出于预谋杀人的犯罪人的人身危险性小;而出于追求腐化、堕落生活而盗窃的犯罪人比因饥饿而盗窃的犯罪人具有更大的人身危险性。因此,犯罪人的犯罪动机也是人身危险性的表征。就犯罪人的罪过形态而言,故意犯罪比过失犯罪所表现出的人身危险性更大;直接故意犯罪比间接故意犯罪所表现出的人身危险性更大。而犯罪手段极为恶劣的犯罪人所表现出的人身危险性更大。此外,犯罪时间、地点等环境和条件以及犯罪对象也是影响人身危险性评价的重要因素。在光天化日之下、大庭广众之中,对年老、年幼者或孤立无援的妇女实施犯罪的犯罪人表现出的人身危险性较大。① 犯罪人犯罪后的悔罪态度也是评估其是否适合适用社区矫正的一项标准。有些犯罪人完成了犯罪而获得满足感,对所犯罪行满不在乎,甚至还沾沾自喜,洋洋得意;有些犯罪人则会因为一时糊涂酿成大错而后悔不已,自责甚至有自首、立功行为,并积极寻求弥补措施。②

(5)居住地村(居)民委员会和被害人意见、拟禁止的事项、其他需要

---

① 姜祖桢:《社区矫正理论与事务》,法律出版社 2010 年版,第 367 页。

② 张建明主编:《社区矫正实务》,中国政法大学出版社 2014 年版,第 931 页。

调查的情况等。这些情况也是当地司法行政机关决定是否对其进行接收的考虑事项。《刑法》第38条、第75条、第76条规定,对判处管制或者宣告缓刑的犯罪分子,可以根据犯罪情况,同时禁止犯罪分子在执行期间或宣告缓刑期间从事特定活动、进入特定区域、场所,接触特定的人。

县级司法行政机关在实地调查中要特别注意吸毒人员、有犯罪前科的人员、未成年人员、有精神病史或者艾滋病等传染性疾病的人员、宣扬邪教的人员、重大暴力犯罪人员、"三无"人员或者生活特困人员、没有经常居住地或者经常居住地与户籍所在地不一致的人员。在对这些人员调查后,特别注意是否符合条件在本区域执行社区矫正,并向委托机关提出建议。

2. 制作《调查评估意见书》

调查评估人员应当根据掌握的情况,对犯罪嫌疑人、被告人、罪犯能否适用社区矫正进行评估,形成《调查评估意见书》(见附录一)。调查评估意见应当客观公正反映被告人、犯罪嫌疑人、罪犯适用社区矫正对其所居住社区的影响。

3. 提交委托机关

对于制作完成的《调查评估意见书》,县级司法行政机关进行最后审核后,及时提交委托机关。委托机关应当认真审查调查评估意见,作为依法适用或者提请适用社区矫正的参考。委托机关对调查评估意见的采信情况,应当及时告知受委托的县级司法行政机关。与案件有关的材料和调查评估意见,以及调查中涉及的国家秘密、商业秘密、个人隐私以及被封存的犯罪记录,应当保密。

同时需要注意,调查评估有严格的时间限制。《关于进一步加强社区矫正工作衔接配合管理的意见》第3条规定:"居住地县级司法行政机关应当自收到调查评估委托函及所附材料之日起10个工作日内完成调查评估,提交评估意见。对于适用刑事案件速裁程序的,居住地县级司法行政机关应当在5个工作日内完成调查评估,提交评估意见。评估意见同时抄送居住地县级人民检察院。需要延长调查评估时限的,居住地县级司法行政机关应当与委托机关协商,并在协商确定的期限内完成调查评估。"

此外,《关于进一步加强社区矫正工作衔接配合管理的意见》第4条对适用暂予监外执行的罪犯进行调查评估作了进一步规定："人民法院在作出暂予监外执行决定前征求人民检察院意见时，应当附罪犯的病情诊断、妊娠检查或者生活不能自理的鉴别意见等有关材料。"

## 第三节 调查评估的基本经验与典型案例

社区矫正调查评估是社区矫正工作的重要组成部分，科学准确的评估对于顺利开展社区矫正工作具有重要的作用。一方面，对拟适用社区矫正的犯罪嫌疑人、被告人、罪犯开展调查评估，有利于提高风险的预见性，使社区矫正工作与委托调查部门的工作之间的衔接更加规范，能够促使社区服刑人员自觉主动地服从监督管理，使相关部门能够提前制定防范措施；另一方面，通过调查评估，可以全面评价社区服刑人员的综合表现，有效阻止不适宜接受社区矫正的罪犯在社区矫正，避免再犯罪的发生，减少社会不稳定因素。要做好调查评估工作，需要我们在工作中不断总结经验，提高调查评估质量。

### 一、基本经验

（一）审前调查评估的部门衔接的经验

北京市丰台区在近年来的审前调查评估中注重部门之间的衔接，并探索出一套实用的操作流程，主要有以下几点：①

1. 审判阶段

区人民法院认为拟使用缓刑，并需要庭前调查评估的，向区司法局发出《关于对拟适用缓刑被告人进行社会调查建议函》。

2. 司法局与司法所交接阶段

区司法局在接到建议函后，3 日内将建议函转到被告人居住地司法所。

3. 调查评估阶段

（1）接到指派的司法所建立由司法所所长、驻所监狱干警、社区矫正

① 刘强主编：《社区矫正评论（第一卷）》，中国法制出版社 2011 年版，第 180～181 页。

专职司法助理员组成的调查小组,分别走访被告人所在单位、居委会公安派出所和家庭,做出谈话记录,经阅读确认后,谈话人、被谈话人、记录人分别签名。(2)根据调查的结果,司法所对适用简易程序的案件在7日内,适用普通程序的案件在15日内,根据被告人拟适用缓刑的社会认同度和能否通过社区矫正而悔过自新成为守法公民的程度,制定正式的社会调查报告和意见。社会调查报告一式三份,区人民法院、区司法局、司法所各一份,由区司法局提交区人民法院。

4. 法院审理阶段

(1)区人民法院审理拟适用缓刑案件的,开庭前3日通知区司法局派人到庭参加案件审理。(2)接受指派的司法所接到区人民法院通知后按时出庭,并当庭宣读对被告人的调查评估报告。(3)法庭宣告被告人缓刑当日,由司法所、区人民法院共同对被判处缓刑的被告人进行守法教育,并告知社区矫正的相关制度和规定。

5. 接收阶段

(1)区人民法院在判决生效之日起7日内将判决书、缓刑执行通知书、结案登记表、社区矫正保证书送达区司法局。(2)被告人在判决生效7日后,及时到司法所办理接受社区矫正的各项手续,正式接受其为社区服刑人员。

(二)调查评估的"双担保"工作经验

四川省社区矫正调查评估工作借鉴了担保人制度,创造了由犯罪嫌疑人、被告人、罪犯家庭成员与基层社区组织共同参与的"双担保"工作机制。[①] 所谓的"双担保"机制,是指在调查评估中,司法所要求犯罪嫌疑人、被告人、罪犯的家庭成员或亲友作为担保人,再由家庭成员或者亲友请基层社区组织为其提供担保,以此作为衡量犯罪嫌疑人、被告人、罪犯是否具备社区矫正条件的依据之一。

在调查评估阶段,由调查评估小组在调查中开展"双担保"工作,由犯罪嫌疑人、被告人、罪犯指定其家庭成员或者近亲属以自愿的方式为其提供担保并作为第一担保人。接着,由第一担保人出面请求基层社区组织作

---

① 刘强主编:《社区矫正评论(第一卷)》,中国法制出版社2011年版,第183页。

担保，并由犯罪嫌疑人、被告人、罪犯承诺服从担保人的教育、管控、监督，由担保人向司法所出具担保书，自愿协助司法所对被告人或罪犯进行教育、监督、管理，并报告犯罪嫌疑人、被告人、罪犯的日常情况。是否具备双担保、有无监管条件将作为犯罪嫌疑人、被告人、罪犯放归社区矫正的重要依据并纳入到调查评估报告中重点考虑。通过引入“双担保”制度，可以引入家庭、亲友以及社区作为协助社区矫正工作人员开展矫正工作的重要力量，还实现了社区矫正的“无缝衔接”。通过这种制度客观上使司法行政机关时刻都能掌握社区服刑人员的动向，便于了解社区服刑人员的思想信息、日常情况等，有利于推进社区矫正工作的开展。

（三）美国调查评估的经验

在美国，调查评估是判决前的重要程序，大多数州规定缓刑官必须根据法官的要求去准备判决前的调查报告。调查评估的内容大致有：罪犯的处境、个人资料、犯罪记录、受害者信息以及在调查评估过程中发现的其他问题。

1. 判前调查评估的条件

大多数的判前调查报告是由缓刑官在刑庭法官的指导下准备的。法官在下列3种情形下会要求缓刑官准备调查报告：(1)在美国近一半的州，所有的重罪判决前都必须要求有调查报告。(2)在罪犯属于初犯或者未成年人犯罪或者可能被判轻罪（一年或一年以下监禁的）的，可能需要有调查报告，但并不是强制的。(3)在个别州中，当法律规定重罪案件可能会判决缓刑的时候，一定要准备调查报告。当不可能判决缓刑时，法官对是否进行调查评估就有自由裁量权。

2. 调查报告的内容

由于美国州与州之间的法律不同，所以，相应的调查报告内容也不太相同，不过大体上包括以下几点：

(1)个人情况。主要包括：罪犯的姓名，住址，犯罪记录，出生日期和出生地，罪犯的工作经历，已知的罪犯对于药物、酒精或者其他任何管制物质成瘾性或者依赖性，婚姻状况，个人以及家庭信息，配偶以及子女姓名，教育程度，特殊职业培训或者专业工作经历，智力的稳定性以及情绪的稳定性，服役状况以及性格，经济状况，身体状况等。

(2)犯罪行为。主要包括:犯罪行为和日期、罪犯的自述、因犯罪而受到的法定惩罚。

(3)其他信息。主要包括:缓刑官对罪犯的个人评价、判决材料、罪犯获得缓刑后被告作出的选择方案、控方对犯罪认定的说明、被害人的陈述、共同被告信息、缓刑官有关判决的建议、检察官的姓名、辩护律师的姓名、主审法官、犯罪发生的司法管辖区、案卷编号其他相关数据(如证件号)、抗辩与要求、处置或判决、缓刑或者监禁地点等。①

美国判前调查报告的一大特色就是调查报告中缓刑官的讲述。在很多情形下,法官确认量刑都取决于缓刑官的讲述。所以,缓刑官对于调查报告都是非常谨慎的。

3. 准备调查报告的时间

调查报告的准备和完成的时间安排是不统一的。或许有的调查报告准备的时间就很短,一天甚至几个小时就可以完成;但是有的调查报告需要好几天的时间才可以完成,缓刑官必须要投入大量的时间和精力去准备。调查报告中的许多内容都需要缓刑官实地走访、调研、访谈等,还需要分析法庭的记录,回顾警方的逮捕报告和犯罪细节;等等,这些工作对缓刑官的速记能力以及计算机操作能力要求都很高。

4. 调查评估的保密安排

保持调查评估的保密性是十分必要的,一般公众是无法看到调查评估的内容。当缓刑官准备好一份调查报告后,一般情况下,只有法官以及和此案件密切相关的人员才可以查阅这些调查报告。尽管联邦政府是要求至少在判决日 10 日前把调查报告的内容向罪犯、辩护律师和政府律师公开。但一些州或者地方法院不一定会将调查评估报告全部公开,也不一定会向罪犯公开。一般来说,调查报告内容广泛,不仅包括罪犯的详细个人信息,还有部分涉及相关国家秘密或者商业秘密,还有缓刑官的判决建议等。为了保护罪犯的隐私权以及缓刑官的安全,主审法官会决定量刑前调查报告中的哪些内容可以向罪犯以及辩护律师公开哪些不能公开,并且向

---

① 刘强主编:《社区矫正评论(第一卷)》,中国法制出版社 2011 年版,第 329 页。

被告公开的任何信息同时都必须向控方公开。① 一些联邦法院已经把这些条款解释为罪犯可以在严格限制下获得调查报告的信息。

5. 判前调查评估的作用

调查评估报告基本具备这几大作用:

(1)为法官做出判决提供证据支持。当法官很可能判决缓刑时,调查评估报告可以给他提供罪犯的背景和矫正前景的信息(即是否适合社区矫正)。如果法官对罪犯有更多的了解,那么他们做出的判决将会更加公平。

(2)帮助缓刑官确定罪犯在缓刑或者假释中的监管方式。监督方式包括社区服务、对受害者进行赔偿、在社区矫正机构服务、电子监控或者其他非监禁处罚。缓刑官会根据对罪犯作出的不同调查评估报告分类,对不同的罪犯采取不同的管理方式。除此之外,由于在调查报告中有罪犯详细的个人信息、社会关系。当缓刑犯违背缓刑规定或重新犯罪而要进行抓捕时,调查评估报告的内容也会起到定位罪犯的作用。

(3)帮助联邦以及各州的监狱机构对罪犯进行分类,实施不同的矫正计划。比如,有精神病史的罪犯,在矫正中会推荐适当的心理咨询和治疗。对于有吸毒和酒精依赖性的罪犯就要多观察、多注意、多教育,对其行为要关注和限制。对于残疾或者有精神疾病的犯人应该转到特殊的监狱进行矫正。对于患病的或者艾滋病犯人应该实行强制隔离。

(4)为美国假释委员会或者其他假释机构做出假释决定提供必要依据。② 缓刑官在针对调查评估报告分析后评估罪犯的危险性以及对于公众的危害性,决定是否对法官提出假释的建议。对于监狱中服刑多年的罪犯,假释委员会要参考他们的调查评估报告,作出是否提前释放的参考。

(5)为相关学术研究提供数据支持。相关学者得到这些数据后就可以对犯罪模式、假释委员会的决定、司法判决趋势进行调查和研究。

6. 判前调查评估的新现象

美国已经出现了调查评估报告由私营公司或者私人准备的现象,并且

---

① 刘强主编:《社区矫正评论(第一卷)》,中国法制出版社 2011 年版,第 331 页。

② 刘强主编:《社区矫正评论(第一卷)》,中国法制出版社 2011 年版,第 334 页。

这些人大多都是过去的缓刑官。当然由私人或者私营公司做出的调查评估报告质量有所不同。一般的司法管辖区既接受私人或者私营公司的调查报告,也接受官方缓刑官的调查报告。①

通过上述国内外社区矫正调查评估的经验总结与对比分析,我们发现,调查评估工作涉及各机构的工作衔接。若在开展调查评估工作时,社区矫正机构对调查评估对象情况知之甚少,衔接不充分,则会浪费大量的人力、物力和财力,导致工作效率低下,也不利于社区矫正工作向前延伸。② 除此之外,根据调查评估收集的材料,如何确定犯罪嫌疑人、被告人、罪犯是否适合社区矫正也缺乏相应的标准,往往导致调查评估意见不够客观真实全面。针对这些问题,我们可适当借鉴国外相关经验,以提升调查评估质量。

## 二、典型案例

### 杨××调查评估案例

**(一)基本情况**

被告人杨××,女,出生于1982年5月19日,居民身份证件编号××××××××××,汉族,个体工商户,小学文化程度。户籍地址:××县××镇××街××号。因涉嫌故意伤害于2011年3月21日被××县公安局监视居住。

**(二)调查的基本事实**

×县司法局受×人民法院委托,于2011年6月16日对被告人杨××的基本情况及家庭、社会的表现进行了调查。

被告人居住地公安派出所出具的证明:杨××监视居住前没有违法犯罪前科。

被调查人王××(××镇××村党支部书记、村委会主任)的调查笔录证明:杨××这几年一直在我们××街道上做生意,口碑还好,与邻居之

① 刘强主编:《社区矫正评论(第一卷)》,中国法制出版社2011年版,第336页。

② 张建明主编:《社区矫正实务》,中国政法大学出版社2014年版,第86页。

间的关系处理得不错，这次与王××因为借款发生纠纷，也是一时冲动，年轻人性急，我也没想到，以她以前的为人和表现，她还是比较讲道理、讲理智的，就是一时心情烦躁所致。通过观察杨××过去的表现，我认为她不会对社会造成不良影响，对她适用非监禁刑我能接受，若批准对她适用非监禁刑，让她做生意，我们村委会也会加强对她的管理和教育，让她好好改造。

被调查人余××（被告人的邻居）的调查笔录证明：杨××她以前很热情，表现较好，乐于帮助他人。只要是能帮上忙的，她都会主动去帮忙，平时在街道上和我们邻居之间都相处得不错。这次触犯法律，是一时性急才造成的。平时她做生意也很讲信誉，大家都很喜爱她。对杨××适用非监禁刑，我认为不会对社会造成不良影响，以她平时的表现，她没有什么问题，我能接受。

被调查人谷××（被告人的邻居）的调查笔录证明：杨××平时为人处事一直都很不错，这次是因为一时性急冲动才触犯了法律。其实她平时一直都是遵纪守法、文明经营的。对她适用非监禁刑，我能接受。

被调查人杨××（被告人的父亲）的调查笔录证明：杨××出生在我们这个家庭。我们做父母的自己法律知识淡薄，对女儿从小也缺乏这方面的教育。杨××自身也缺乏法律知识。她人年轻，这次一时糊涂触犯了法律，请求各级组织给她一次改过自新的机会。如果法院对她适用非监禁刑，给她一次改过自新的机会，让她好好做人，我们当然同意接受，也恳求各级组织对她从轻处理。若能给她适用非监禁刑，我们做父母的也会好好对她进行教育和管理，不让她重新犯罪，让她踏踏实实做人，做个对社会有用的人。

被调查人胡××（被告人的邻居）的调查笔录证明：杨××是一个不爱多事的人，做生意也都很专心。乡亲邻居对她评价都不错，对待父母也很孝顺，和我们邻居之间也从来没吵过嘴，也没有什么矛盾和纠纷。从小看着她长大，杨××这次也是因为在处理事情上心情太急躁才触犯法律，以往的表现很不错，没有想到这次一念之差犯了罪。我能接受对她适用非监禁刑。

被调查人王××（受害人）的调查笔录证明：杨××以前我了解一部

分,她性格比较暴。在社会上的具体表现我不太清楚。这次是因为在××街道开缝纫店为借钱发生纠纷,将我致伤。但她把我致伤以后,把我送到卫生院治疗,也照顾了我。因此,对杨××适用非监禁刑我能接受。

**(三)调查的建议**

综合上述调查情况,被告人杨××表现较好,平时为人处事较好,和邻居关系处理的也比较融洽,家庭关系处理得也很好。这次她触犯了法律,也是因为一时冲动才酿成这种结果。经过对居住地的派出所、经商地村干部、邻居、家庭、受害人的调查情况表明:如果人民法院对杨××适用社区矫正,都愿意接受,并都表示会配合有关单位加强对杨××管理。故建议人民法院对被告人杨××适用社区矫正。

**(四)点评**

在本案中,调查评估人员通过走访,调查收集杨××的居所情况、家庭和社会关系、一贯表现等基本信息,并进一步对信息进行分析整理做出杨××是否适合社区矫正的调查评估意见。

通过审前调查评估工作,司法行政机关可以掌握被调查者的相关详细信息,并得出相关意见(即是否对其适用社区矫正)。而且通过调查评估报告,不仅有助于在社区矫正阶段更好地对该社区服刑人员的特点进行有针对性的监督管理和教育矫正,还有利于促进社区矫正工作的顺利进行。

# 第三章　交付执行

## 导读

交付执行是整个社区矫正活动的开端，是否严格按照程序进行交付接收工作，不仅关乎社区服刑人员能否顺利实施社区矫正，还关乎社区矫正工作人员能否准确履行自己的职责而防止因失职承担相应的法律责任。[①]本章分为三节，第一节介绍了交付执行的概念、程序及主要方式；第二节综合阐述了交付执行中涉及的核实居住地、矫正衔接、矫正小组、矫正方案、矫正宣告等工作的操作流程；第三节对交付执行的基本经验和典型案例进行了介绍。

## 第一节　交付执行的程序和主要方式

### 一、交付执行的概念

交付执行是指司法行政机关依据人民法院、人民检察院、公安机关或监狱作出的生效判决、裁定或决定，在法定的时限内对社区服刑人员进行接收、登记，并与人民法院、人民检察院、公安机关或监狱交接有关法律文书和材料的一系列活动。[②]

交付执行是社区矫正工作的第一个环节，也是将社区服刑人员纳入社区矫正进行管理和教育的起始。《社区矫正实施办法》第 5 条规定："对于

① 张建明主编：《社区矫正实务》，中国政法大学出版社 2014 年版，第 113 页。

② 《社区矫正实施办法》（司发通〔2012〕12 号）第 5 条。

适用社区矫正的罪犯，人民法院、公安机关、监狱应当核实其居住地，在向其宣判时或者在其离开监所之前，书面告知其到居住地县级司法行政机关报到的时间期限以及逾期报到的后果，并通知居住地县级司法行政机关；在判决、裁定生效起三个工作日内，送达判决书、裁定书、决定书、执行通知书、假释证明书副本等法律文书，同时抄送其居住地县级人民检察院和公安机关。县级司法行政机关收到法律文书后，应当在三个工作日内送达回执。"该条文确定了县级司法行政机关作为社区矫正工作的执行主体，且以社区服刑人员居住地为管辖依据的属地管辖原则。

## 二、交付执行的程序

作为社区矫正工作的起始，交付执行包括了核实居住地、交付衔接、矫正小组、矫正方案、矫正宣告等一系列活动。由此可见，社区矫正机构在社区服刑人员交付执行阶段的职责为接收社区服刑人员，主要包括协助有关机关核实社区服刑人员居住地、接收社区服刑人员及其相关文书、组织矫正宣告、建立社区服刑人员档案、成立矫正小组、制定矫正方案等各项工作。

从交付执行的具体流程来说，社区服刑人员交付执行之前，须由作出生效判决、裁定或决定的人民法院、公安机关或监狱核实其居住地。根据《社区矫正实施办法》，社区矫正的实施适用属地原则，即在社区服刑人员居住地执行。矫正衔接包括对人的接收和对物的接收，即司法行政机关从人民法院、监狱、看守所接收社区服刑人员及其相关的法律文书。

司法所接收社区服刑人员后，应当及时为社区服刑人员确定专门的矫正小组，并由相关社区矫正工作人员担任组长。同时应当为社区服刑人员制定矫正方案，在对社区服刑人员被判处的刑罚种类、犯罪情况、悔罪表现、个性特征和生活环境等情况进行综合评估的基础上，制定有针对性的监管、教育和帮扶措施，并根据矫正方案的实施效果，适时予以调整。社区矫正宣告是体现社区矫正刑罚执行特性的重要措施，对于彰显刑罚执行的严肃性，强化社区服刑人员的身份意识，具有重要意义。因此，接收社区服刑人员后，应当及时向社区服刑人员宣告判决书、裁定书、决定书、执行通知书等有关法律文书的主要内容，社区矫正期限，社区服刑人员应当遵守的规定、被禁止的事项以及违反规定的法律后果，社区服刑人员依法享有的权利和被限制行使的权利，矫正小组人员组成及职责等有关事项。

### 三、交付执行的主要方式

社区矫正的交付执行是一项综合性很强的工作，由司法行政机关牵头组织，相关部门协调配合，相互支持，依法履职，以保证社区矫正的顺利开展。根据适用社区矫正的对象不同，交付执行的方式也不同。

（一）普通的交付执行

《社区矫正实施办法》第6条规定，对于人民法院判处管制、宣告缓刑、裁定假释的罪犯，应当自人民法院判决、裁定生效之日或者离开监所之日起10日内到居住地县级司法行政机关报到。县级司法行政机关应当及时为其办理登记接收手续，并告知其3日内到指定的司法所接受社区矫正。发现社区服刑人员未按规定时间报到的，县级司法行政机关应当及时组织查找，并通报有关机关。《关于进一步加强社区矫正工作衔接配合管理的意见》第5条进一步对人民法院判处管制、宣告缓刑、裁定假释的罪犯的交付执行予以明确规定："对于被判处管制、宣告缓刑、假释的罪犯，人民法院、看守所、监狱应当书面告知其到居住地县级司法行政机关报到的时间期限以及逾期报到的后果，并在规定期限内将有关法律文书送达居住地县级司法行政机关，同时抄送居住地县级人民检察院和公安机关。社区服刑人员前来报到时，居住地县级司法行政机关未收到法律文书或者法律文书不齐全，可以先记录在案，并通知人民法院、监狱或者看守所在5日内送达或者补齐法律文书。"

（二）特殊的交付执行

《社区矫正实施办法》第6条第2款规定："暂予监外执行的社区服刑人员，由交付执行的监狱、看守所将其押送至居住地，与当地的县级司法行政机关办理交接手续。罪犯服刑地与居住地不在同一省、自治区、直辖市，需要回居住地暂予监外执行的，服刑地的省级监狱管理机关、公安机关监所管理部门应当书面通知罪犯居住地的同级监狱管理机关、公安机关监所管理部门，指定一所监狱、看守所接收罪犯档案，负责办理罪犯收监、释放等手续。人民法院决定暂予监外执行的，应当通知其居住地县级司法行政机关派员到庭办理交接手续。”

为规范暂予监外执行工作，2014 年 10 月，最高人民法院、最高人民检察院、公安部、司法部、国家卫生计生委联合发布《暂予监外执行规定》（司发通〔2014〕112 号），规定对暂予监外执行的罪犯依法实行社区矫正并明确相关交付执行程序。其中第 18 条第 2 款规定：“人民法院决定暂予监外执行的，应当制作暂予监外执行决定书，写明罪犯基本情况、判决确定的罪名和刑罚、决定暂予监外执行的原因、依据等，在判决生效后七日以内将暂予监外执行决定书送达看守所或者执行取保候审、监视居住的公安机关和罪犯居住地社区矫正机构，并抄送同级人民检察院。”第 19 条规定：“人民法院决定暂予监外执行，罪犯被羁押的，应当通知罪犯居住地社区矫正机构，社区矫正机构应当派员持暂予监外执行决定书及时与看守所办理交接手续，接收罪犯档案；罪犯被取保候审、监视居住的，由社区矫正机构与执行取保候审、监视居住的公安机关办理交接手续。”这两条明确了对暂予监外执行罪犯的文书交接手续及期限。对于罪犯原服刑地与居住地不在同一省、自治区、直辖市，需要回居住地暂予监外执行的，《暂予监外执行规定》第 20 条作了明确规定，即原服刑地的省级以上监狱管理机关或者设区的市一级以上公安机关监所管理部门应当书面通知罪犯居住地的监狱管理机关、公安机关监所管理部门，由其指定一所监狱、看守所接收罪犯档案，负责办理罪犯收监、刑满释放等手续，并及时书面通知罪犯居住地社区矫正机构。

2016 年 8 月司法部下发了《监狱暂予监外执行程序规定》，进一步对监狱办理暂予监外执行的交付程序作了详细规定，其中第 26 条规定：“省、自治区、直辖市监狱管理局批准暂予监外执行后，监狱应当核实罪犯居住地，书面通知罪犯居住地县级司法行政机关社区矫正机构并协商确定交付时间，对罪犯进行出监教育，书面告知罪犯在暂予监外执行期间应当遵守的法律和有关监督管理规定。”第 27 条规定：“监狱应当派员持《暂予监外执行决定书》及有关文书材料，将罪犯押送至居住地，与县级司法行政机关社区矫正机构办理交接手续。罪犯因病情严重需要送入居住地的医院救治的，监狱可与居住地县级司法行政机关协商确定在居住地的医院交付并办理交接手续，暂予监外执行罪犯的保证人应当到场。罪犯交付执行后，监狱应当在五个工作日内将罪犯交接情况通报人民检察院。”第28条规定：“罪犯原服刑地与居住地不在同一省、自治区、直辖市，需要回居住地暂予监外执行的，罪犯居住地的监狱管理局应当在十个工作日内指定一所监狱接收罪犯档案，负责办理该罪犯的收监、刑满释放等手续，并书面通知罪犯居住地县级司法行政机关社区矫正机构。”2016年“两高两部”印发的《关于进一步加强社区矫正工作衔接配合管理的意见》第6条则对暂予监外执行的社区服刑人员进行交付执行时需要交付的法律文书进一步予以明确规定：“人民法院决定暂予监外执行或者公安机关、监狱管理机关批准暂予监外执行的，交付时应当将罪犯的病情诊断、妊娠检查或者生活不能自理的鉴别意见等有关材料复印件一并送达居住地县级司法行政机关。”

## 第二节　交付执行制度的理解与运用

### 一、核实居住地

《社区矫正实施办法》第5条明确规定，对社区矫正人员的社区矫正实行属地管辖原则，即社区矫正人员在居住地执行社区矫正。

#### （一）实施主体

《社区矫正实施办法》第5条规定，对于适用社区矫正的罪犯，人民法院、公安机关、监狱应当核实其居住地。可见，在核实社区矫正人员的居住地时，由作出社区矫正判决、裁定、决定的人民法院、公安机关、监狱承担相应的居住地核实工作。

根据作出社区矫正决定的机关不同，核实居住地的实施主体也有所不同。判处管制、宣告缓刑、人民法院决定暂予监外执行的罪犯居住地由人民法院核实。看守所、监狱提请假释与暂予监外执行的罪犯居住地由公安机关、监狱核实。对有多处居所的罪犯，在判决、裁定、决定前，人民法院、公安机关、监狱应当责令其选定其中一处作为社区矫正居住地。

#### （二）居住地确认

《社区矫正实施办法》第6条规定，社区服刑人员应当自人民法院判决、裁定生效之日或者离开监所之日起 10 日内到居住地县级司法行政机关报到。但现今社会人员流动频繁，因工作或入学等原因，社区服刑人员长期离开居住地，所谓的居住地已名不符实。针对居住地难以认定的问题，四川省的经验是，社区服刑人员在当地有生活来源的，符合下列情形之一的，可以认定为居住地：

"(一)在当地购有(自有)房产，并能出具产权证或者其他具有法律效力的房产所有权、使用权证明的；

(二)在当地租用房子，已连续居住六个月以上，并能出具与产权人签订继续租赁一年以上合同的；

(三)在当地借用房子，已连续居住六个月以上，并能出具与产权人签订继续借用一年以上合同的；

(四)在当地企、事业单位提供的居住场所已连续居住六个月以上，并且企、事业单位愿意为其提供可以继续居住一年以上担保的；

(五)能够出具学校等行政事业单位为其提供的需要在当地就学六个月以上证明的；

(六)近亲属或者监护人、保证人具有以上第一、二、三项情形，愿意予以收留、接纳，履行协助监管义务，并为其提供可以居住一年以上担保的。

以上连续居住时间以当地公安机关发放的《居住证》、《暂住证》时间或者村(居)民委员会提供的证明材料为准。如果裁定的社区矫正期限不满一年，上述继续租赁、借用、居住的时间以及提供就学证明需要的时间可以为社区矫正期限。

社区服刑人员系未成年人的，其监护人应当符合上述条件。

符合上述规定的外省籍罪犯、被告人明确要求回原籍接受社区矫正的可予准许。"①

针对社区服刑人员居住地管辖存在争议的问题，实践中一般是提交裁定、决定机关重新确定管辖地。另外，针对台湾省籍的社区服刑人员，由其在大陆居住地的司法行政机关负责指导管理、组织实施；在大陆没有居住地的，由下列单位或者人员所在地的县级司法行政机关负责指导管理、组

---

① 《四川省社区矫正实施细则》(川司法发〔2015〕58 号)第 32 条。

织实施：犯罪嫌疑人、被告人在大陆的工作单位或者就读学校；台湾同胞投资企业协会、台湾同胞投资企业。

其他愿意且有能力协助社区矫正的单位或者人员。除此之外，已经建立涉台社区矫正专门机构的地方，由该机构所在地的县级司法行政机关负责指导管理、组织实施。根据上述规定仍无法确定台湾省籍社区服刑人员的管理机关，可以由办理案件的公安机关、人民检察院、人民法院所在地的县级司法行政机关负责指导管理、组织实施。①

## 二、交付衔接

### （一）文书送达

人民法院、监狱、看守所应当在判决、裁定、决定生效起三个工作日内，送达针对社区服刑人员的判决书、裁定书、决定书、执行通知书、假释证明书副本等法律文书给其居住地县级司法行政机关，同时抄送其居住地县级人民检察院和公安机关。县级司法行政机关收到法律文书后，应当在三个工作日内送达回执。

### （二）报到

社区服刑人员应当自人民法院判决、裁定生效之日或者离开监所之日起10日内到居住地县级司法行政机关报到。县级司法行政机关应当及时为其办理登记接收手续，并告知其3日内到指定的司法所接受社区矫正。发现社区服刑人员未按规定时间报到的，县级司法行政机关应当及时组织查找，并通报相关机关。

暂予监外执行的社区服刑人员，由交付执行的监狱、看守所将其押送至居住地，与当地县级司法行政机关办理交接手续。罪犯服刑地与居住地不在同一省、自治区、直辖市，需要回居住地暂予监外执行的，服刑地的省级监狱管理机关、公安机关监所管理部门应当书面通知罪犯居住地的同级监狱管理机关、公安机关监所管理部门，指定一所监狱、看守所接收罪犯档案，负责办理罪犯收监、释放等手续。人民法院决定暂予监外执行的，应当

---

① 《关于对因犯罪在大陆受审的台湾居民依法适用缓刑实行社区矫正有关问题的意见》（法发〔2016〕33号）第3条、第7条、第11条。

通知其居住地县级司法行政机关派员到庭办理交接手续。

人民法院、公安机关、司法行政机关在社区服刑人员交付接收工作中衔接脱节，或者社区服刑人员逃避监管、未按规定时间期限报到，造成没有及时执行社区矫正的，属于漏管。居住地社区矫正机构发现社区服刑人员漏管，应当及时组织查找，并由居住地县级司法行政机关通知有关人民法院、公安机关、监狱、居住地县级人民检察院。社区服刑人员逃避监管、不按规定时间期限报到导致漏管的，居住地县级司法行政机关应当给予警告；符合收监执行条件的，依法提出撤销缓刑、撤销假释或者对暂予监外执行收监执行的建议。①

（三）建档

建立社区服刑人员矫正档案，是社区矫正工作中一项十分重要的基础性工作。根据《社区矫正实施办法》第10条规定，县级司法行政机关应当为社区服刑人员建立社区矫正执行档案，包括适用社区矫正的法律文书，以及接收、监管审批、处罚、收监执行、解除矫正等有关社区矫正执行活动的法律文书。司法所应当建立社区矫正工作档案，包括司法所和矫正小组进行社区矫正的工作记录、社区服刑人员接受社区矫正的相关材料等，同时留存社区矫正执行档案副本。社区矫正执行档案和工作档案，是社区矫正机构教育改造社区服刑人员重要依据，是对矫正过程的真实反映。社区矫正档案管理要坚持准确、齐全、规范、科学、保密的原则，坚持一人一档的要求。②

社区服刑人员建档工作的基本要求主要包括：第一，社区服刑人员建档必须实行一人一档、专人负责工作，档案由乡镇（街道）司法所统一保管；第二，在建立纸质档案的同时，也建立社区服刑人员的电子档案。

社区服刑人员档案的管理要求主要包括：（1）社区服刑人员档案管理，应当遵守档案管理的一般要求，具备保密、防遗失、防潮、防虫、防霉等基本保管条件。（2）外调人员查阅档案，凭县（市、区）以上人民政府或政法机关外调介绍信，经县（市、区）司法局同意后在指定地点查阅，并填写

---

① 《关于进一步加强社区矫正工作衔接配合管理的意见》第7条、第8条。

② 张建明主编：《社区矫正实务》，中国政法大学出版社2014年版，第120页。

《社区服刑人员档案借阅登记表》备查。无关人员一律不得查阅社区服刑人员档案。(3)社区服刑人员档案输入计算机的,计算机不得直接或间接与国际互联网或其他网络连接。(4)社区服刑人员地址变更时,档案应移交变更地的司法所。社区服刑人员又犯新罪、收监执行的,档案应移交侦查、监狱机关、档案移交应办理交接登记手续。(5)社区服刑人员解除社区矫正后,档案交社区服刑人员期满时所在县(市、区)司法局集中统一保管。①

## 三、矫正小组

根据《社区矫正实施办法》,社区矫正小组是由专职人员和社会力量共同组成的专群结合的工作队伍。因此,在社区矫正工作中,基层司法所的社区矫正工作者是开展矫正的主要力量,但还要根据社区服刑人员的实际情况,联系、争取相关社会力量,有针对性地组建矫正小组,对社区服刑人员开展监督、矫正和帮扶工作。

### (一)矫正小组的组建

《社区矫正实施办法》第8条第1款规定:“司法所应当为社区矫正人员确定专门的矫正小组。矫正小组由司法所工作人员担任组长,由本办法第三条第二款、第三款所列相关人员组成。社区矫正人员为女性的,矫正小组应当有女性成员。”

据此,矫正小组由司法所工作人员任组长,由社区民警、社会工作者、志愿者、网格员和有关部门、村(居)民委员会、社区服刑人员所在单位、就读学校工作人员以及社区服刑人员的家庭成员或者监护人、保证人等组成。社区服刑人员为女性的,矫正小组应当有女性成员。确定矫正小组后,需及时填写《社区服刑人员矫正小组人员名单表》(见附录一),并做好归档。

另外,根据《关于对因犯罪在大陆受审的台湾居民依法适用缓刑实行社区矫正有关问题的意见》的相关规定,为台湾省籍的社区服刑人员确定的社区矫正小组可以吸收下列人员参与:(1)当地台湾同胞投资企

---

① 姜祖桢:《社区矫正理论与事务》,法律出版社2010年版,第167页。

业协会、台湾同胞投资企业的代表；（2）在大陆居住或者工作的台湾同胞；（3）在大陆的亲友；（4）其他愿意且有能力参与社区矫正工作的人员。①

（二）矫正小组的责任和义务

《社区矫正实施办法》第8条第2款规定，司法所应当与矫正小组签订《社区矫正责任书》（见附录一），根据小组成员所在单位和身份，明确各自的责任和义务，确保各项矫正措施落实。据此，矫正小组成员应当履行以下责任和义务：

1. 协助对社区服刑人员进行监督管理和教育帮助；

2. 督促社区服刑人员按要求到司法所报告有关情况、参加学习及社区服务，自觉遵守有关监督管理规定；

3. 定期向司法所反映社区服刑人员遵纪守法、学习、日常生活和工作等情况；

4. 发现社区服刑人员有违法犯罪或者违反监督管理规定的行为，及时向司法所报告；

5. 根据司法所需要，协助完成其他相关的社区矫正工作。②

司法所应当在社区矫正日常工作中定期与矫正小组成员沟通联系，指导、督促矫正小组成员按照矫正责任书的内容，协助司法所落实对社区服刑人员的监督管理和教育帮扶措施。

## 四、矫正方案

《社区矫正实施办法》第9条规定："司法所应当为社区矫正人员制定矫正方案，在对社区矫正人员被判处的刑罚种类、犯罪情况、悔罪表现、个性特征和生活环境等情况进行综合评估的基础上，制定有针对性的监管、教育和帮扶措施。根据矫正方案的实施效果，适时予以调整。"

矫正方案是司法所接收社区服刑人员后，根据其被判处的刑罚种类、

---

① 《关于对因犯罪在大陆受审的台湾居民依法适用缓刑实行社区矫正有关问题的意见》（法发〔2016〕33号）第8条、第11条。

② 张建明主编：《社区矫正实务》，中国政法大学出版社2014年版，第122页。

犯罪情况、悔罪表现、个性特征和生活环境等情况进行综合评估分析，确定针对性的管理与矫正帮扶措施，并根据实施效果适时予以调整的方案。司法所应当指定专职人员负责社区矫正方案的拟定和组织实施，社区矫正专职社工协助。

（一）矫正方案的内容

《社区矫正实施办法》并未明确矫正方案的具体内容，但一些地区针对矫正方案的内容做了具体的规定。如《四川省社区矫正实施办法》第52条规定："矫正方案包含以下内容：（一）社区服刑人员的基本情况；（二）对社区服刑人员犯罪情况、悔罪表现、个性特征、生活环境等的综合评估情况；（三）对社区服刑人员拟采用的监督管理、教育矫正、帮困扶助的措施；（四）对适用禁止令的社区服刑人员，明确禁止令执行内容、监管责任人、监管措施；（五）矫正方案的评估及调整。"

（二）矫正方案的制定

《社区服刑人员矫正方案》（见附录一）的制定与实施应遵循下列步骤：

1. 查阅有关法律文书和材料，与社区服刑人员进行谈话，了解其认罪悔罪表现和思想动态，走访社区服刑人员家属、邻居、村（居）委会、原单位（学校）的有关人员，了解社区服刑人员的犯罪事实、犯罪类别、主观恶性、心理行为特点、家庭状况、成长经历、社会关系等，做到基本情况明了，基本事实清楚。

2. 根据走访了解情况，对社区服刑人员的危险程度、利益需求、心理行为、素质缺陷等进行综合分析，找出社区服刑人员犯罪的症结和可能影响矫正进行的问题所在，确定矫正工作的重点和方向。

3. 在综合分析评定的基础上，拟定矫正方案。[1]

（三）矫正方案的实施

矫正小组应当定期通报、分析社区服刑人员接受监督管理和教育的情况；司法所应当定期组织矫正小组成员对矫正方案的实施效果进行评估，及时调整矫正方案。

---

① 《社区矫正实施办法》（司发通〔2012〕12号）第54条。

矫正方案的调整要由矫正小组组长提出，经矫正小组集体研究后，报司法所负责人批准。

### 五、矫正宣告

社区矫正宣告是指社区矫正机构将已交付接收的社区服刑人员在一定的场所按照法律规定的相关程序宣告对其进行社区矫正，接受社区矫正非监禁刑罚的执行并接受社区矫正机构对其进行监督管理、教育帮扶等相关活动的制度。《社区矫正实施办法》第 7 条规定："司法所接收社区矫正人员后，应当及时向社区矫正人员宣告判决书、裁定书、决定书、执行通知书等有关法律文书的主要内容；社区矫正期限；社区矫正人员应当遵守的规定、被禁止的事项以及违反规定的法律后果；社区矫正人员依法享有的权利和被限制行使的权利；矫正小组人员组成及职责等有关事项。宣告由司法所工作人员主持，矫正小组成员及其他相关人员到场，按照规定程序进行。"社区矫正宣告是体现社区矫正刑罚执行特性的重要措施，对于彰显刑罚执行的严肃性，强化社区服刑人员的身份意识，增强其接受社区矫正的自觉性，明确司法所、社区基层组织、所在单位以及社区服刑人员的监护人、亲属、保证人等承担的责任，都有重要的意义。① 通过举办宣告仪式，使社区服刑人员意识到自己的罪犯身份没有改变，只是刑罚执行的方式和空间发生了变化，这对规范社区服刑人员在社区里自觉接受并配合社区矫正工作有着极其重要的作用。

矫正宣告的场所，按照《社区矫正实施办法》第 7 条的规定，是在司法所进行，并由司法所工作人员主持。但随着全国各地社区矫正中心的建立，社区矫正中心专门设置了矫正宣告室用于组织开展对社区服刑人员的入矫宣告。② 因此，目前在社区矫正实践中，对于入矫宣告一般是由两种方式进行：已经建立社区矫正中心的，入矫宣告在社区矫正中心进

---

① 张建明主编：《社区矫正实务》，中国政法大学出版社 2014 年版，第 124 页。

② 参见 2015 年河南省出台《河南省县（市、区）社区矫正中心建设指南》、2016 年吉林省出台《吉林省社区矫正中心建设指导标准》、2016 年四川省出台《四川省县（市、区）社区矫正中心建设标准（试行）》（川司法发〔2016〕38 号）等各地方出台的社区矫正中心建设的相关文件。

行，并由社区矫正中心工作人员主持；[①]尚未建立社区矫正中心的，按照《社区矫正实施办法》第 7 条的规定在司法所进行，并由司法所工作人员主持。

社区矫正入矫宣告按照《社区矫正实施办法》第 7 条的规定，除未成年社区服刑人员外，应按照以下程序公开进行：

(1)宣布宣告纪律；

(2)宣读判决书、裁定书、决定书、执行通知书等有关法律文书的主要内容；宣布社区矫正期限；宣告社区服刑人员应当遵守的规定、被禁止的事项以及违反规定的法律后果；宣告社区服刑人员依法享有的权利和被限制行使的权利；

(3)宣布矫正小组人员组成及职责；

(4)发放社区矫正宣告书。《社区矫正宣告书》(见附录一)的主要内容包括：①判决书、裁定书、决定书、执行通知书等有关法律文书的主要内容；②社区矫正期限；③社区服刑人员必须遵守的各项规定、违反规定应承担的法律后果以及该社区服刑人员依法享有的权利和被限制行使的权利。

在社区矫正宣告中，矫正小组成员及其他相关人员应当到场。

## 第三节　交付执行的基本经验与典型案例

在交付执行环节应当尽快将社区服刑人员从人民法院、监狱管理机关或公安机关过渡到社区矫正机构，尽量缩短中间环节；同时在接收过程中，社区矫正工作人员应当最大限度地收集社区服刑人员的个人及生活环境层面的资料，为制定个性化矫正方案奠定基础；在法律文书和相关资料的送达中，人民法院、公安机关和监狱管理机关要将社区服刑人员的相关表现情况、罪犯心理档案等材料送达司法所，以利于社区矫正工作人员全面了解社区服刑人员基本情况；做好交付执行工作需要积累和学习相关的经验和案例，以便对交付执行实践工作提供借鉴和参考。

---

① 《四川省县(市、区)社区矫正中心建设标准(试行)》(川司法发〔2016〕38 号)第 16 条第 3 款。

## 一、基本经验

在澳大利亚，以下三种情况可以进入社区矫正：(1)被地方法院直接判决非监禁刑的；(2)法院判决执行完监禁刑后再执行非监禁刑的；(3)假释委员会决定假释的。

澳大利亚的社区矫正交付执行有别于其他国家，首先警方向地方法院提起诉讼，设置专门法庭的地方也可直接向法庭起诉。地方法院作出审判决定后，移交给相对应的社区矫正工作部门。在社区矫正工作部门接收后，首先对其进行危险性评估，然后根据评估的结果，制定矫正计划，专人负责执行矫正计划，完不成计划的送回法庭。以新南威尔州为例，该州有150个地方法院，95%的案件在这里审理，近三分之二的案件的当事人被法庭作出社区矫正的判决。法庭判决后，进入社区矫正的犯人会被移交给负责矫正的工作部门。在矫正工作部门接收后，先由一个专门的部门从犯罪历史、受教育程度、有无工作、本人经历、婚姻、家庭关系、娱乐爱好、同伴、是否酗酒、吸毒、心理状态、情绪、认罪态度等诸多方面进行危险性评估，确定高、较高、中层、中低、低风险，根据评估结果和犯罪性质提出具体矫正计划后送不同的执行组。执行组根据计划，制定具体的工作措施，落实承接矫正的单位，定期同其谈话。矫正的犯人也要定期汇报。执行组对其执行的情况要随时记录。如果违反规定，要给予警告，严重的可以给予一定的惩罚，完不成计划的由矫正部门写报告提交给法庭，法庭重新考虑判刑。

执行完监禁刑后再执行非监禁刑和假释委员会批准假释进入社区矫正的，接收与报到同地方法院判决非监禁刑进入社区矫正基本相同；不同的是，如果违反了有关规定或者不能完成矫正计划，直接收入监狱。

通过介绍与对比国外相关经验，结合我国社区矫正的实际情况，第一，应当明确人民法院、人民检察院、公安机关、司法行政机关的职责，注重对法律文书和社区服刑人员接收程序中的衔接；第二，建立社区矫正定期联席会议，加强部门之间的配合与衔接。除此之外，还需要做好相关文书存档、留底的工作，及报到后的矫正宣告、矫正建档等工作。各地在矫正接收工作方面都有多样的经验，我们可以根据自己所在地区的实际情况对相关经验给予适当借鉴与参考。

## 二、典型案例

### 刘某交付执行案例[①]

**（一）基本情况**

被告人刘某，男，25岁，河北人，北京市某公司职员。

**（二）审判情况**

北京市某区人民检察院指控：刘某于2008年4月1日驾驶“福田”牌普通货车由北向南行至北京市房山区京保路时，恰有张某步行由西向东过公路，轻型货车前部与张某相撞，造成张某受伤，并于5月11日经抢救无效而死亡。经鉴定，被害人张某系颅脑损伤死亡，被告人刘某负全部责任，被害人张某无责任。北京市某区法院经审理认为，被告人无视道路交通安全法的规定，驾驶机动车未避让行人横过道路，造成人死亡的交通事故，其行为已构成交通肇事罪。开庭审理时，法院认定被告人刘某犯交通肇事罪，判处有期徒刑6个月，缓刑1年。法院在向刘某宣判时，书面告知刘某到其居住地司法行政机关报到的时间以及逾期报到的后果，并通知了刘某居住地的县级司法行政机关；在判决生效后3个工作日内将刘某的判决书副本、执行通知书副本等法律文书送到刘某居住地县级司法行政机关，同时抄送至其居住地县级人民检察院和公安机关。县级司法行政机关在收到北京市某区法院送达的法律文书后，在3个工作日内送达了回执。同时将这些法律文书抄送至刘某居住地司法所。

**（三）报到情况**

刘某在法院判决生效后的10日内到其居住地县级司法局报到。县司法局为其办理了登记接收手续，并告知其3日内到其居住地司法所接受社区矫正，同时为其建立了社区矫正执行档案。

司法所在接到县司法局抄送的相关法律文书后，立即按照程序开展了工作，等待接收社区服刑人员刘某。

刘某按规定的期限到司法所报到，司法所的工作人员接待了刘某，核

---

① 张建明主编：《社区矫正实务》，中国政法大学出版社2014年版，第128～131页。

实了相关法律文书，为刘某办理了登记手续，并向刘某宣读了社区矫正宣告书，签订了帮矫协议书，而后对他进行了入矫教育，为刘某建立了社区矫正工作档案。同时，成立了帮矫小组，初步拟定了矫正方案，并与矫正小组签订了矫正责任书，完成了对刘某的社区矫正接收工作任务。

**（四）点评**

从案例中可以看出，完成社区矫正的交付执行工作，司法局和司法所分别主要完成了以下工作任务：

司法局：

1. 接收法院送达的有关刘某的法律文书，并在规定的期限内送达回执；

2. 将相关法律文书抄送至刘某居住地的司法所；

3. 接收社区服刑人员刘某并为其办理了接收登记手续；

4. 告知刘某在司法局报到后 3 日内到其居住地的司法所报到；

5. 为刘某建立社区矫正执行档案。

司法所：

1. 接收司法局抄送的相关法律文书，并为接收社区服刑人员刘某做准备工作；

2. 当刘某来报到时，为其办理登记接收手续，向其宣读了社区矫正宣告书；

3. 对刘某进行了入矫教育，并与之签订帮矫协议书；

4. 为刘某成立帮矫小组，拟定矫正方案，并与矫正小组签订了矫正责任书；

5. 为刘某建立了社区矫正工作档案。

# 第四章 监督管理

## 导读

监督管理是社区矫正刑罚执行惩罚性价值的重要体现，对社区服刑人员进行全过程、全方位的监督管理，是实现社区矫正工作目标的一个重要工作内容。本章首先从概念、主体、方式、对象、范围五个方面对监督管理的制度构成进行阐述，然后从分类管理、信息化监管、报告、外出请假、居住地变更和日常监管六大板块对监督管理的相关规定进行理解与运用，最后进一步阐述社区矫正监督管理工作的基本经验和典型案例。

## 第一节 监督管理的制度构成

### 一、监督管理的概念

监督管理，是指在社区矫正相关法律法规的要求下，社区矫正机构对社区服刑人员在社区矫正期间的有关行为、活动等进行管理的过程，是社区矫正刑罚执行惩罚性价值的重要体现。社区矫正监督管理主要是采取各种矫正措施，对社区服刑人员进行全过程、全方位的监管，确保社区矫正达到良好的效果。通过对社区服刑人员进行监督，观察和了解他们的日常生活情况和遵守相关规定的情况，从而发现其是否具有不遵守监督管理规定的行为表现，进而根据具体情况采取控制措施，预防他们对社会造成新的侵害。

## 二、监督管理的主体

县级司法行政机关社区矫正机构对社区服刑人员进行监督管理和教育帮扶。司法所承担社区矫正日常工作。社会工作者和志愿者在社区矫正机构的组织指导下参与社区矫正工作。有关部门、村(居)民委员会、社区服刑人员所在单位、就读学校、家庭成员或者监护人、保证人等协助社区矫正机构进行社区矫正。①

## 三、监督管理的方式

### (一)分类管理

根据社区服刑人员被判处的刑罚种类、犯罪情况、矫正期限、风险等级、悔罪表现、遵纪守法等情况,实行严管、普管、宽管分类管理(见附录一)。

1. 严管

在学习时间、劳动时间、汇报次数上要求最严格,适用严管的社区服刑人员悔罪态度较差,不能遵守社区矫正监督管理规定,公然不服从监管办法和安排,主观恶性及社会危害性大,自我控制力和现实表现较差。主要包括盗窃、抢劫、诈骗,故意伤害等严重刑事犯罪的犯罪人以及在常规教育阶段被给予口头警告的社区服刑人员。

2. 普管

在学习时间、劳动时间和汇报次数要求上没有严管严格,适用普管的社区服刑人员基本能遵守社区矫正监督管理规定,自我控制力和现实表现一般,悔罪态度一般,人身危险性较小。主要包括贪污、受贿等职务犯罪的社区服刑人员。

3. 宽管

相对严管和普管,宽管在学习时间、劳动时间、汇报次数要求更加宽松,适用宽管的社区服刑人员能严格遵守社区矫正监督管理规定,自我控制力和现实表现良好,主观恶性小,社会危害性较轻,认罪态度良好,主要

---

① 《社区矫正实施办法》(司发通〔2012〕12号)第3条。

包括交通肇事等过失犯罪的社区服刑人员。

(二)信息化监管

信息化监管是以计算机信息系统为基础,运用高科技手段进行社区矫正监督管理的工作模式。在监管过程中利用现代科学技术对相关信息进行流转、处理和分析,并把信息作为监管的依据,再结合高科技装备,提高监督管理工作质量和效率。

## 四、监督管理的对象

监督管理的对象同社区矫正的适用范围相同,都是指被判处管制、宣告缓刑、裁定假释、暂予监外执行的罪犯。其中,《刑事诉讼法》第254条规定:"暂予监外执行分两种:一是对被判处有期徒刑、拘役或者已经减为有期徒刑的罪犯,有下列情形之一的,可以暂予监外执行:(一)患有严重疾病,需要保外就医的;(二)怀孕或者正在哺乳自己婴儿的妇女;(三)生活不能自理的。二是对被判处无期徒刑的罪犯,有第(二)项情形的,可以暂予监外执行。"

## 五、监督管理的范围

(一)报告

报告制度,是指社区服刑人员在接受社区矫正期间,根据有关法律、法规和社区矫正监督制度的规定及要求,按时、定期向社区矫正机构汇报自己的思想、工作、学习以及其他活动的情况。

根据《社区矫正实施办法》第11条规定:"社区矫正人员应当定期向司法所报告遵纪守法、接受监督管理、参加教育学习、社区服务和社会活动的情况。发生居所变化、工作变动、家庭重大变故以及接触对其矫正产生不利影响人员的,社区矫正人员应当及时报告。"

(二)外出请假

社区服刑人员必须在指定范围内活动,原则上不得离开所居住的市、县,如有特殊情况,需临时离开居住的市、县的,需履行请假手续,以保证社区服刑人员的行踪一直处于监管中。

《社区矫正实施办法》第13条规定:"社区矫正人员未经批准不得离

开所居住的市、县(旗)。社区矫正人员因就医、家庭重大变故等原因,确需离开所居住的市、县(旗),在七日以内的,应当报经司法所批准;超过七日的,应当由司法所签署意见后报经县级司法行政机关批准。返回居住地时,应当立即向司法所报告。社区矫正人员离开所居住市、县(旗)不得超过一个月。”

(三)居住地变更

社区服刑人员迁居,必须经过县级社区矫正机构批准,并通知人民检察院和公安机关。

根据《社区矫正实施办法》第 14 条的规定:“社区矫正人员未经批准不得变更居住的县(市、区、旗)。社区矫正人员因居所变化确需变更居住地的,应当提前一个月提出书面申请,由司法所签署意见后报经县级行政司法机关审批。县级行政司法机关在征求社区矫正人员新居住地县级行政司法机关的意见后作出决定。经批准变更居住地的,县级行政司法机关应当自作出决定之日起三个工作日内,将有关法律文书和矫正档案移交新居住地县级行政司法机关。有关法律文书应当抄送现居住地及新居住地县级人民检察院和公安机关。社区矫正人员应当自收到决定之日起七日内到新居住地县级司法行政机关报到。”

(四)日常监管

司法所应当根据社区服刑人员个人生活、工作及所处社区的实际情况,有针对性地采取实地查访、通信核查、电子定位等措施,及时掌握社区服刑人员的活动情况,了解其思想动态和行为表现。重点时段、重大活动期间或者遇有特殊情况,司法所应当及时了解掌握社区服刑人员的有关情况,可以根据需要责令社区服刑人员到办公场所报告、说明情况。①

## 第二节　监督管理的理解与运用

### 一、分类管理

分类管理是指社区矫正机构根据社区服刑人员被判处的刑罚种类、犯

---

① 《四川省社区矫正实施细则》(川司法发〔2015〕58 号)第 77 条。

罪情况、矫正期限、风险等级、悔罪表现、遵纪守法等情况，有针对性地实行严管、普管、宽管的管理制度。司法所记录社区服刑人员接受监督管理、参加教育学习和社区服务的情况，定期对其接受矫正的表现进行考核，并根据考核结果，对社区服刑人员实施分类管理。

（一）分类管理的确定

社区服刑人员的分类，是根据社区服刑人员的刑罚种类、犯罪情况、矫正期限、风险等级、悔罪表现、遵纪守法等几个方面的情况综合确定，经矫正小组集体研究同意后，向社区服刑人员宣布，并可以在司法所张榜公示。管理措施宽严适度，管理类别可以根据实际情况适时调整。管理类别调整应当经矫正小组集体研究，并报司法所负责人批准。①

（二）明确不同分类社区服刑人员的监管措施

对于不同分类采取不同的监管措施，一般分为严管、普管和宽管三类。适用严管的，必须随身携带定位手机等监控设备，保持通信畅通，每周汇报一次，超过两周需书面报告，且参加司法所组织的集中教育时间不少于规定的时效；适用普管的，必须每周汇报一次，每月书面报告一次，每月参加司法所组织的集中教育时间不少于规定的时效；适用宽管的，每两周汇报一次，每季度书面报告一次，每月参加司法所组织的集中教育时间不少于规定的时效。

## 二、信息化监管

社区矫正信息化监管，是指社区矫正机构通过手机、电子手腕等终端设备对社区服刑人员进行的监管。主要包括六个方面的功能：第一是实时监控、跟踪管理、掌握其行动轨迹；第二是结合短信、语音、视频等技术优势，实现社区矫正工作人员与社区服刑人员的信息交互；第三是对社区服刑人员出现的越界、矫正届满等问题进行警示告知；第四是建立电子档案，形成一个信息化管理系统，全面反映社区矫正工作及社区服刑人员的基本信息，实现动态的信息流转，具有快速、准确的信息检索功能，以及便捷的录入、删除、修改、查询、汇总、统计分析、打印、业务报表生成等功能；第五

① 《四川省社区矫正实施细则》（川司法发〔2015〕58号）第56～58条。

是考核管理信息化；第六是加强与监狱、法院、公安、检察院工作的对接联系等。①

四川省根据《社区矫正实施办法》以及司法部出台的《社区矫正管理信息系统技术规范》和《社区服刑人员定位系统技术规范》，结合本省社区矫正工作的实际和社区矫正工作管理者的需求，探索研究开发了“社区矫正信息管理系统”，借助信息化手段，创新社区矫正管理。系统采用分级授权方式管理“系统”所有账号和数据，实现省司法厅、市州司法局、县（市、区）司法局、乡镇（街道）司法所四级管理模式，具有电子档案、危险性评估、定位管理、数据分析、统计报表、信息平台、系统服务等功能。

## 三、报告

### （一）明确周期与方式

社区矫正工作人员在社区服刑人员入矫时，告知定期报告的周期与方式。报告可以采取书面、口头、电话报告三种形式。② 根据监管工作需要，经司法所负责人同意，可以要求社区服刑人员在指定期间或者特定时段增加报告次数。

### （二）签到

书面报告应当由本人签名并送至司法所，口头报告应当在司法所或者指定地点进行。社区服刑人员以口头、电话形式报告的，司法所应当记录在案。

保外就医的社区服刑人员因病情、治疗措施等特殊原因，本人确实无法到司法所报告的，经司法所同意，可以采取电话报告等方式向司法所报告本人身体情况和病情复查情况，病情复查情况相关材料可以由其家属或者监护人、保证人送交司法所。

### （三）收缴思想汇报与复查报告

社区矫正工作人员按时收缴社区服刑人员的思想汇报并存档。根据

---

① 刚彦、王敬：《浅析社区矫正信息化监管》，载《中国管理信息化》2014 年第 8 期。

② 《四川省社区矫正实施细则》（川司法发〔2015〕58 号）第 60 条。

《社区矫正实施办法》第20条的规定，对保外就医的社区矫正人员，司法所应当定期与其治疗医院沟通联系，及时掌握其身体状况及疾病治疗、复查结果等情况，并根据需要向批准、决定机关或者有关监狱、看守所反馈情况。

### 四、外出请假

(一)审核材料

对于需要外出的社区服刑人员，首先，由本人陈述外出的理由，写出申请；其次，社区矫正工作人员审核相关的材料，证明其符合外出的事由。

注：社区服刑人员有下列情形之一，确需离开所居住地的市、县，可以申请外出：

1. 当地县级以上医疗机构认为确需到居住地以外医疗机构就医并出具转院治疗建议书的；

2. 直系亲属死亡或者患有严重疾病的；

3. 父母、子女或者本人婚姻关系发生重大变故的；

4. 办理本人就业、就学手续需要外出的；

5. 其他原因确需外出的。[①]

(二)审批

外出时间在7日以内的，应当提前3个工作日向司法所提出书面申请并填写《社区服刑人员外出(居住地变更)审批表》(见附录一)，经司法所负责人审批，同意请假的，在签署意见后发放《社区服刑人员外出(居住地变更)审批表》给社区服刑人员，并报县级社区矫正机构备案；不同意请假的，应当及时告知社区服刑人员。

外出时间超过7日的，应当提前7个工作日提出书面申请并填写《社区服刑人员外出(居住地变更)审批表》，经司法所初审并签署意见后，报县级社区矫正机构审批，同意请假的，在签署意见后发放《社区服刑人员外出(居住地变更)审批表》给社区服刑人员；不同意请假的，由司法所及时告知社区服刑人员。

社区服刑人员发生突发性重大变故等紧急情形的，经司法所负责人同

---

① 《四川省社区矫正实施细则》(川司法发〔2015〕58号)第66条。

意、报县级社区矫正机构分管领导批准，可以口头请假外出，紧急情形消失后应当及时补办请假手续。

社区服刑人员经批准离开所居住的市、县连续时间不得超过30日。一年累计请假天数不得超过60日。因特殊情况，一年累计请假天数超过60日的，应当由市级社区矫正机构审批。①

（三）电子信息化监控

社区服刑人员外出期间，居住地司法所要通过信息技术、通信手段进行跟踪管理和教育，发现社区服刑人员违反外出管理规定的，应当责令其立即返回并视情节给予相应处罚。必要时，可以派员将其带回。

（四）销假备案

社区服刑人员返回时应当立即向司法所报告外出期间的有关情况，并在24小时以内办理销假手续，交回准予请假通知书。司法所应当对其外出期间的活动予以核实，在准予请假通知书上注明返回时间并留存备查。

## 五、居住地变更

（一）对于同一县（市、区）变更居住地

1. 申请

对于需要进行迁居的社区服刑人员，首先，由其说明理由；其次，提交相关证明材料。司法所进行审查并核实变更居住地的理由。

2. 填写《社区服刑人员外出（居住地变更）审批表》（见附录一）

社区矫正工作人员在审查无误后，填写《社区服刑人员外出（居住地变更）审批表》，司法所在签署意见后报县级社区矫正机构审批。

3. 征求新居住地司法所的意见并审批

县级社区矫正机构收到《社区服刑人员外出（居住地变更）审批表》后，经征求新居住地司法所意见后作出决定。

4. 通知

经过决定，同意变更居住地的，县级社区矫正机构应当在3个工作日内通知社区服刑人员现居住地和新居住地司法所，现居住地司法所应当及

① 《四川省社区矫正实施细则》（川司法发〔2015〕58号）。

时向社区服刑人员发放同意变更的《社区服刑人员外出（居住地变更）审批表》。

5. 移交工作档案

同意变更居住地的，县级社区矫正机构将工作档案及清单移交新居住地司法所。

6. 报到

社区服刑人员应当在收到同意变更的《社区服刑人员外出（居住地变更）审批表》后3日内到新居住地司法所报到。

（二）对于跨县（市、区）的变更居住地

1. 审查

对于需要进行迁居的社区服刑人员，首先，由其说明理由；其次，提交相关证明材料。司法所进行审查并核实变更居住地的理由。

2. 填写《社区服刑人员外出（居住地变更）审批表》（见附录一）

司法所在审查无误后，填写《社区服刑人员外出（居住地变更）审批表》，司法所在签署意见后报县级社区矫正机构审批。

3. 征求新居住地社区矫正机构的意见

现居住地社区矫正机构收到《社区服刑人员外出（居住地变更）审批表》后，应当在3个工作日内书面征求社区服刑人员新居住地社区矫正机构的意见。新居住地社区矫正机构接到书面征求意见函后，应当在5个工作日内认真核实有关情况，作出是否接收的意见并及时回复。

对社区服刑人员变更居住地，如果现居住地和新居住地的社区矫正机构意见不一致，应当报共同的上一级社区矫正机构确定；居住地变更需要跨省（区、市）的，如县级、市级社区矫正机构不能达成一致意见的，由两省（区、市）社区矫正工作管理机构之间协调解决。

4. 审批并通知

现居住地社区矫正机构根据回复意见及时对是否同意社区服刑人员变更居住地作出审批决定，并在决定作出之日起3个工作日内通知司法所。

5. 通知与报到

同意变更居住地的，司法所应当及时向社区服刑人员发放《社区服刑人员外出（居住地变更）审批表》告知社区服刑人员应当自接到通知后7

日内持《社区服刑人员居住地变更证明》到新居住地社区矫正机构报到。县级社区矫正机构经审核,不同意变更居住地的,应当在《社区服刑人员外出(居住地变更)审批表》上注明理由,由司法所告知社区服刑人员。

6. 移交工作档案

经批准变更居住地的,现居住地司法所应当在接到通知后2个工作日内将工作档案移送至县级社区矫正机构,社区矫正机构应当留存档案副本,在决定作出之日起3个工作日内,将有关法律文书和矫正档案及清单移交新居住地社区矫正机构。有关法律文书应当由现居住地和新居住地社区矫正机构分别抄送同级人民检察院和公安机关。

## 六、日常监管

对社区服刑人员的日常管理一般包括检查、异常情况的处置、禁止令的特别规定以及相关需要社区矫正工作人员承担的其他事项(包括调查了解、脱管查找、对社区服刑人员的集中管理、制止与带离等)。司法所应当根据社区服刑人员个人生活、工作及所处社区的实际情况,有针对性地采取实地检查、通信联络、信息化核查等措施及时掌握社区服刑人员的活动情况。

通过对社区服刑人员进行日常监管,可以观察社区服刑人员的行为,掌握其行踪,了解其思想活动,为修改和完善矫正方案提供依据,同时也有利于社区服刑人员自觉履行义务。①

(一)检查

司法所应通过定期走访、通信联络、信息化核查等方式联络社区服刑人员。

(二)异常情况处置

如果发现社区服刑人员故意不携带、不开机或者故意丢失、损坏定位手机等监控设备,造成人机分离、定位失效、通信中断的,司法所应当及时联系、通知社区服刑人员改正,避免发生脱管、漏管的情形。

① 王平、何显兵、郝方昉著:《理想主义的〈社区矫正法〉——学者建议稿及说明》,中国政法大学出版社2012年版,第164页。

（三）禁止令

1. 禁止令的基本规定

禁止令是《刑法修正案（八）》增加的内容，是我国刑罚制度的一项重要创新。对判处管制、宣告缓刑的犯罪分子，人民法院根据犯罪情况，从促进犯罪分子教育矫正、有效维护社会秩序的需要出发，认为确有必要禁止其在管制执行期间、缓刑考验期限内从事特定活动，进入特定区域、场所，接触特定人的，可以根据《刑法》第 38 条第 2 款、第 72 条第 2 款的规定，同时宣告禁止令。[①]《关于对判处管制、宣告缓刑的犯罪分子适用禁止令有关问题的规定（试行）》（法发〔2011〕9 号）第 13 条对禁止令作了明确规定，有针对性地决定禁止犯罪分子在管制执行期间、缓刑考验期限内从事特定活动，进入特定区域、场所，接触特定的人。禁止令由司法行政机关指导管理的社区矫正机构负责执行。

禁止令的期限，既可以与管制执行、缓刑考验的期限相同，也可以短于管制执行、缓刑考验的期限，但判处管制的，禁止令的期限不得少于 3 个月，宣告缓刑的，禁止令的期限不得少于 2 个月。判处管制的犯罪分子在判决执行以前先行羁押以致管制执行的期限少于 3 个月的，禁止令的期限不受前款规定的最短期限的限制。禁止令的执行期限，从管制、缓刑执行之日起计算。[②]

2. 进入特定区域的审批

对于人民法院禁止令确定需经批准才能进入的特定区域或者场所，社区服刑人员确需进入的，应当经县级社区矫正机构批准，并告知人民检察院。

（1）提出申请

对于人民法院禁止令确定需经批准才能进入的特定区域或者场所，社区服刑人员确需进入的，应当提前向司法所提出书面申请，提交相关证明

---

① 《关于对判处管制、宣告缓刑的犯罪分子适用禁止令有关问题的规定（试行）》（法发〔2011〕9 号）第 2 条。

② 《关于对判处管制、宣告缓刑的犯罪分子适用禁止令有关问题的规定（试行）》（法发〔2011〕9 号）第 6 条。

材料。

(2)填表并审核

社区服刑人员填写《社区服刑人员进入特定区域(场所)审批表》(见附录一)(一式三份)。经司法所初审,报县级社区矫正机构批准。

(3)审批

县级社区矫正机构应当自收到《社区服刑人员进入特定区域(场所)审批表》之日起3个工作日内,作出是否批准决定。审批同意的,一份留存,一份交由司法所,一份抄送同级人民检察院。若不同意,两份留存,一份交由司法所。

(4)告知并归档

若审批同意,则由司法所告知社区服刑人员,并将所填写的《社区服刑人员进入特定区域(场所)审批表》归档。

若不同意,直接将所填写的《社区服刑人员进入特定区域(场所)审批表》归档。

(四)走访调查

司法所应当定期到社区服刑人员的家庭、所在单位、就读学校和居住的社区了解、核实社区服刑人员的思想动态和现实表现等情况。

对保外就医的社区服刑人员,司法所应当定期与其治疗医院沟通联系,及时掌握其身体状况及疾病治疗情况,每3个月审查保外就医社区服刑人员的病情复查情况,并根据需要向批准、决定机关或者有关监狱、看守所反馈情况。①

1. 访前安排

走访前,确定好走访的地点(家庭、所在单位、就读学校和居住的社区);确定好走访的周期,有重点活动、重点时段的,要注意紧密掌握社区服刑人员的相关情况。

2. 实地走访

走访了解社区服刑人员的思想动态和现实表现,关注家庭情况的变化。对于保外就医的社区服刑人员,要掌握其身体状况及疾病治疗、复查

① 《暂予监外执行规定》(司发通〔2014〕112号)第21条。

结果等情况。

3. 归档

对于走访调查的结果要及时归档。

对于保外就医的社区服刑人员的走访情况，视情况向批准、决定机关反馈情况。

(五) 重点监管

重点时段、重大活动期间或者遇有特殊情况，司法所应当及时了解掌握社区服刑人员的有关情况，可以根据需要责令社区服刑人员到办公场所报告、说明情况。

1. 明确重点时段、重点活动

重点时段一般有元旦、春节、五一、中秋、十一等。

重点活动一般是指奥运会、运动会、世博会、“两会”等重要活动。

2. 明确重点人群

需要着重关注的是处于严管期、给予警告、拟撤销假释或者缓刑以及暂予监外执行、曾经犯过侵犯财产罪以及侵犯人身权利罪等严重刑事犯罪的社区服刑人员。

3. 重点监控

在这期间，加强走访、监管的强度，密切掌握社区服刑人员的心理状况与活动情况，可以暂停关于外出请假、变更居住地、进入特定区域的审批活动。

(六) 脱离监管

1. 脱离监管的认定

社区服刑人员在社区矫正期间脱离居住地社区矫正机构的监督管理下落不明，或者虽能查找到其下落但拒绝接受监督管理的，属于脱管。①

(1) 未在规定期限内报告个人情况，经查找下落不明的；

(2) 未按规定期限到居住地的县级司法行政机关报到，经查找下落不明的；

(3) 擅自离开居住地，拒不回居住地接受社区矫正的；

---

① 《关于进一步加强社区矫正工作衔接配合管理的意见》(司发〔2016〕88 号)。

(4)经批准离开居住地,但未在规定期限内返回,经查找下落不明,或者拒不回居住地接受社区矫正的;

(5)因其他原因下落不明的。

2. 脱管追查

居住地社区矫正机构发现社区服刑人员脱管,应当及时联系本人及其家属亲友,走访有关单位和人员,做好记录,并由县级司法行政机关视情形依法给予警告、提请治安管理处罚、提请撤销缓刑、撤销假释或者对暂予监外执行的提请收监执行。[①]

3. 矫正期限

社区服刑人员脱管期间不计入矫正期限。

对社区服刑人员脱管期间不计入社区矫正期限的,司法所应当向县级社区矫正机构提交相关证明材料。县级社区矫正机构应当自收到之日起提出脱管不计入社区矫正期限建议,报县级司法行政机关审核同意后,向社区服刑人员居住地人民法院提交脱管不计入社区矫正期限建议,并附上相关证明材料。同时将建议书抄送居住地人民检察院、公安机关。人民检察院可以向人民法院提出书面意见。

(七)法定不予出境

根据《中华人民共和国出入境管理办法》及相关法律规定,被判处刑罚尚未执行完毕的人员不予出境。[②] 社区矫正是非监禁刑罚执行活动,社区服刑人员不能出境活动。各县(市、区)为加强对社区服刑人员出境限制的管理,防止社区服刑人员脱离监管,都建立了法定不批准出境人员通报备案制度。各级司法部门主动与所在地公安机关出入境管理部门联系,建立工作衔接制度,促进信息共享,确保公安机关及时掌握法定不批准出境人员的详细信息,有效控制社区服刑人员的出境管理,防止脱管、漏管现象发生。根据“两院两部”印发的《关于对因犯罪在大陆受审的台湾居民依法适用缓刑实行社区矫正有关问题的意见》(法发〔2016〕33 号)的相关规定,对于被判处缓刑的台湾省籍社区服刑人员,人民法院应当及时作出

---

① 《关于进一步加强社区矫正工作衔接配合管理的意见》(司发〔2016〕88 号)。

② 《中华人民共和国出入境管理办法》第 22 条。

不准出境决定书,同时依照有关规定办理边控手续。实施边控的期限为缓刑考验期。[①]

## 第三节　监督管理的基本经验与典型案例

### 一、基本经验

做好社区矫正监督管理工作,重点是根据社区服刑人员的人身危害大小及回归社会的趋向程度等情况做好分类管理。一方面有助于对社区服刑人员制定有针对性的监督管理方案;另一方面在目前基层司法所"人员少、装备差、任务多"的现状下,有利于合理配置管理资源,提高管理的工作效率。做好分类管理工作,需要不断总结工作方法,提出更好的分类管理方法。为此,下面就国内外一些地区的相关经验作简单的介绍。

(一)国内关于分类管理的相关经验

1. 根据危险性进行分类管理的经验

在分类管理工作中,北京市以社区服刑人员的人身危害大小及回归社会的趋向程度将社区服刑人员分为 A、B、C 三类。[②] 其中,A 类为人身危害性小、回归社会趋向好的社区服刑人员,以此递进,对其进行分类考核(见附录一《对不同类别社区服刑人员的分类管理措施》)。

在这样的基础上,加强对接收社区矫正不满二个月的;多次违反社区矫正管理规定或不参加社区矫正活动的;扬言报复社会或他人的;居无定所或经常与有不良行为的人来往的;人身危险性大的;在监狱或看守所服刑期间悔改表现较差的;以及有其他危险倾向的"重点人"的监控管理力度。对确定的"重点人"要明确责任人,加强监督控制,做好有针对性的教育工作,防止发生安全问题。

北京市还探讨尝试了对管制缓刑、假释监外执行类等不同刑种的社区服刑人员的管理与矫正模式;对在综合测评中被划分为 A、B、C 三类不同

---

① 《关于对因犯罪在大陆受审的台湾居民依法适用缓刑实行社区矫正有关问题的意见》(法发〔2016〕33 号)第 7 条、第 11 条。

② 姜祖桢主编:《社区矫正理论与实务》,法律出版社 2012 年版,第 204 页。

管理强度人员的管理矫正模式；对女性社区服刑人员、未成年人社区服刑人员、因吸毒、经济犯罪、暴力犯罪等不同原因导致犯罪的人员，开展不同类型的矫正项目。

2. 根据社区服刑人员的矫正表现进行分类

目前，也有很多地区按照社区服刑人员的矫正表现把社区服刑人员分成不同的管理等级加以监管。例如，四川省就按照社区服刑人员被判处的刑罚种类、犯罪情况、矫正期限、入矫时间、风险等级、悔罪表现、遵纪守法等情况，实行分类管理。① 一般情况下，管理等级分为三等，分别为宽管、普管、严管。根据管理的等级不同，监管的措施、汇报、报到、走访的时间间隔、教育矫正的措施、社区服务的时间长短也相应不同。

（二）国外关于分类管理的相关经验

1. 澳大利亚分类管理与矫正的做法

近年来澳大利亚为了加强社区矫正的针对性，对社区服刑人员进行了分类，并根据这些不同的分类制定了不同的矫正计划和方案。这样一来，既节省了社区矫正的人力物力成本，又提高了社区矫正的工作效率，使得矫正工作更具针对性。

澳大利亚从犯罪类型上进行了分类，为此政府批准在州地方法院设置专门的法庭，如新南威尔士州在地方法院设置了毒品法庭、圆桌法庭和青少年司法会议等，专门审理因吸毒导致的犯罪、土著人犯罪、少年犯的案件，然后根据审判结果的不同交给相应的社区矫正工作部门进行矫正工作。② 同时，也根据判刑轻重的不同进行了社区分类矫正：（1）轻刑犯，主要是指罪犯最高被判处2年或者数罪并罚被判处5年之内的。（2）未成年犯，之所以这样划分是因为未成年罪犯判刑与轻刑犯相比较轻。（3）过了法定的监禁刑期经批准获得假释的罪犯。但对于职务犯罪、杀人等严重暴力犯罪、使用武器、累犯、同伙犯、有组织犯、连续犯等严重刑事犯罪，并不适用于社区矫正。③

---

① 《四川省社区矫正实施细则》（川司法发〔2015〕58号）第56条。

② 李冰：《澳大利亚的社区矫正制度》，载《中国司法》2005年第7期。

③ 李冰：《澳大利亚的社区矫正制度》，载《中国司法》2005年第7期。

2. 加拿大分类管理的做法

加拿大社区矫正特别注重个别化的管理、教育和服务。出于对公共安全和罪犯重归社会的考虑,根据罪犯的特点和犯罪原因进行全面的分析,如在联邦矫正机构,注意把握罪犯释放的类型:日假释、全日假释、法定假释等,罪犯的性别、种族、是否滥用毒品、是否有 B 型肝炎、是否存在母亲酗酒(母亲怀胎时,如有酗酒综合征,会影响下一代的智商)等问题、是否虐待配偶、是初犯、偶犯还是惯犯等;同时考虑罪犯的工作历史、教育背景,心理需要,精神状况及个人成长经历等情况与犯罪的关系。在对罪犯的社区矫正监管方面,注重个人经历情况与犯罪行为的关系,根据每个人的不同情况分别采取严管、中管和宽管的措施,不同的管束制度可根据罪犯情况的变化而调整。如果罪犯不能按约到社区矫正办公室会面或超出限定的活动区域或继续有违法行为等,达到一定程度,可对罪犯采取收监的措施。①

此外,加拿大注重“一对一”的教育以及开展多种形式的矫治项目。矫治项目包括理智处理问题和康复的课程,提高认知的技能、情感的控制,重新进入社区的训练,心理的辅导和矫治,精神病方面的治疗,以及对滥用毒品、酒精的矫治项目,对性罪犯的矫治项目(包括上课、个人辅导、强化的监管、定期报告),对家庭暴力的矫治项目,进行宗教辅导以及继续提供文化方面的教育。在对罪犯的帮助和服务方面,为罪犯提供不同形式的培训,包括建筑与环境清洁方面的技能培训以及厨师、电脑维修等项目。同时积极帮助罪犯寻找工作或通过一些公司的帮助,为犯人提供就业机会,为生活贫困、工作暂时不能解决的罪犯提供临时性的吃住场所。加拿大联邦社区矫正机构要求社区矫正工作人员及时在电脑系统中对罪犯的个别化管理情况做出规范性记载,并通过全国联网的形式来分享交流,以提高工作质量。②

通过介绍与对比国内外一些地区的分类管理的经验,我们发现,做好

---

① 李继斌、胡艳萍、施基熊、朱建华、朱黎明、刘强:《加拿大社区矫正概况及评价》,载《法治论丛》2004 年第 5 期。

② 李继斌、胡艳萍、施基熊、朱建华、朱黎明、刘强:《加拿大社区矫正概况及评价》,载《法治论丛》2004 年第 5 期。

分类管理工作的前提是确定分类标准，可以按照社区服刑人员的类型、危险性大小、矫正的表现等标准进行分类。不同的分类有不同的监管措施和矫正措施。这些分级的措施并不是固定的，各地区可根据实际情况制定不同的分类管理措施。通过对社区服刑人员的分类监管，最终提高他们接受矫正教育的自觉性，减少再次犯罪的可能性，使之顺利回归社会。

## 二、典型案例

### 以人为本，因人施教

——社区服刑人员蔡某个案分析

**（一）基本情况**

蔡某，男，已婚，初中文化程度。

**（二）案件资料**

1. 犯罪事实

2010 年 9 月，蔡某在乘坐火车时趁对面乘客睡觉，将其行李偷走。经司法鉴定行李物品价值 2000 元，蔡某构成盗窃罪。

2. 判决情况

根据《刑法》第 264 条之规定，被告人蔡某构成盗窃罪，判处一年有期徒刑缓期一年执行。对蔡某依法实行社区矫正。

**（三）存在的问题**

蔡某的性格急躁，鲁莽，行事草率，容易被人利用。由于受到了法律制裁，狱中生活使蔡某感到沉闷。进入社区矫正后，自认低人一等的蔡某羞于向亲朋好友交流其所思所想，甚至也不向自家子女吐露半句，自卑感与日俱增。

**（四）风险评估**

蔡某之所以犯罪，一方面是因为文化知识较低；另一方面是因为法律意识淡薄。现能够被人民法院判处缓刑，说明蔡某的悔罪态度较好，已不至于危害社会。只要我们能够平等对待蔡某，接纳他，尊重他的性格，以个别化、人性化的观念对其开展矫正工作。相信经过一定时间，蔡某是能够矫正好的。

**(五)监督管理方案**

1. 介入理念

蔡某属于老年罪犯,且文化水平低、知识贫乏,性格暴躁,行事鲁莽草率。因此,对其恶习劣根进行综合治理,需要有针对性地对蔡某进行个别化、人性化监督管理,做到因人施教。

蔡某性格固执、暴躁、孤僻,这类性格的人不善与人交谈交往,也不会轻易接受别人的意见。简单的说教,对他来说,只能是隔靴搔痒,无济于事。但这种人自尊心很强,往往人敬他一尺,他敬人一丈。因此,应该从信任他,接纳他,尊重他的价值和尊严入手,让他主动敞开心扉,以便对症下药。

2. 管理方案

(1)充分运用社会资源,借助社会力量,监督蔡某。

(2)对蔡某进行行之有效的日常管理,有的放矢。

(3)亲情感化。邀请其亲属给他物质上的帮助,精神上的鼓励,使其认识到社会与亲属对他的包容。通过对其进行心理疏导,亲情感化,相信能收到成效。

**(六)管理措施**

1. 要求蔡某每月按时提交一份思想汇报,内容可以是多方面的,重点是反映自己的在思想、工作、学习、生活、家庭等方面的情况。

2. 每月至少找蔡某谈话 1 次,谈话前事先构思好谈话的目的、内容和方式,并提前两三天通知蔡某,用和风细雨般的语言来打动他、触动他,并有目的地让蔡某表达情绪,进行宣泄,在思想和情绪的交流中,使蔡某动之以情,晓之以理。

3. 在重点节日前,“五一”、“十一”、春节前主动走访蔡某家,掌握他的思想动态与矫正效果。

4. 严格执行社区服刑人员相关的外出、会见等监管规定。

**(七)效果评价**

通过一段时间的社区矫正工作,矫正收到的效果比较明显,蔡某能够自愿接受社区矫正,自觉遵守矫正中的规章制度,主动服从日常行为的管理,具体表现在:

1. 蔡某能够重新振作起来,自卑的心理已基本消除,心态的调整取得了明显的效果。

2. 蔡某的性格也有所改变,以前遇事暴躁,语粗声高,态度恶劣的状况基本得到遏制,也能较好地控制并把握住自己的感情,稳住自己的心态。

3. 参加社区矫正日常管理活动的积极性提高,主要表现在:集中学习时认真听讲,互动中联系实际及时消化,按时提交思想汇报,自觉参加公益劳动,积极参加劳动,初步确立服务他人,服务社会的思想。

**(八)点评**

在本案中,社区矫正工作人员针对蔡某的个性化特点适用对症下药的监督管理措施,使对其进行的社区矫正达到预想的效果。同时也解决了蔡某的负担,使其重新走上人生正轨。因此,社区矫正工作人员在社区矫正期间,一定要注重观察社区服刑人员的心理特征、人身危害性、家庭因素等影响,根据这些因素的变化,适时改变相应的监督管理措施。

# 第五章　教育矫正与适应性帮扶

## 导　读

教育矫正是整个社区矫正工作体系中的一项重要内容，关乎社区服刑人员能否悔过自新，树立正确的价值观、人生观，从而重新融入社会，成为守法公民。适应性帮扶作为社区矫正的辅助性手段，能够缓解社区服刑人员的生活困难，帮助其顺利实现再社会化以及维护社会秩序稳定。本章首先从概念和方式两方面对教育矫正进行阐述，然后介绍适应性帮扶的概念和内容，接着从教育学习、心理辅导、社区服务三个方面对教育矫正进行理解与运用，再从最低生活保障、临时救助、社会保险、就业培训和就学指导五个方面对适应性帮扶进行理解与运用，最后进一步阐述教育矫正和适应性帮扶的基本经验和典型案例。

## 第一节　教育矫正的概念与方式

### 一、教育矫正的概念

教育矫正是社区矫正机构依法对社区服刑人员组织开展的教育学习、心理辅导、社会服务等活动的总称，其目的是通过对社区服刑人员进行有针对性的教育，改变社区服刑人员的不良心理和行为恶习，增强守法意识，提高道德修养、文化水平和劳动技能，并帮助社区服刑人员正确地适应社会生活。社区服刑人员通过参加公共道德、法律常识、时事政策等教育学习活动，增强法制观念、道德素质和悔罪自新意识，尽早地重新融入社会。

### 二、教育矫正的方式

教育矫正主要是通过教育学习、心理辅导、社区服务的方式对社区服刑人员进行矫正。

(一)教育学习

社区矫正工作人员根据社区服刑人员的实际情况开展集中教育和个别教育。《社区矫正实施办法》第15条规定:“社区矫正人员应当参加公共道德、法律常识、时事政策等教育学习活动,增强法制观念、道德素质和悔罪自新意识。社区矫正人员每月参加教育学习时间不少于八小时。”

(二)心理辅导

心理辅导主要是通过心理学的原理、方法和技术,分析社区服刑人员在矫正过程中所出现的各种心理问题,并对其进行矫治。《社区矫正实施办法》第17条规定:“根据社区矫正人员的心理状态、行为特点等具体情况,应当采取有针对性的措施进行个别教育和心理辅导,矫正其违法犯罪心理,提高其适应社会能力。”

(三)社区服务

司法行政机关要按照符合社会公共利益、社区服刑人员力所能及、操作性强、易于监督检查的原则,组织有劳动能力的社区服刑人员参加必要的社区服务,帮助服刑者遵守规则,建立自重自律的观念,培养积极的生活模式。《社区矫正实施办法》第16条规定:“有劳动能力的社区矫正人员应当参加社区服务,修复社会关系,培养社会责任感、集体观念和纪律意识。社区矫正人员每月参加社区服务时间不少于八小时。”

## 第二节　适应性帮扶的概念与内容

### 一、适应性帮扶的概念

适应性帮扶,是社区矫正机构根据社区服刑人员的需要,协调有关部门和单位开展就业就学指导,帮助落实其社会保障的措施。[①] 适应性帮扶

---

① 《社区矫正实施办法》(司发通〔2012〕12号)第18条。

在社区矫正制度中属于辅助措施，一方面在必要的时候，为社区服刑人员提供就业培训与指导，或者是帮助没有生活能力的社区服刑人员解决生活困难；另一方面当社区服刑人员社会保险、就业、就学的合法权益遭受侵犯或者受到歧视的时候，提供必要的保护和支持。

## 二、适应性帮扶的内容

适应性帮扶工作要求各级司法行政机关把社区矫正工作纳入社会管理服务工作体系，落实相关政策和措施，协调解决社区服刑人员的最低生活保障、临时救助、社会保险、就业培训和就学指导等，为社区服刑人员融入社会创造条件。

### （一）最低生活保障

社区服刑人员也是社会群体的一员，他们也需要维持生存的物质基础。给予他们基本的生活保障，让他们体会到国家及社会的温暖，使他们乐于接受相关的监督和管理，进行自我改造，更主动地接受社区矫正。对生活贫困、没有生活能力、家庭遭遇重大变故的社区服刑人员落实相关最低社会保障，要求与社区服刑人员所生活的地方经济发展水平相适应。

### （二）临时救助

对有特殊困难的社区服刑人员进行临时安置是非常必要的，此举可以防止社区服刑人员再次实施犯罪行为。如社区服刑人员有特殊困难，社区矫正机构可以根据实际情况，安排其在社区矫正场所临时居住，并为其解决困难。

### （三）社会保险

通过保险的方式来维持基本生活比给予最低生活保障或者专项救助要有效得多，因为最低生活保障的水平是很低的，可能无法满足社区服刑人员的生存所需，而保险金的数额相对要高得多。

### （四）就业培训

在帮扶工作中，社区服刑人员自我救济是主要的手段，社区服刑人员应该凭借自身专业知识和相关经验去创业和就业。在对社区服刑人员的就业帮助中，坚持自主就业为主，社区矫正机构帮扶为辅的原则。

(五)就学指导

未成年社区服刑人员没有完成国家规定的义务教育课程,司法行政机关应当协调相关部门并督促其法定监护人帮助未成年社区服刑人员完成国家规定的义务教育课程。其他社区服刑人员有意愿继续学习的,应提供相应的帮助,给予他们学习的机会。

## 第三节　教育矫正与适应性帮扶的理解与运用

### 一、教育矫正的理解与运用

(一)教育学习

1. 集中教育

集中教育是将社区服刑人员集中起来进行教育,具有较强的目的性。集中教育的内容包含公共道德教育、法律常识教育、时事政策教育等,目的是增强社区服刑人员的法制观念,提高道德品质和悔罪自新意识。一方面让他们相互沟通学习,吸取经验教训,增强集体教育的影响力,提高集中教育的效果;另一方面提高社区矫正工作人员的工作效率,从而达到事半功倍的效果。

集中教育的程序包括:

(1)集中教育的组织

集中教育由县级社区矫正机构或者司法所统一组织。社区矫正机构和司法所应当制定集中教育计划,明确教育主题、组织形式和责任人。

(2)集中教育的时间安排

社区服刑人员每月接受教育学习时间不少于八小时。① 针对适用严管、普管、宽管的社区服刑人员,社区矫正机构可以对此设置不同的集中教育时间。

(3)集中教育的记录

县级社区矫正机构及司法所对社区服刑人员的教育学习应当做好记

---

① 《四川省社区矫正实施细则》(川司法发〔2015〕58号)第97条。

录。记录事项包括授课或者谈话人、教育内容、组织形式、参加人数、课堂情况、教育效果等。①

2. 个别教育

个别教育是根据社区服刑人员不同的犯罪经历、家庭背景、文化背景，不同的价值取向和思想观念，以及接受社区矫正教育的表现，进行的针对性的教育矫正。社区矫正工作人员应做到“因材施教”，根据社区服刑人员的犯罪类型、刑罚种类、矫正期限、心理状态、行为特点以及动态表现，结合报告、走访等活动进行个别教育。个别教育应切合社区服刑人员的实际情况展开，体现出针对性、渗透性和可接受性。

个别教育的程序包括：

(1) 个别教育的组织

个别教育由司法所工作人员组织，社会工作者、志愿者等矫正小组成员协助。

(2) 教育前评估

社会工作者根据社区服刑人员的犯罪类型、刑罚种类、矫正期限、心理状态、行为特点进行静态分析评估，再根据司法所工作人员和社会工作者一同走访社区服刑人员的访谈报告进行动态分析评估，根据静态和动态评估制定出适合社区服刑人员的个别教育方案。② 当然，制定出的个别教育方案在实施过程中可根据社区服刑人员的现实情况进行实时的修正，以确保个别教育方案是适合社区服刑人员的，从而达到更加理想的矫正效果。

(3) 个别教育的执行

个别教育的实施主体主要是社区矫正工作人员。社区矫正工作人员根据制定出的个别教育方案对社区服刑人员进行教育，记录社区服刑人员接受教育的实际情况，并及时向县级社区矫正机构反馈教育效果。

**(二) 心理辅导**

1. 心理辅导的内容

心理辅导工作包括心理健康教育、心理咨询、心理治疗等多种方式。

---

① 《社区矫正实施办法》(司发通〔2012〕12 号)第 15 条。

② 《四川省社区矫正实施细则》(川司发通〔2015〕58 号)第 99 条。

（1）心理健康教育

心理健康教育是心理辅导的一部分，是指辅导人员运用心理科学的方法，对教育对象心理的各层面施加积极的影响，以促进其心理发展与适应，维护其心理健康。

①明确心理健康教育的形式

心理健康教育在形式上可以分为集中教育与个别教育。

集中教育的内容可以包括：改造环境适应问题、婚姻家庭问题、人际关系问题、自我认识问题、安置就业问题、认罪服法问题。

适用个别心理健康教育的社区服刑人员包括：家庭或者重要社会关系成员发生突发事件导致其心理失衡的；情绪长期处于紧张、压抑、焦虑、焦躁等状态的；在适应环境和解决问题方面缺乏应对能力和技巧的；有脱管、自残、自伤、诈病的想法或者行为的等。①

②明确其教育途径

教育以讲座、报告等方式进行。通过心理学讲座、报告等活动，加大心理健康宣传力度，普及心理健康知识，使社区服刑人员认识心理健康对生命、生活、工作学习的重要性，帮助其调整工作、生活心态，自觉接受社区矫正，提高他们的心理健康意识。

对于需要个别心理健康教育的社区服刑人员，可以通过走访、谈心、诊治的方式解决其心理问题。

（2）心理咨询

与心理健康教育不同，心理咨询是社区服刑人员自己发现问题或者经心理测试并提示后，主动寻求心理专业人士的心理辅导活动。心理咨询的目的在于对社区服刑人员提出的困惑及问题能及早发现、及早解决或者提出预防措施，不断改善社区服刑人员的心理健康状况。在心理咨询中，社区服刑人员具有主动性、积极性，因此，做好心理咨询服务可以达到事半功倍的效果。

①进行心理测试

进行心理测试的目的是掌握社区服刑人员基本心理状况。在普及心

① 王平、何显兵、郝方昉著：《理想主义的〈社区矫正法〉——学者建议稿及说明》，中国政法大学出版社 2012 年版，第 227 页。

理健康知识教育的基础上,社区矫正机构可组织开展社区服刑人员的心理测试。根据社区服刑人员的一般心理特点,对社区服刑人员进行心理测试。通过心理测试,正确掌握社区服刑人员的心理状况。

②开展心理咨询

心理咨询师依据社区服刑人员的日常行为表现,结合心理测试报告,在相互信赖、尊重平等的基础上,通过门诊咨询、专栏咨询、通信咨询、电话咨询等方式,为社区服刑人员进行心理咨询。

心理咨询的流程是:初步接触;建立咨询关系;收集资料(包括社区服刑人员的人口学、生活、社会关系、工作、娱乐、个人心理状况等资料);分析资料;诊断分析;得出结论;进行心理帮助。

社区矫正心理咨询的内容一般包括以下几个方面:

第一,刑事犯罪与法律知识。包括犯罪的原因,刑罚的执行,社区矫正是什么,以及自身的权利义务等。

第二,社区矫正方面。包括社区服刑人员的权利与义务,监督管理的内容,教育矫正的认识与履行,矫正过程中存在的问题处理等。

第三,家庭与生活方面。包括与亲戚、朋友、街坊等社会关系的处理,就学问题,婚姻与恋爱问题,子女的问题,就业问题等。

第四,心理健康问题。包括变态心理的出现与处理,价值观的扭曲,交流障碍,对自身情感、认知、道德、性格、意志的了解程度等。

对于在心理咨询过程中发现咨询对象存在严重心理障碍的,应当及时对其采取进一步的心理治疗措施。

(3)心理危机干预或心理治疗

对有严重行为偏差、存在心理疾病症状的,经测试存在心理危机,甚至影响到其正常工作、生活的社区服刑人员,由心理学专家及心理医生进行危机干预处理或临床心理治疗。经过危机干预处理或心理治疗,缓解或消除他们的心理问题或人格障碍,促进其人格向健康方向发展。

①明确心理治疗的对象

心理治疗的对象集中在精神症患者、人格障碍患者、情绪或行为障碍者、精神活性物质(酒、鸦片类毒品、致幻剂、兴奋剂、镇静催眠药)成瘾者或者其他的心理障碍者以及有变态心理的患者中。①

②了解心理治疗的方法

第一,认知疗法。根据理性情绪行为治疗法(REBT)得知,我们的心理问题是由生活状况的感知和思维造成的,而不是生活状况本身造成的,也不是由其他人或过去的事件造成的。认知疗法通过教育、批评、谈心的方式帮助被治疗者改变歪曲的、不合理的、消极的信念、认识和思想。

具体操作程序包括:

1)建立咨询关系;

2)确定咨询目标;

3)确定问题:提问和自我审查技术;

4)检验表层错误观念:建议、演示、模仿;

5)纠正核心错误观念:语义分析技术;

6)进一步改变认知:行为矫正技术;

7)巩固新观念:认知复习。认知疗法对情绪障碍、抑郁症、焦虑症、强迫症、恐惧症等心理障碍疾病患者最有效果。

第二,精神分析法。精神分析理论认为,人受到无意识动机、冲动和抑制之间的矛盾、防御机制和早期童年经验的影响重大。由于行为的动力隐藏于无意识之中,因此,治疗必然包括对植根于过去的内部矛盾进行分析的漫长过程。治疗在很大程度上是人格重组的过程。这种方式是通过心理医生的疏导,使被治疗者宣泄并消除隐藏在潜意识中的痛苦体验,从而达到心理辅导的效果。

第三,行为疗法,包含系统脱敏法、冲击疗法和厌恶疗法。

A. 系统脱敏法

系统脱敏法用于治疗求助者对特定事件、人、物或泛化对象的恐惧和焦虑。基本方法是让求助者用放松取代焦虑。

操作程序:首先学习放松技巧(每日 1 次,每次 20 ~ 30 分钟,6 ~ 8 次即可学会放松);其次构建焦虑等级(0 ~ 100,极差均匀);最后系统脱敏

---

① 王平、何显兵、郝方昉:《理想主义的〈社区矫正法〉——学者建议稿及说明》,中国政法大学出版社 2012 年版,第 230 页。

（分数超过 25 继续放松）。

注意事项：焦虑或恐惧情境不止一种，对应制定多个焦虑等级表，针对每个表脱敏；想象次数多少依个体不同情境而变化；初始焦虑分数超过 50，表明设计不合理；求助者不能用想象和放松降低焦虑水平，应改用其他方法。

B. 冲击疗法

冲击疗法又称满灌疗法，是暴露疗法之一，分为现实冲击疗法和想象冲击疗法。治疗恐惧症、焦虑相关障碍、强迫性障碍、创伤后应激障碍。

操作程序：首先，筛选确定治疗对象（治疗前做详细体检和实验室检查，排除严重心血管病、中枢神经系统、严重呼吸系统、内分泌等疾病，老人、儿童、孕妇、体虚、精神障碍者）；其次，签订治疗协议；最后，治疗准备工作（确定刺激物，或营造治疗氛围，准备安定等应急药品若干）。

注意事项：求助者要彻底了解此法，签订协议后方可实施；应以协议为准，不可一意孤行，必要时也要尊重求助者和家属意见中止治疗；出现通气综合征、晕厥和休克时，应立即停止治疗并对症处理。

C. 厌恶疗法

通过厌恶疗法使求助者进行不适行为时，可同时产生令其厌恶的心理生理反应，使其不适行为与厌恶反应建立条件联系。

操作程序：首先，确定靶症状（若存在多种不适行为，每次只能选择一个最主要的）；其次，选用厌恶刺激：电刺激、药物刺激、想象刺激。

注意事项：不具备条件的机构和个人严禁使用此法，厌恶刺激强度应大且无害；医患双方必须签订知情同意书；靶症状一定要单一具体。

2. 心理辅导方案

社区矫正中的心理辅导方案有一套完整的程序，从心理评估、心理辅导方案的制定、心理辅导实施与评价都有严格的要求。心理辅导方案制定与实施的流程包括：

（1）心理评估

心理辅导以心理评估为前提，心理评估是对符合社区矫正条件的社区服刑人员过去以及现在的个性特征、认知能力、心理健康状况、智能水平等进行的评价与鉴定。心理评估的方式主要有问卷调查和走访调查。

①问卷调查。心理评估的问卷调查方式应该尽量科学。问卷调查的内容主要包括人格调查、心理健康调查、家庭环境调查、工作能力的调查等。

问卷调查的方式需要科学的心理测量表,用来具体分析社区服刑人员的心理健康状况。一般使用的是艾森克人格问卷(EPQ),它包括四个分量表,内外倾向量表(E),情绪性量表(N),心理变态量表(P,又称精神质)和效度量表(L),共88项。P、E、N量表得分随年龄增加而下降,L则上升。精神病人的P、N分数都较高,L分数极高,有良好的信度和效度。[①]

②走访调查。走访调查的内容一般包括:与社区服刑人员本人的访谈;与社区服刑人员家属与亲友的访谈;与社区服刑人员所在社区成员或单位领导、同事的访谈。[②]

在访谈的过程中,要注意访谈技巧,尤其是与社区服刑人员交谈时,注重倾听,深入了解情况。同时与矫正对象要建立基础的信任关系。通过倾听可以更加直接、直观地感受社区服刑人员的心理状况,确定社区服刑人员的心理障碍和心理问题,从而作出客观、准确的评估报告。

(2)评估结论分类

在对社区服刑人员进行心理评估之后,根据社区服刑人员不同的心理障碍和心理问题以及形成不良心理的原因划分为不同的类别,并进行分别处理。

对于存在反社会型、攻击型、暴力型、偏执型等心理障碍的,要提出安全警示,并加大矫治力度;对于评估后存在精神严重异常的社区服刑人员,要及时上报并与有关部门协调,转送精神卫生部门治疗。

(3)心理辅导方案的制定

通过科学系统的心理评估形成评估报告,并据此将社区服刑人员分为不同的矫正对象,并针对不同类型的心理障碍、心理问题制定不同的心理辅导方案。

---

① 王平、何显兵、郝方昉著:《理想主义的〈社区矫正法〉——学者建议稿及说明》,中国政法大学出版社2012年版,第226页。

② 王平、何显兵、郝方昉著:《理想主义的〈社区矫正法〉——学者建议稿及说明》,中国政法大学出版社2012年版,第226页。

心理辅导方案主要分为进行心理辅导的措施、如何实施心理辅导的方法，具体包括矫正对象的类型、心理辅导的方法、心理辅导过程中的灵活处理方案、心理辅导人员的安排以及与相关工作人员负责的矫正对象、心理辅导的开始、结束时间、矫治次数等。

在制定心理辅导方案的时候还应该注意以下几个因素：①要善于控制矫正对象的情绪，面对现实；②在心理辅导的同时灌输法律知识以及社会道德，使其明白做人、做事的底线；③掌握专业知识与矫正技巧，把握矫正对象的心理尺度，及时发现问题，解决问题。①

(4)心理辅导的实施

对不同类型的矫正对象制定了针对性的心理辅导方案后，按照心理辅导方案结合上文所说的不同的心理辅导方法(包括心理健康教育、心理咨询、心理治疗方法)进行心理辅导。

在进行心理辅导的实施过程中注意对矫正对象进行适当的疏导，帮助他们消除疑虑、紧张、焦虑、抑郁、悲观、绝望等心理现象，恢复情绪的平衡，并在这个过程中帮助他们形成良好的情绪反应模式，促使他们学会有效的情绪调节模式，保持稳定、积极的情绪状态。

(5)心理辅导效果的评价

心理辅导效果的评价包括对适用不同矫正对象的矫正方法是否达到良好的效果，矫正对象是否消除了不良心理，从而顺利地融入社会，正常生活。经过对矫治效果的不断评价，总结经验，提供更加科学的心理辅导方案，完善心理辅导方法。

(三)社区服务

社区服务是区别于集体教育和个别教育的另一种加强矫正的方式，社区服务能帮助社区服刑人员树立正确的人生观和价值观，培养他们的劳动观念、强化社会公德意识和社会责任感。通过社区服务更能使社区服刑人员找到自己存在的价值，从而找到社会归属感，内心真切想要得到改变，更为主动地接受教育。

---

① 刘强、姜爱东主编：《社区矫正评论(第三卷)》，中国人民公安大学出版社2013年版，第108页。

1. 社区服务的内容和方式

社区矫正机构可以综合考虑社区服刑人员的年龄、性别、健康状况、技能水平、正常工作学习需要等情况，合理安排服务内容和方式。社区服务内容要按照符合公共利益、社区服刑人员力所能及、可操作性强、便于监督检查的原则设置。社区服务方式灵活进行，采取定时间、地点、次数、工作量的方式进行，或者采取定地点不定时间、定工作量不定次数的方式进行。①

2. 社区服务时间的安排

社区服刑人员每月参加社区服务时间不少于八小时。适用严管的社区服刑人员可以适当增加社区服务时间，但不可过量，以免适得其反。社区矫正工作人员监督社区服刑人员每月按时按量完成社区服务，司法所对完成情况随时进行检查，以便能掌握社区服刑人员的现状。

3. 社区服务场所的确定

社区服务场所对社区服刑人员的影响不容忽视，社区服务场所环境应该是积极向上的，强化正面因素的影响力，从而有益于社区服刑人员的教育，县级社区矫正机构应当建立相对固定的社区服务场所，明确社区服务项目和服务内容。

需要注意的是，对于一些社区服刑人员，由于特殊的体质或其他因素，可以免于社区服务：

(1) 男性年满 60 周岁、女性年满 55 周岁；

(2) 因病暂予监外执行的；

(3) 身体残疾或者患有严重疾病，不适宜参加的；

(4) 其他特殊原因不能参加的（如怀孕的妇女等）。

对于上述可免于参加社区服务的社区服刑人员，由本人申请，并提供相关权威机构的证明文书，经社区矫正机构批准，可以免于参加社区服务。②

---

① 《四川省社区矫正实施细则》（川司发通〔2015〕58 号）第 106 条、第 107 条、第 110 条。

② 《社区矫正实施办法》（司发通〔2012〕12 号）第 16 条。

## 二、适应性帮扶的理解与运用

### (一)最低生活保障

1. 保障对象的确认

最低生活保障对象是指符合最低生活保障条件的社区服刑人员,这类人员包含有劳动能力但遭遇重大变故或灾害等一时生活困难的社区服刑人员;无生活来源、无劳动能力、无法定赡养人或抚养人的社区服刑人员;有收入,但生活水平低于法定最低生活标准的社区服刑人员。

2. 可实施的办法

对于符合最低生活保障条件的社区服刑人员,社区矫正机构与民政等部门相协调,帮助其申请最低生活保障待遇,在条件允许的情况下给予专项救助。对于不符合最低生活保障条件的社区服刑人员,社区矫正机构可以开展比如节前的“送温暖活动”等,适当地帮助其渡过难关。

3. 连接资源

除了社区矫正机构外,还可以充分利用社会资源对其进行帮助,号召社会各组织、企业等开展各类针对社区服刑人员的慈善活动,让社区服刑人员感受到来自社会的温暖,增强其对社会的责任感,以更为积极的态度进行社区矫正,早日回归社会。

### (二)临时救助程序

1. 统计需要临时安置人员信息

临时安置人员的基本信息包括姓名、年龄、性别、家庭情况、个人特殊生活习惯以及其他影响临时安置工作的信息等。统计临时安置人员信息要做到求真务实,力求统计的信息“真、准、齐”,为下一步临时安置工作做好铺垫。

2. 选择临时安置方式

对于临时安置方式的选择,要学习其他地区的先进做法,结合本地区实际情况进行。各地区在临时安置方式上方法不一,如北京市在临时安置上要求各区县政府建立专门的救助中心,或者将临时安置转嫁给社会有关单位建立救助基地。而上海市则是通过建立“中途驿站”的方式来解决社区服刑人员的临时安置问题。[①] 基于其他地区的先进做法，结合本社区实际情况选择一种或多种临时安置方式，是做好临时安置工作的必要前提。

3. 安排临时安置

结合临时安置人员信息，给社区服刑人员选择合适的临时安置方式。安排临时安置要坚持“公平、适当、贴切”的原则，给社区服刑人员营造一个良好的生活环境。安排工作做到井然有序，后期管理工作做到井井有条。社区矫正机构可以根据实际情况将临时安置和临时就业结合起来，并帮助社区服刑人员解决暂时性困难。

（三）社会保险

1. 资料整理

社区矫正工作人员对社区服刑人员的社会保险资料进行整理分类，分成已买社会保险的和没有买社会保险的两大类，再对买有社会保险的人员按是否退休进行归类。

2. 按分类进行帮助

已参加企业职工基本养老保险并实现再就业或已参加城乡居民基本养老保险的，按规定继续参保缴费，达到法定退休年龄或养老保险待遇领取年龄的，可按规定领取相应基本养老金，但服刑期间不参与基本养老金调整。社区服刑人员可按规定执行基本医疗保险等有关医疗保障政策，享受相应待遇。符合申领失业保险金条件的社区服刑人员，可按规定享受失业保险待遇。[②]

（四）就业培训

1. 就业帮助前意愿采集

就业帮助前意愿采集是社区矫正机构对社区服刑人员进行的就业意向收集。社区服刑人员有何种工作意向要提前采集，以便在整个矫正期间对其进行针对性的技能培训。这种就业意向采集可以采取访谈和问卷的方式进行。

---

① 张建明主编：《社区矫正实务》，中国政法大学出版社 2014 年版，第 244 页。

② 《关于组织社会力量参与社区矫正工作的意见》（司发〔2014〕14 号）。

2. 就业意愿分类

将采集到的就业意愿进行分类，以便更有针对性地对社区服刑人员进行就业帮助。就业意愿可分为就业、创业两大类。需要注意的是，有些社区服刑人员在择业时可能不知道自己要做什么和能做什么，这就需要社区矫正工作人员提供相应的就业引导。

3. 进行相关就业指导

对选择就业的社区服刑人员进行相关的职业培训，包括职业技术的培训以及相关资格证书的考取，增大就业成功的机会。对于选择创业的社区服刑人员，要对他们自身的资源进行评估，看他们是否有能力和条件进行创业，并进行相关的指导。对那些不知道自己要做什么和能做什么的人员进行职业宣讲，让他们从中找到自己的职业兴趣，发现自身的能力，找到就业方向。

4. 帮助就业创业

第一，连接社会资源帮助社区服刑人员就业创业，收集招聘信息给就业人员，让他们从中找到适合自己的岗位；第二，查看创业相关政策法规，用创业优惠政策帮助社区服刑人员解决遇到的问题；第三，对于没有一技之长的社区服刑人员，社区矫正机构可以建立就业安置基地，对社区服刑人员进行就业指导和培训；第四，把社区服刑人员的职业技能培训逐步纳入到地方再就业培训体系；第五，符合条件的社区服刑人员可以申请享受相关就业扶持政策，接受公共就业服务机构提供的职业指导和职业介绍等服务。①

另外，根据《关于对因犯罪在大陆受审的台湾居民依法适用缓刑实行社区矫正有关问题的意见》的相关规定，根据社区矫正需要，司法行政机关可以会同相关部门，协调台湾同胞投资企业协会、台湾同胞投资企业等，为台湾省籍的社区服刑人员提供工作岗位、技能培训等帮助。②

（五）就学指导

对于未完成义务教育的未成年社区服刑人员，司法行政机关应当配合

---

① 《关于组织社会力量参与社区矫正工作的意见》（司发〔2014〕14号）。

② 《关于对因犯罪在大陆受审的台湾居民依法适用缓刑实行社区矫正有关问题的意见》（法发〔2016〕33号）第9条。

教育部门，协调并督促其法定监护人，帮助其接受义务教育。对于非义务教育阶段有就学意愿的社区服刑人员，地方教育部门应当对其予以鼓励和支持。①

根据《未成年人保护法》相关规定，羁押、服刑的未成年人没有完成义务教育的，应当对其进行义务教育。解除羁押、服刑期满的未成年人复学、升学、就业的，不应受歧视。

目前，未成年社区服刑人员就学指导工作各地的开展情况不同。北京市在这方面积累了较多的实践经验，对于社区服刑人员有就学、复学、升学意愿且符合规定条件的，经教育行政部门批准就可以就学、复学、升学。因违法犯罪被判处拘役、有期徒刑、宣告缓刑的未成年人学生，有继续上学意愿的，原则上仍然应当回到原学校或专门学校就读，学校可视具体情况安排在相应年级就读。原学校安排有困难的，由教育行政部门统筹解决。

## 第四节　教育矫正及适应性帮扶的基本经验与典型案例

### 一、教育矫正的基本经验与典型案例

（一）基本经验

1. 对青少年社区服刑人员心理辅导的相关经验

青少年处于叛逆期时会产生一些过激的行为，具有犯罪行为冲动性、社会危害性小、行为与心理可塑性强等特点。针对青少年这样的特点，进行心理辅导就需要专业的、对症下药的方法与方案。

（1）犯罪动机矫治

绝大多数犯罪行为发生，是在犯罪动机的推动下实施的，要预防和矫治犯罪，就必须积极矫治犯罪动机。犯罪动机包括自觉意识水平上的犯罪动机和潜意识水平的犯罪动机。因此，矫治犯罪动机，要从意识和潜意识两方面入手，这是矫治犯罪动机的心理学理论基础。犯罪动机的矫治方

① 《关于组织社会力量参与社区矫正工作的意见》（司发〔2014〕14 号）。

法有：

第一，说理式矫治法。青少年的可塑性强，他们正处在长身体、学知识的时期，以摆事实、讲道理的方式，进行正面引导，树立正确的人生观，促使其自身的觉悟，改变其心理过程的不良意识，从而使其放弃犯罪动机。这种心理矫治方法，实际上就是对犯罪人自觉意识水平上的犯罪动机的矫治。

第二，转移式矫治法。转移式矫治法是通过训练、联想使原来的心理现象的有关要素产生位移和转向，改变犯罪心理能量的释放方向。如对占有欲、争强好胜等欲望逐步膨胀的个体，给予斥责、打击等方法使其膨胀的犯罪心理降压；对受到挫折，破罐子破摔等情绪、情感压抑者，及时发现和指出他们的闪光点、好的一面，引导其走出误区，使其失调的心理状态得以开放和解脱。这是一种通过消除潜意识心理能量而消除犯罪动机的方法。

第三，抑制式矫治法。抑制式矫治法是用被矫治者自己的良知和外界的刺激，来遏制犯罪动机的形成和发展。如对有犯罪心理和已经犯罪的少年犯，通过直接或间接的方法，给其提供正面典型或反面教训，使其觉醒。通过良心发现，再适时用真情和爱心加以帮助和关怀，使这些缺少温暖、亲情、被他人歧视的坏孩子产生感恩报德之情，有负社会之感，改变其反社会的心理，从而使其放弃犯罪动机和念头。

(2)人格矫治

从审判实践中可以发现，导致人犯罪的心理原因复杂多样，其中固然与犯罪人的社会意识和道德品质有密切联系，但同时，犯罪者固有人格缺陷和障碍也是导致违法犯罪的内在原因。青少年犯罪也往往与其家庭环境、父母教养态度及学校、社会的消极影响有关，消极环境使本来就不具有成熟人格的少年逐步形成不良的人格心理特征，如唯我独尊、自私自利、好逸恶劳等不良心理品质。这些不良心理特征随着个体不良社会实践活动的深入而进一步强化，最终成为违法犯罪者所特有的不良人格特征和人格缺陷。而这种不良人格特征和人格缺陷一旦形成，就使其在犯罪行为活动中具有主动性和能动性，同时与特定的时空环境内的具体犯罪机遇相结合，最终诱发犯罪心理的形成和犯罪行为的发生。

针对违法青少年的人格表现，矫正违法青少年的不良人格，要从培养他们成熟人格和矫治他们不良人格入手，使其形成健康、成熟的人格。

第一，通过加大文化知识教育和政治思想品德教育，纠正和改造原有的道德知识水平，树立正确的道德品质结构。

第二，通过培养他们稳定成熟的情感，端正情感倾向，扩大社会情感广度，来改造不成熟的情感活动，培养稳定、成熟的道德情感。

第三，克服青少年缺乏自制力，缺乏独立精神及顽固执拗的特征，培养其自觉性，自制力、独立性的坚强意志品质。

第四，消除不良的道德行为习惯。

第五，培养良好的社会适应能力，包括劳动生活能力、人际交往能力、理解和掌握道德法律规范能力和抗挫折能力等。

2. 对女性社区服刑人员的心理辅导经验

国内对女性犯罪人的认知、矫治方法还比较单一，对女性社区服刑人员的矫治很多仅从法律规定、政策疏导、道德感化等角度开展，对心理矫治技术应用较少，且罪犯心理矫治技术中的理论多来源于国外。德国犯罪学家汉斯·约阿希姆·施耐德说："在当代，人们也谨慎地将外国犯罪学研究成果适用于本国，这既节省了成本，且获得经验旷日持久。"①因此我们应结合我国的社会背景、传统文化、社会价值取向和中国人的人格特征，借鉴国外女性犯罪心理矫治技术，结合以上对我国女性社区服刑人员的现状及原因的分析，构建适合我国国情的心理矫治理论和方法。

(1)对女性社区服刑人员建立心理障碍评估体系

女性社区服刑人员人大多存在各种心理问题，心理辅导工作者首先应对女性社区服刑人员进行访谈、心理测量、心理评估，进而做出明确诊断。有些女性社区服刑人员采用常规治疗方法很长时间难以奏效，往往因为其存在人格障碍，其犯罪行为的发生在一定程度上与人格偏离有关。因此，应尽早建立心理障碍评估体系，对女性社区服刑人员的心理问题、人格障碍、人格偏离尽早认识，以便于矫正。

---

① [德]汉斯·约阿西姆·施耐德：《犯罪学》，吴鑫涛、马君玉译，中国人民公安大学出版社1990年版，第26~27页。

(2)吸收国外的矫治方法,结合我国女性社区服刑人员的特点,找到适合我国女性社区服刑人员的本土化矫治方法。

①精神分析法。女性社区服刑人员的早年创伤性经历被压抑到潜意识之中,在意识层面往往意识不到,这些早年的负面生活经验往往成为女性社区服刑人员心理特征中偏执、敌对、焦虑、抑郁的本源,这些破坏性的倾向及能量产生了犯罪行为,即弗洛伊德所认为的人类本能的产物。精神分析法意在挖掘犯罪女性关于犯罪行为的潜意识,通过释梦、自由联想等方法引起犯罪女性对早年的回忆,让其认识到犯罪行为背后深层心理原因,犯罪女性在治疗室轻松的环境下宣泄、释放被压抑的情感,使女性社区服刑人员的心理意向、反社会性人格、情感与行为倾向得以改变,为本能提供宣泄渠道使其调和,使其心理创伤得以治愈,使犯罪行为得以矫治。

②认知疗法。女性社区服刑人员由于虚荣心、攀比、嫉妒及受教育程度低等因素普遍存在价值观扭曲,认知能力差等问题,对这类女性可以采用"认知重建疗法",重建其认知结构,改变其错误、不合理的信念及价值观。

认知疗法是就目前的问题找出压力源,从认识上调整自己。ABC 理论可以非常好地解决犯罪女性的压力、焦虑、抑郁、不合理的信念及价值观问题。A 是事情本身;B 是对事情的认识;C 是结果。A 不可以改变,是我们必须面对的困境、压力。B 是怎么看待这个问题,怎么看待压力。C 不同人用不同的方法,就会造就不同心理状态,同时引出不同的心理效果。根据 ABC 理论,帮助女性社区服刑人员找出其压力源,澄清其不合理的信念及错误的认知方法,建立理性的价值观,正确面对压力,使其行为、价值取向符合社会规范。据北京市海淀区人民法院 2001 年~2005 年的调查报告显示,35 岁以下女性社区服刑人员占女性社区服刑人员总人数的 71.04%,大约 60%~80% 的女性社区服刑人员有幼小的孩子,孩子的重要性对女性和男性是不一样的。对于女性而言最痛苦的是与孩子的分离。现实中女性对孩子承担了更多的抚育、情感支持和责任,许多犯罪的母亲单身或与孩子的父亲离异或是自己抚养孩子,这种痛苦是她们必须面对的,对于这部分女性社区服刑人员可以采用认识疗法进行疏导,重点是帮助她们如何面对现状,如何控制自己的生活,使她们在情感、经济上独立。

集体讨论法可以对多名女性社区服刑人员同时矫治,通过讨论、辩论可以澄清导致犯罪的错误观念。犯罪女性在实施具体犯罪行为,如盗窃、诈骗、性犯罪、贩毒、故意伤害、故意杀人等行为时的动机、目的、心理状态各不相同,鼓励其在宽容、理解的氛围下畅所欲言。使用这一方法时,治疗工作者应起到指导作用,引导女性社区服刑人员重建认知系统,获得符合社会规范的价值取向。对于因人际冲突、情绪失控实施犯罪行为的女性,也可以采用认知疗法进行人格重建,让犯罪女性对自己进行情绪管理,使其犯罪行为得以矫治。《老子》中云:授人以鱼,不如授人以渔。培养女性犯罪人的劳动和生存能力对矫治其犯罪行为,防止再犯意义重大。集体讨论具体主要包括:如何获得劳动技能以供养家庭、孩子;进行生存能力训练;强化个人责任感;帮助女性建立自信、自尊;建立完整的自我意识及人格独立,从而扩大她们的就业途径,增加经济收入,减少女性因经济困境导致的犯罪行为发生。同时在社区矫正过程中尽可能增加她们与社会的接触,鼓励她们多读书、多看报,组织她们收听广播、收看电视,增加对社会的了解,缩短女性犯罪人再社会化的过程,增强回归社会后的适应能力,从而放弃再次犯罪行为。

③行为疗法之厌恶疗法。厌恶疗法是一种帮助人们将所要戒除的靶行为同某种使人厌恶的或惩罚性的刺激结合起来,通过厌恶性条件作用,从而达到戒除或减少靶行为出现的目的。这一疗法也是行为治疗中最早和最广泛地被应用的方法之一,可用于矫正多种女性犯罪的行为。

④人本主义疗法(咨询者中心疗法)。人本主义疗法是以人为中心的一种矫治方法,无条件尊重犯罪女性的人格,在完全接受的氛围下,通过真诚交流,重复女性社区服刑人员所表达的关于其实施犯罪行为的相关内容,倾听其内心的声音,对其错误观念进行澄清。在对待女性犯罪人心理与行为矫治时还需要特别注意犯罪女性的自主选择性与法律规定及他人利益的矛盾冲突倾向。通过心理矫治制造出一种赞同、通情领悟和坦诚的气氛,缓和阻抗并允许所有情感和内心体验表达与释放的探求,让犯罪女性自主建立自尊、自爱,重建符合社会规范的道德标准,放弃背离社会规范的行为。

此外,可以专门设立独立的音乐放松治疗室、宣泄室等设施,组织专业人才对存在情绪障碍的女性罪犯进行心理测试。这些直接以情绪疏导为目的方式,对于减少罪犯因不健康心理而违反监管改造秩序和再次犯罪起到了重要作用。

(二)典型案例

## 缓刑犯社区矫正个案案例

**1.基本情况**

张某,男,1957年12月23日出生,高中文化程度,已婚,家住××县××镇××村。

**2.案主案件资料**

(1)犯罪事实

2009年秋天,××县××镇××村村党支部副书记张某利用职务之便虚报该村2009年野生动物毁坏农作物亩数,套取国家给该村的野生动物毁坏农作物补偿资金。于2010年11月4日,被判贪污罪,判处有期徒刑三年,缓刑四年。

(2)判决情况

罪名:贪污罪;

刑期:有期徒刑三年,缓刑四年;

社区矫正类型:缓刑。

**3.社区服刑人员的问题界定与分析**

(1)社区服刑人员的社会背景资料

张某出生在农村,父母都是农民,高中毕业后,张某被分配到某乡镇村委会工作,他为人实在、做事认真、脚踏实地,在工作方面发挥突出,经过多年的努力,被升为××村村委会副书记职务。张某担任副书记以后,得意忘形,利用职务之便贪污公款。

(2)入矫时存在的问题

张某被判刑后,能主动到司法所接受社区矫正,并且服从管理,遵守纪律,积极参加各项公益活动及教育培训。但他的思想压力很大,意志消沉,主要表现在:犯罪前性格开朗,人际关系良好,亲戚、同事、朋友都非常关心他。犯罪后情绪低落，自我形象低、唉声叹气、失望、内疚、自卑、不能容忍挫折。

**4.矫正计划的开展**

（1）减轻社区服刑人员的心理负担

司法所社区矫正工作者在与刘某初次接触后，针对刘某思想负担过重的问题，循循善诱，使其正确看待其罪行。在态度上，平等交流，让其消除对社区矫正工作的防御、戒备心理，帮助其顺利度过矫正期，并利用他的自身优势，协助其重塑自信，重新融入社会。

分析与诊断：张某首先因犯罪变为罪犯，社会地位起落大，反差明显，一时间不能适应。其次他对自己所犯罪行有一种负罪感，以一名罪犯角色接受社区矫正管理，内心恐慌。

具体过程：

张某第一次来司法所报到，是因为派出所告知他要接受社区矫正管理。他自己主动来到司法所，态度很好，一再表示要认真接受社区矫正教育，遵纪守法，好好接受改造。但对于工作人员的询问和告知的有关社区矫正事宜，唯唯诺诺，给人一种低人一等的感觉。

工作人员意识到他内心的恐慌后，以谈家常的形式了解其家庭情况、生活工作情况，使张某与工作人员的接触、谈话在自由轻松的气氛下进行，初步消除了张某的顾虑。在感受到社区矫正工作人性化管理的模式后，张某渐渐消除了抵触情绪，心甘情愿接受社区矫正。

矫正效果：通过工作人员循序渐进，以情感召，以法服人的工作方针，张某能够充分信任工作人员，并能推心置腹地主动与工作人员交流沟通，十分配合工作。在思想上，也有了重要转变，不再自卑，生活态度认真，工作热情提高。

（2）教育矫正的实施

①集中教育。在张某接受社区矫正后，工作人员定期或不定期对其进行有关法律知识培训及社区矫正工作相关知识的教育。

②个别教育。在社区矫正期间，矫正工作人员通过不定期走访、按期通知张某汇报近期工作、生活情况以及思想情况的方式对张某进行个别教育。通过个别教育，工作人员发现张某进步很大，积极接受矫正，还多次向

工作人员询问有关减刑的规定，并且多次表示要认真进行教育矫正，争取早日回归社会。在了解了其心思后，工作人员激励他充分发挥其才智，在工作上努力进取，争做一流，为单位及社会多做贡献，争取早日解除矫正。

③社区服务。社区矫正工作人员还定期组织社区服刑人员去敬老院进行社区服务教育。在社区服务中，张某勤快能干，很能和老年人聊到一块去，还经常受到工作人员的表彰。

通过工作人员的正确引导，张某在工作岗位上表现出色，其负责的各项工作得到了领导的一致好评，其工作能力和工作态度也得到了别人的肯定。张某在接受社区矫正管理以来一年时间内，服从管理，遵纪守法，积极参加公益劳动，认真接受思想教育，思想觉悟明显提高，并且重新逐步拾回了自信心。

**5. 点评**

(1)要尊重社区服刑人员

社区服刑人员虽然是罪犯，但作为社区矫正工作人员，一定不能心存歧视，恶意训斥，这样不仅容易造成社区服刑人员自卑、自闭心理，阻碍沟通，也不利于社区矫正工作的深入开展。

(2)要体现社区矫正工作人性化管理。

要及时并充分掌握社区服刑人员的家庭、生活及工作中存在的问题。坚持以人为本，以情感人的原则，适当地为社区服刑人员排忧解难；利用相关的资源，帮助调动社区服刑人员的积极性，提高社区服刑人员适应社会、自谋出路的能力。

## 二、适应性帮扶的基本经验与典型案例

### (一)基本经验

社区矫正机构只是在必要的时候对没有能力的社区服刑人员解决生活困难，或者是当社区服刑人员的保险、就学、就业等合法权利遭受损害或歧视的时候，提供必要的保护，避免社区服刑人员因不能通过合法的渠道获取生存条件而转向再犯罪。对于社区服刑人员的帮扶只是短期救济，包括建立临时救助制度，也只是解决某些社区服刑人员的临时安置问题，不能解决全部问题。

1. 吉林省适应性帮扶经验——彩虹基地的建设①

（1）彩虹基地简介

吉林省对于刑满释放人员过渡性安置基地称谓统一称为省、市（州）、县（市、区）彩虹基地。安置基地是指配合司法行政机关履行安置帮教工作职责，自愿接收刑满释放人员过渡性就业的经济实体、社会企业、新型经济组织的总称，是创新社会管理，解决特殊人群管理问题的社会公益性事业。其主要任务是由安置基地过渡性接收刑满释放人员就业，帮助他们解决回归社会初期所面临的就业和生存困难，使他们树立回归社会、融入社会的信心，预防他们重新违法犯罪，从而维护社会和谐稳定。

（2）安置基地的安置对象

安置基地面向就业困难的刑满释放人员，重点安置“三无”（无家可归、无业可就、无亲可投）刑满释放人员。

（3）安置基地的条件

①基本条件

一是安置基地法人代表及管理人员应热爱安置帮教公益事业，了解安置帮教工作内容和流程，具有从事安置帮教工作的社会责任感、使命感和奉献精神，不歧视、不排斥刑满释放人员。

二是安置基地在司法行政机关的指导下，建立企业内部帮教组织，营造关爱刑满释放人员的良好氛围，切实履行帮教工作职责。

三是安置基地要在就业部门的指导下，积极开展职业推荐和职业介绍，搭建社会用工信息和刑满释放人员就业意向的双向绿色通道。同时，积极推荐刑满释放人员参加职业技能资格认证或鉴定。

四是安置基地的经营管理活动应严格遵守国家的法律法规和政策规定。

---

① 该经验主要参考近年来吉林省在安置帮教方面取得的创新经验。详情参见 2011 年吉林省司法厅、吉林省人力资源和社会保障厅联合印发的《吉林省刑释解教人员过渡性安置基地暂行管理办法》、2013 年吉林省司法厅印发的《省司法厅关于开展“彩虹基地创新发展年”活动方案》的通知、2014 年吉林省司法厅、吉林省人力资源和社会保障厅联合印发的《全省示范彩虹基地评定实施方案》的通知、2015 年吉林省司法厅关于印发《省司法厅关于开展“彩虹基地‘三优三提升’活动”方案》的通知（吉司安帮发〔2015〕10 号）。

②具体条件

过渡性安置基地分为省、市(州)、县(市、区)三级,具体应符合下列条件:

一是省级、市(州)级安置基地要在司法行政机关的指导下,与当地就业部门签订常年培训合作项目,依托就业部门的定点培训机构,组织刑满释放人员参加免费职业技能培训,安置基地应发挥企业骨干员工的传、帮、带作用,使社区服刑人员在过渡期间能够掌握就业技能。

二是省级安置基地应具备年安置50~100名刑满释放人员的能力和规模,经营状况良好。安置基地应集教育、培训、劳动为一体,拥有食堂、宿舍、教室等基本设施,并配备专(兼)职心理咨询师等相关工作人员。安置基地应具备技能培训、岗位实习、技术示范等功能。

三是市(州)级安置基地应具备年安置20~50名刑满释放人员的能力和规模,经营状况良好。安置基地应集帮教、培训、劳动为一体,拥有食堂、宿舍、固定培训场所等基本设施,并配备专(兼)职心理咨询师等相关工作人员。应具备技能培训、岗位实习、技术示范等功能。

四是县(市、区)级安置基地应具备年安置5~20名刑满释放人员的能力和规模,经营状况良好。安置基地应具备基本的食宿条件和帮教活动场所,配备兼职心理咨询师,具备岗位实习、技术示范功能。

(4)安置基地的工作职责

安置基地要与刑满释放人员签订帮教协议,确定帮教责任人,落实帮教措施。要协助当地司法行政机关建立刑满释放人员档案,记录帮教情况、思想表现、工作表现等。每季度要向司法行政机关报告一次安置帮教工作开展情况(特殊情况随时报告)。

安置基地要在司法行政机关的指导下,适时开展帮教活动,加强对在岗社区服刑人员的教育和管理,随时掌握刑满释放人员的工作、思想状态,协助司法行政机关做好帮教工作,防止其重新违法犯罪。

安置基地管理人员要关心、爱护、帮助刑满释放人员,与刑满释放人员和睦相处,帮助他们切实融入安置基地的人文环境、工作氛围和生活氛围,使他们树立回归社会、融入社会的信心。

安置基地法人代表及管理人员要做好刑满释放人员身份的保密工作,

尊重其人格尊严。

在安置基地就业的刑满释放人员应与安置基地职工享受同工同酬待遇、同等劳动保护条件、同等福利待遇,其工资不得低于当地最低工资标准,并有基地用工工资发放表。安置基地应与社区服刑人员签订劳动合同。

在安置基地工作的刑满释放人员可以依法约定试用期,对严重违反安置基地规章制度以及触犯法律法规的,可以依法解除劳动合同。解除劳动合同前应向司法行政机关报告。

在安置基地就业的刑满释放人员过渡期不少于6个月。

安置基地要按照国家法律、法规的规定,做好劳动保障、劳动保护工作,安全生产经营。对于签订一年期以上劳动合同的刑满释放人员,安置基地应按照现行法律、政策,为其办理医疗、养老、工伤等保险。

安置基地每月应向当地司法局提供空余岗位信息,由当地司法局录入到《管理软件》平台。安置基地应接收有就业意向的刑满释放人员到基地就业。

(5)安置基地的设立

设立省级安置基地由各市(州)司法局、人力资源和社会保障局共同向省司法厅、省人力资源和社会保障厅申报,省司法厅、省人力资源和社会保障厅按照本办法的规定进行考核验收。对符合条件的,由省司法厅、省人力资源和社会保障厅共同确认。

设立市(州)级安置基地由各市(州)司法局、人力资源和社会保障局共同向省司法厅、省人力资源和社会保障厅申报,省司法厅、省人力资源和社会保障厅按照本办法的规定进行考核验收。对符合条件的,由省司法厅、省人力资源和社会保障厅共同确认。

设立县(市、区)级安置基地由县(市、区)司法局、人力资源和社会保障局共同向市(州)司法局、人力资源和社会保障局申报,市(州)司法局、人力资源和社会保障局按照本办法的规定进行考核验收。对符合条件的,由市(州)司法局、人力资源和社会保障局共同确认,并报省司法厅、省人力资源和社会保障厅备案。

被确定的安置基地,分别由各级司法行政机关、人力资源和社会保障机关授予铜制牌匾,悬挂于显要位置。

(6)安置基地的考评管理

安置基地实行年度考评制度和动态管理。凡年度考评不合格的安置基地限期3个月整改,整改期满仍不合格的取消基地资格,不再享有安置刑满释放人员的优惠政策;对弄虚作假骗取优惠政策的,依据相关法律法规、政策规定处理。

省安帮办每年组织对省、市(州)二级安置基地进行考评,市(州)安帮办每年组织对县(市、区)级安置基地进行考评。考评内容为:基地帮教工作情况,基地应具备的条件、设施,刑满释放人员评价情况,管理经营情况,技能培训及资格鉴定情况,工资福利,心理疏导和矫治情况等。

经考评,对在安置帮教工作中作出重要贡献的安置基地,省、市(州)安帮办应给予表彰、奖励。

对发生重、特大重新违法犯罪案件的安置基地,由省、市(州)安帮办会同省、市(州)人力资源和社会保障厅(局)撤销其省、市(州)、县(市、区)级安置基地资格。

安置基地的日常工作由各市(州)、县(市、区)司法局按照属地原则进行指导管理。

(7)安置基地享受的优惠政策

安置基地安置领取《就业失业登记证》的刑满释放人员,签订一年以上劳动合同并缴纳社会保险费的,可向当地县级以上人力资源社会保障部门申请享受为其实际缴纳的基本养老保险、基本医疗保险和失业保险费补贴。不包括个人应缴纳的部分,以及企业(单位)和个人应缴纳的其他社会保险费。社会保险补贴期限按享受补贴审批之日计算,除对距法定退休年龄不足5年的可延长至退休,其余人员不超过3年。

安置基地安置领取《就业失业登记证》的刑满释放人员达到在职职工总数30%(100人以上含100人的企业达15%)以上,并与其签订1年以上期限劳动合同的劳动密集型小企业,在企业经营状况良好,反担保方式符合规定的前提下,可申请享受小额担保贷款。贷款额度由担保机构与经办银行考核确定,最高不超过400万元,贷款期限不超过2年。

安置基地经人力资源和社会保障部门批准,组织刑满释放人员进行职业培训和技能鉴定,并取得相应职业资格证书的,可向所在地人力资源社会保障部门申请享受职业培训补贴和职业技能鉴定补贴。

2. 北京市“朝阳区中途之家”的经验

(1)“中途之家”简述

“中途之家”是在最初的社区矫正没有像监狱一样的设施、场所的基础上设立的,可以满足对社区服刑人员安置、管理、教育的设施与场所。中途之家最早起源于早期的欧洲,19 世纪在英格兰有较大的发展。1964 年在美国芝加哥成立了中途之家协会。“中途之家”有时有称为“社区矫正中心”,它是提高环境适应能力的一种过渡性住宿式社区矫正机构。分为政府主办和私人主办的中途之家。

2008 年 7 月北京市朝阳区建立了中国内地首家社区服刑人员、刑满释放人员过渡性安置基地——“朝阳区中途之家”。主要就是解决对上述两类人群中的“三无人员”(无家可归、无业可就、无亲可投)的短期安置问题,同时还具有矫正宣告、集中教育、技能培训、心理辅导、就业指导等多重功能。

(2)朝阳“中途之家”的作用

朝阳中途之家的作用主要体现在以下几个方面:

①协助社区矫正衔接

例如,在审判阶段,根据审判机关的要求,对调查对象进行调查评估,为审判机关做出恰当裁决发挥积极作用;在裁定假释期间,根据监狱机关的要求,开展假释前的调查评估工作。

②对社区矫正、刑满释放人员进行日常管理

包括对社区服刑人员的交接、接收工作;生活安排;工作学习安排;监督管理;结束;等等。

③进行教育学习和矫正

包括集中教育、个别教育;行为和心理的矫正;戒毒戒烟戒酒等活动;学习科学文化知识、法律知识;等等。

④提供帮扶

除了必要的临时安置、饮食安排、紧急救助等,还包括为社区服刑人员提供就业技能培训、心理咨询;等等。

⑤可以预防犯罪

中途之家还对轻微违法的人员提供预防犯罪的教育活动,改变他们的犯罪心理,重拾对生活的美好信心,达到预防犯罪的效果。

3. 加拿大社区矫正中帮助扶持的做法

在加拿大,虽然社区矫正是一项刑事执法活动,大多数机构是由政府出资运作。但是也有相当的非政府组织出资积极参与社区矫正工作以及社会救助。参与的类型包括:

(1)企业性组织

它是由非政府机构的私人企业,通过与政府签订协议向社区服刑人员直接提供多种社会服务和人道服务。这些企业专门负责设计和管理社区犯人的居住和社区矫正,具体包括经营犯人的"中途住所",协助开展犯人多样化的矫正计划。

(2)自愿的直接服务机构

这是加拿大最具传统的也是最有影响力的非政府组织。尽管他们可能接受政府的拨款以及公众的资金援助,但这些组织仍保持自愿的性质,例如,颇具影响力的"救世军"(The Salvation Army)作为一项宗教和慈善运动最早成立于1865年,是基督教的一个分支。"救世军"的任务就是通过以传播基督教的核心价值(爱和关心)来帮助犯人、被害人、穷人、违法者以及其他人员。救世军的机构向社区服刑人员不仅提供探视和咨询服务、释放后的计划、居住服务,还帮助社区服刑人员寻找工作以及帮助矫正机构监督他们等。非政府直接服务机构是加拿大矫正系统的一个重要组成部分,在矫正领域具有重大影响并做出了重要贡献。

在加拿大,非政府组织的参与,对帮助社区服刑人员提供各项服务与工作机会,进而对促进社区的稳定都起到了重要的推动作用。其中有许多的社会工作者和志愿者也积极参加社区矫正的工作,他们也通过不同的形式帮助矫正对象,加拿大各级政府每年也会对志愿者中的优秀者给予精神方面的奖励。①

国内外相关经验表明,做好社区服刑人员的适应性帮扶对其回归社会、融入社会有良好的效果。解决了社区服刑人员的后顾之忧,一方面可以使社区服刑人员积极主动地接受社区矫正,另一方面也有效地预防了社

---

① 社区矫正考察组:《加拿大社区矫正概况与评价》,载《法治论丛》2004年第5期。

区服刑人员因生活没有保障而再次走上犯罪的道路，因此，适应性帮扶工作是社区矫正工作中不可忽视的一环。

（二）典型案例

### 昔日盗窃犯，今日养猪专业户

**1. 基本情况介绍**

王某某，男，今年49岁，某某街道某某村人。

**2. 案件资料**

2006年犯盗窃罪，被判处两年有期徒刑，缓期两年执行。在社区接受社区矫正。

**3. 存在问题**

王某某既没有技术专长又没有年龄优势、更没有资金，就业难度可想而知。在相当一段日子里，他四处奔波求职，都以到处碰壁而告终，整天处在痛苦煎熬之中。几经挫折，王某某心中愈发自强，自立之心坚定，经过多次实地考察、分析得出经验，结合自己的实际，认准农村生猪养殖业这片广阔市场比较适合自己发展。他设想在靠近港澳开发区本队的坡地上建个养猪场，发展养猪业。让他感到压力更大的是资金问题。

**4. 帮扶措施**

街道司法所的工作人员就通过与之谈心交流，了解到王某某的情绪低落的原因，刚开始为他申请了最低生活保障，解决了他的燃眉之急；然后针对他的具体情况制定了详细的帮教方案，还聘请志愿者与其进行帮教。

当时国家有支农资金贷款，利率也不高，在司法所的工作人员和社会志愿者的帮助下，帮他贷款筹集资金3万元，他自己再向亲戚朋友借款5万元，总共8万元建起了200平方米的猪舍，解决了资金难的问题。在此期间，街道司法所还让他积极参加有关部门组织的养猪技术专业培训班，认真听讲，通过培训学习他掌握了生猪发病的防治方法。此外，还建议他购买了相关生猪饲养技术方面的书籍自学，拜访了远近闻名的养猪专业户，向他们学习、取经，解决了他养殖生猪技术上的问题，使他的养殖之路走的愈加顺利。

5. **帮扶效果**

2007年上半年,王某某先后购进了良种猪苗70头,当起了猪倌。为了早日还清债务,摆脱困境,他和妻子总是吃住在猪场,起早摸黑,与猪为伍。两年过去了,由于王某某注重科学养猪,方法得当,勤劳出硕果,在那一亩地上建起的猪场喜获丰收。从2009年开始,生猪的存栏量保持在100头左右,年出栏量180头,如今,王某某成了村里的养猪专业户,生猪卖了好价钱,纯收入5万元。他不但提前还清银行贷款,而且还赚到了4万多元,从此摆脱了困境,走上了致富之路。

6. **点评**

本案例中,王某某从一个盗窃犯到养猪专业户,这其中不仅有他自己辛勤努力的汗水,还有街道司法所对其的帮助扶持。为使社区服刑人员"安其心、稳其身、励其志、壮其行",街道对社区矫正、安置帮教等重点人群在政策、技术、信息、资金、物质等方方面面都给予了大量的支持鼓励。通过积极帮助扶持他们就业创业,可以极大地调动社区矫正、安置帮教等重点人群就业创业、奉献社会的积极性、主动性、创造性,并取得非常显著的社会效果。

(1)政策上的支持。对有一技之长,申报种植、养殖、加工等致富带富项目的社区服刑人员,街道在土地征用、手续办理、税费征收、关系协调等方面给予优惠政策,对社区服刑人员申报的大项目,街道派出工作组靠上帮扶协调,促项目早开工、早投产、早见效。同时,街道对招用社区服刑人员的民营企业,依据招用人数多少,在扩大用地、税收等方面也给予优惠。对符合办理低保条件的社区服刑人员,安排民政部门为其办理低保手续。

(2)技术上的支持。有针对性地邀请种植、养殖、加工等方面的技术人员,向有创业意向的社区服刑人员传授实用知识和关键技术,必要时同他们结成一对一帮扶对子,手把手地进行指导。本案中的王某某就参加了有关部门组织的养殖技术专业培训班,为他的养殖之路扫清了障碍。

(3)资金扶持。很多社区服刑人员在结束矫正后没有资金进行创业,这个时候可以根据国家相关资金支持政策进行扶持。

(4)精神支持。在社区服刑人员转为安置帮教对象后,以结对子的形式对其给予精神上的支持,社区矫正工作人员与安置帮教对象结成对子,在安置帮教对象精神出现问题时可以向结对子的社区矫正工作者寻求帮助,以便及时帮助安置帮教对象解决精神上遇到的问题,从而更好地投入生活工作当中。

# 第六章　分类分阶段矫正

**导　读**

分类分阶段矫正是社区矫正工作中一项重要的工作方法，是个别预防的刑罚思想的体现。对社区服刑人员进行分类分阶段矫正应遵循分类分阶段的基本原则，针对不同类型、不同阶段制定具有针对性的矫正方案，施以不同的矫正内容，以达到理想的矫正效果。本章开篇介绍了分类分阶段矫正的概况，主要是分类分阶段矫正的概念、基本理论和方法；然后从分类分阶段矫正的内容和如何实施出发，介绍了分类分阶段矫正在社区矫正工作的运用；最后通过经验与案例分析对实际操作中遇到的问题提供指导。

## 第一节　分类分阶段矫正的概况

### 一、分类分阶段矫正的概念

我国的社区矫正经过十多年的探索，已成为我国当前行刑制度改革的一个核心内容。对社区服刑人员进行矫正是社区矫正工作的核心内容，贯穿于社区矫正的全过程，是提高矫正质量、实现矫正目标的重要基础和根本保障。分类分阶段矫正是根据社区服刑人员的刑罚种类、犯罪情况、矫正期限、风险等级、矫正的阶段等进行的分门别类的针对性矫正，是个别预防的刑罚思想的体现。[①] 分类分阶段矫正针对社区服刑人员的不同类型

---

① 蔡芹、孙月春：《对社区矫正对象分类矫正的思考》，载《经济研究导刊》2010 年第 36 期。

和不同阶段制定个性化的矫正方案、监督管理措施，有利于提高社区矫正的科学性，促进社区矫正质量的提高。

## 二、分类分阶段矫正的理论基础

分类分阶段矫正是社区矫正的重要工作内容，而社区矫正作为刑事司法活动的一个子系统，与刑罚目的的实现有着直接的关系。社区矫正工作的实施需要充分的理论支撑。社区矫正作为一种刑罚执行活动，其理论支撑应当来自刑罚的相关理论，因此，总结起来分类分阶段矫正就是以行刑个别化以及刑罚教育性为基础而发展的。

（一）行刑个别化原则

1. 行刑个别化原则的概念

行刑个别化是指在刑罚执行过程中，出于个别预防的目的，根据犯罪人的人身危险性、再犯可能性的大小及社会的需要而给予个别的不同处遇。行刑个别化主张“人格不同处遇不同”，社区矫正根据此对社区服刑人员进行个别化的矫正，以达到矫正效果。①

2. 行刑个别化原则的功能

行刑个别化原则具有：体现教育刑的社会作用，避免短期自由刑产生的各种弊端三大功能。

第一，教育罪犯的社会作用能促进其改变自我、树立信心和促进其自觉改造。对社区服刑人员进行文化、法律、思想、社会教育以及辅以职业技能培训和提升劳动技能，使罪犯认罪悔罪，认识到自身的责任，积极参与社区矫正的各项教育矫正活动，重拾对未来生活的信心。社区矫正通过个别教育、集体教育等多种形式对社区服刑人员进行矫正，通过一系列的矫正措施，使其从心灵上得到感化，从而使得外力强制的矫正措施转变为自觉矫正。

第二，行刑个别化能有效地避免社区矫正中产生的各种弊端。一方面社区服刑人员在接受社区矫正后效果不佳，只有度过最初的适应期才能投入矫正工作中。在这一阶段，社区矫正工作人员需要了解社区服刑人员的

---

① 王华婷：《社区矫正对象的分类矫治初探》，载《北京农学院学报》2008 年第 2 期。

家庭情况、犯罪事实、社会关系、人格心理并通过日常观察、谈话，制定具有针对性的矫正方案。但这一过程较长，许多社区服刑人员并没有完全适应矫治工作的节奏，思想上也没有积极接受矫治，而社区矫正工作人员在短期内也难以系统性地完成对其的矫正工作，这就造成许多社区服刑人员尚未矫正好就因矫正期满而释放，没有达到理想的矫正效果。另一方面，部分社区服刑人员受“标签效应”的影响，在融入社会方面存在一定的困难。从社区服刑人员的主观恶性来看，接受社区矫正的人员普遍主观恶性较小，具有较强的悔过心、耻辱心。在矫正工作过程中如果太强调他们的“标签化”，会使其产生对立情绪，抗拒社区矫正，甚至会再犯罪。而社区矫正工作根据社区服刑人员的特点进行适当的分类分阶段矫正就能很好地去掉“标签”，从而取得较好的矫正效果。

(二)刑罚教育性

1. 刑罚教育性的概念

教育性原则，是指在分类分阶段矫正过程中，通过针对性的矫正措施使得社区服刑人员改恶从善、消除犯罪心理、转变不良行为习惯，成为守法公民从而重新融入社会，分类分阶段矫正是社区矫正工作中一种特殊教育过程。

2. 刑罚教育性的功能

我国刑罚理论以改造人为宗旨，强调惩罚与改造相结合，而社区矫正作为刑罚的一种重要形式，更加注重教育的目的。社区矫正通过一系列的矫正措施，唤醒社区服刑人员的自尊心、自爱心，在公众道德的压力下，树立起社会责任感，从而矫正其反社会的心理，逐步完成社会化。

按照教育原理的要求，所有的教育都应当是分类实施的，分类分阶段矫正作为社区矫正的一种工作模式，同样应遵循这一规律。从社区服刑人员的不同类型、不同阶段出发，制定不同的矫正方案，采取不同的矫正措施，施以个别化的矫正内容。分类分阶段矫正最显著的特点就是针对性极强，对使用一般的教育监管矫治项目不能进行有效矫正的社区服刑人员，社区矫正工作人员根据针对性矫正方案对其进行个别化的矫正，就会产生良好的矫正效果。

根据各个社区服刑人员的不同情况和特点，采取不同的教育内容和方法，实施具有针对性的分类分阶段矫正，体现的正是教育理念中的因人施教原理。社区服刑人员的生理特征、心理特征、行为特征、犯罪情况千差万别，社区矫正工作人员对其进行调查研究，分析社区服刑人员的特殊性，发掘其优势，从实际出发，根据个体的不同特点，集思广益，充分听取意见，有针对性地开展矫正工作。在矫正工作过程听取社区服刑人员的反馈，及时作出调整、修改矫正的内容和方法，在完成矫正目标的情况下，提高矫正质量。

### 三、分类分阶段矫正的方法

社区矫正工作自 2003 年试点以来，逐渐在全国全面展开，目前的问题是怎样提高社区矫正的质量，实现刑罚的个别化和科学化。分类分阶段矫正作为社区矫正工作中的重要手段，从不同类型、不同阶段出发对社区服刑人员进行矫正，体现出针对性和科学性的双重优势。国外分类分阶段矫正工作开展的早，在分类分阶段矫正的方法上与人身危险性评估相结合，采用“统计评估法”和“临床评估法”两种策略。“统计评估法”是把有关罪犯重新犯罪的情况和信息一一列举，折成分值，通过统计，将罪犯划分成不同的危险等级。“临床评估法”简单来说就是指由专家通过对当事人进行访谈，而对其危险性得出结论的过程。

随着我国社区矫正工作的深入展开，在借鉴国外先进经验的基础上，也形成了符合我国实际情况的分类分阶段矫正方法——计分法。如为准确地评价社区服刑人员当前的状况，为分类提供依据，北京市在研究国内外有关资料，并请专家、学者和实务部门反复论证及实践的基础上，设计了《北京市社区服刑人员综合状态评估指标体系》（见附录一），依据社区服刑人员有无监禁经历和刑罚种类、管理难易程度的不同，分别设计了两套量表，其中被判处管制、宣告缓刑的人员一套，假释、暂予监外执行的人员一套。每套量表包括他评量表和自陈量表两张表格，其中他评量表由社区矫正工作人员填写，重点测评社区服刑人员的人身危险性，由十个测评指标构成；自陈量表由社区服刑人员填写，主要测评社区服刑人员的再社会化程度，由六十个法学、心理学、社会学等测评指标构成，每个指标各有三个等级的计分值。根据两份量表的测评结果，计算测评总分，以分数的高低确定社区服刑人员的管理类别，分数越高，人身危险性越大，分数越低，人身危险性越小。①

危险性评估的终极目标是预防重新犯罪，所以，行刑期间的人身危险性调查，就应当从重新犯罪的原因着手，结合社区服刑人员日常表现的因素（包括法律意识、价值观念、不良心理、健康状况、精神状态、公益劳动、提交思想汇报情况等），将这些原因转化成“预测参数”，并进行一定时期的考察，筛选出“标准参数”，尽量使现实与理想的差异得到较好的解决。②

## 第二节　分类分阶段矫正的理解与运用

司法部在《司法行政机关社区矫正工作暂行办法》（司发通〔2004〕88号）中规定“司法行政机关应当对社区服刑人员实施分类管理、个性化教育……”同时规定“司法所应当全面掌握社区服刑人员的犯罪原因、犯罪类型、危害程度、悔罪表现、家庭及社会关系等情况，进行综合分析，根据社区服刑人员被判处管制、宣告缓刑、暂予监外执行、裁定假释等四种类别和不同特点，制定有针对性的教育改造计划和措施，并根据矫正效果和需要，适时做出调整。”这表明我国社区矫正在原则上确立了分类管理和教育的制度。

此外，《关于扩大社区矫正试点工作范围的通知》（司发通〔2005〕3号）进一步明确规定：“社区矫正根据社区服刑人员的不同特点，实施分类管理和教育，矫正其不良心理和行为，突出教育改造的针对性和实际效果，并且帮助解决社区服刑人员在就业、生活、法律、心理等方面遇到的困难和问题，以利于他们顺利适应社会生活，重新回归社会。”因此，社区矫正机构和社区矫正工作人员要充分运用分类分阶段

① 王友江、马捷、林仲书：《社区服刑人员分类管理分阶段教育模式的探索与实践》，载《中国司法》2006年第5期。

② 林宇虹：《国外社区矫正人身危险性评估的简析及其借鉴》，载《法治与经济》2007年第4期。

矫正开展工作。

## 一、分类矫正

（一）分类矫正的内容

1. 分类矫正原则

社区矫正是一项在相关法律、法规规定下，结合犯罪学、控制论、社会学、心理学等要求的法律制度，在进行分类分阶段矫正时，除了遵循相关法律法规，还应当遵循相关学科的基本原则。

（1）针对性原则。分类矫正就是对社区服刑人员进行分类矫治，以达到矫正效果的目的。从社会学和心理学角度来看，在社区服刑人员中没有完全相同的两个人，每个社区服刑人员都有其个性的心理特征、行为特征，需求各异，不同的文化程度、社会生活经历、生活环境（包括家庭、社区、同伴关系等），在分类的时候，应当综合各种因素对社区服刑人员进行评估，确定社区服刑人员需要矫正的地方，做到缺什么补什么，制定具有针对性的矫正方案，实施矫正措施。

（2）准确性原则。准确性原则针对的是分类前的调查评估，调查评估的结果直接决定社区服刑人员个性化矫正方案的制定，因此，要确保搜集的各方面信息的准确性，实事求是地进行调查评估。

（3）长效性原则。对社区服刑人员进行矫治目的是矫治其不良行为，更好地回归社会，成为自食其力、遵纪守法的公民，因此，在进行分类矫正时应当着眼未来，转变其思想行为、学习法律法规、引导其树立正确的人生观、价值观、世界观，达到预防和杜绝再犯的目的。

（4）科学性原则。在进行分类矫正时，各项工作应当在相关法律、法规下开展，保证矫正实体与程序合法，结合多种社区矫正工作方法，增强矫正工作项目的多样性、教育主体的多元化。在集中教育开展的同时，注重个别化的教育。

2. 社区服刑人员的主要分类

分类矫正是根据社区服刑人员个人特征和人身危险性程度等因素，对社区服刑人员进行不同矫治内容和措施，从而完成社区矫正目标，提高矫正质量的主要工作方法，对社区服刑人员进行分类是必然要求。

(1)社会危险性分类

尽管社区服刑人员普遍社会危险性较小,但是,他们仍具有一定的社会危险性,在对社区服刑人员进行危险性评估后分到不同的小组进行矫治。根据社区服刑人员社会危险性和回归社会的趋向程度分类,对社区服刑人员进行细化指标测评,人身危险性小、再社会化程度高的人员分为低危类,人身危险性和再社会化程度一般的人员分为中危类,人身危险性大、再社会化程度低的人员分为高危类。对中、高危类社区服刑人员进行重点矫治,他们的主观恶性较大,社会危险性较高,矫正期限较长,接受矫正态度不积极,矫正难度大。

(2)犯罪类型分类

根据犯罪类型分类,相同犯罪类型的社区服刑人员,存在一定相同的心理、行为特征和社会危险性。

第一类:暴力型犯罪。暴力型犯罪包括犯故意杀人、故意伤害致人重伤或者死亡、强奸、抢劫、贩卖毒品、放火、爆炸、投毒罪。

第二类:财产类犯罪。这类社区服刑人员包括主要有:抢劫罪、抢夺罪、盗窃罪、侵占罪、诈骗罪、聚众哄抢罪、敲诈勒索罪、故意毁坏公私财物罪、贪污罪、挪用公款罪、挪用资金罪等。

第三类:交通安全类。这类主要是交通肇事罪和危险驾驶罪两大类。

第四类:涉毒类。主要是吸食、注射毒品,非法持有、运输、贩卖毒品的社区服刑人员。

(3)青少年犯罪类

这类社区服刑人员年龄在25周岁以下,青少年在生理、心理、认知模式上还不成熟,群体性犯罪明显。

(4)女性犯罪类

女性犯罪的种类与社会生活联系较为密切,她们法制观念淡薄,认知能力较差,情感丰富,攻击性不如男性,自我认同感不强,矫正时可以更多地对其进行思想教育,为其增能赋权,有效地预防再犯罪。

(二)分类矫正对象的特征和矫正措施

1. 社会危险性类

(1)低危类

①特征:人身危险性小、再社会化程度高,认罪服法。

②矫正措施:开展常规的日常管理、教育学习、心理矫正、公益劳动、帮困解惑。

(2)中、高危类

①特征:人身危险性较大、再社会化程度不高,认罪态度不端正,生活没有信心,人格普遍存在障碍。

②矫正措施:

第一,加强法律、法规、社区矫正知识和各项规定的宣传教育,使其充分认识到矫正工作的严肃性,树立服刑意识,端正矫正态度;

第二,加大针对性,个别教育、集中教育和社区服务结合社区服刑人员的特点进行,充分发现并运用其个性中的闪光点,给予适当的激励,重拾信心和勇气,进而重塑人格,促进其积极转化;

第三,实行累进处遇制,并严格执行奖惩制度,依社区服刑人员的改造程度改变其危险程度,确定不同的矫正目标,使其产生新的希望,调动社区服刑人员的自觉性;

第四,加大管控力度,责任到人,增加谈话教育的频率,及时掌握其思想动态以及行踪,解决生活中的实际困难,提供职业技能培训、人际交往培训、心理疏导,增加自身的竞争力,使其在回归社会后能很好地自食其力、进行正常的人际交往、融入社会。

2. 犯罪类型分类

(1)暴力型犯罪类

①特征:这类犯罪人大多缺乏理想和远大目标,对社会中存在的积极的或消极的现象缺乏正确的认识,缺乏社会责任感、社会适应性差,常有偏离社会主导文化和价值观的倾向,大多数犯罪人自私、偏狭,对这类犯罪人的矫正期限较长,且矫正难度较大。

②矫正措施:

第一,开展法制教育的同时辅以家庭会议,让其认识到自己的责任以及行为给家庭和社会带来的危害;

第二,心理矫正与行为训练相结合,矫正其不良的心理和行为,排除内心的偏狭、自私;

第三,开展与社会联系较大的社区服务项目(如关爱残疾儿童项目、敬老院服务项目)，在条件允许的情况下开展对被害人的补偿性社区服务(强奸罪不适用这一措施)，并在项目开始前进行人际关系教育，一方面可以使其正确处理人际交往中的各种矛盾，另一方面使其认识到自己的行为对被害人造成的伤害，唤起内心的忏悔，并能增加其社会责任感和正义感；

第四，树立榜样或者观看榜样相关的视频，引导他们树立正确的人生观、价值观和人生理想；

第五，对没有一技之长的社区服刑人员进行技能培训，使其回归社会后能积极地面对生活。

(2)财产犯罪类

①特征：财产类社区服刑人员世界观、人生观、价值观有明显的偏差，对钱财的占有欲强，贪图享受，缺乏谋生技能，存有一定的侥幸心理，有的智商高，但普遍劣根性强，较难矫正，再犯罪可能性较大。

②矫正措施：

第一，在日常教育内容方面，除了通过法制宣传教育消除其侥幸心理外，还应加强正确金钱观的教育，为其树立正确的金钱观，引导他们通过合法途径获得利益；

第二，对惯犯、累犯进行心理辅导，解除其对钱财的病态占有欲；

第三，在社区服务内容上，除了一般无偿性服务外，尝试设置有偿性的劳动，让其体验到劳动所得带来的心安理得，改变其不劳而获的思想；

第四，帮助其解决生活上存在的困难，提供多方的服务(符合条件的申请低保、提供技能培训)，以消除潜在的再犯因素。

(3)交通安全犯罪类

①特征：这类社区服刑人员法制观念、组织纪律性淡薄，并存在着一定的侥幸心理，但容易矫正，也能取得较好的矫正效果。

②矫正措施：

第一，增强法律知识的学习，树立学法、守法意识，增强交通安全意识，围绕基本的交通安全常识、常见的交通违章行为及处罚标准、关于交通违法与犯罪行为的相关法律条款规定展开授课，消除其侥幸心理；

第二，通过大量典型鲜活的案例，用专业的知识，生动的讲解，深入浅出地剖析交通违法行为的严重危害性，告诫所有社区服刑人员要汲取交通事故的惨痛教训，安全出行、珍惜生命，做一名文明的交通参与者；

第三，社区服务方面可以设置维护道路安全的内容，让其协助交通警察维护交通安全，或者在交通拥挤的路口进行交通疏散，切身感受遵守交通规则和安全行驶的重要性。

(4)涉毒犯罪类

①特征：这类人员极易受不良环境的影响，结交不良朋友，善于撒谎，反复性强，矫正后极易再犯。

②矫正措施：

第一，优化涉毒人员的人际交往圈(增加对他们的关注度，时刻提醒他们远离不良环境)，丰富其文化生活，举办毒品主题宣讲会，认识到毒品的危害性；

第二，在社区服务中加强他们的体能训练，养成良好的行为习惯，培养积极向上的生活方式；

第三，开展心理矫正，降低对毒品的依赖性。

3.青少年犯罪类

①特征：心智不成熟，思想不稳定，缺乏法律意识。有的家庭功能不完善，自我满足为主，有着极端个人主义的人生观和价值观，为其树立正确人生观、价值观引导，容易接受矫正。

②矫正措施：

第一，除了个别谈话、集中学习外，开展形式多样的互动教育活动，增强他们的参与性；在教育内容上以感化为主，学习先进人物事迹，观看有教育意义的影片，并写学习心得；

第二，社区服务可以让他们以志愿者的形式参加，这样可以避免在服务过程中自尊心受到伤害，影响矫正效果，在内容上可以是环保、法制宣传、关爱弱势群体、义务植树等公益活动；

第三，采取个案和小组的工作方法。进行个案工作，面对面进行心理疏导，引导其树立正确的人生观、价值观，恢复社会功能；成立学习成长性小组(教化小组、治疗小组、社会化小组、学习小组、成长小组)挖掘其善良的一面，自我觉醒，激励各自成长。

4. 女性犯罪类

①特征：文化程度较低，易焦虑、心理承受能力较差、心理负担重，情绪变化大，有较强的虚荣心，独立性弱，依赖性强，在认知上容易感情用事，容易自我放弃。

②矫正措施：

第一，集中进行文化知识的普及，包括法律、法规、基础文化教育、自然科学、人文习俗等，可以让她们自己学习然后在课堂上进行分享；

第二，注重对女性犯罪人员的心理辅导，包括个别辅导和小组辅导，对于心理问题严重的采取个别心理辅导，学习控制情绪的技巧，可以让其家庭成员参与进来，使其获得家庭情感上的支持，消除心理负担；小组的心理辅导主要采取定主题分享的模式进行，让其充分的倾诉，找到情感上的共鸣，获得同伴的支持，舒缓焦虑，增强心理承受能力；

第三，在社区服务内容上充分考虑到女性的生理特点，减少体力活的设置，可以安排其进行公共卫生环境的维护，在条件允许的情况下可以安排家政服务类项目；

第四，对女性社区服刑人员进行职业技能培训，主要是让其回归社会后能找到经济来源，增加自我的独立性，有了一技之长从一定层面上也可以提升其自信心，对生活充满希望。

## 二、分阶段矫正

### （一）分阶段矫正的内容

1. 分阶段矫正应遵守的原则

在分阶段矫正工作中除了要遵守分类矫正科学性、准确性、长效性、针对性的原则外，还要遵守循序渐进原则和系统性原则。

（1）循序渐进原则

循序渐进原则是社区矫正内容和方法等的顺序安排，由易到难，由简到繁，逐步深化提高，长期积累，使社区服刑人员接受系统的矫正，[①]在进行下一阶段的矫正前要对该阶段的矫正进行考核，只有在考核符合要求的

① 王敏：《矫正基本原理研究》，西南政法大学2010年博士学位论文。

情况下，才能对其进行下一阶段的考核，以确保矫正工作的效果。

(2)系统原则

系统原则是在社区矫正过程中，对社区服刑人员有针对性的矫正措施，会过度关注其个性特征，而忽视其他方面存在的问题。社区矫正工作中不能着眼于其个性，还要关注全面性，社区服刑人员回归社会后需要面对各种各样的社会要求，在对矫正期限内不仅要对其进行综合素质的培养，还要注重培养其解矫后预防再犯的素质。

2. 矫正阶段的划分

在分类矫正的基础上对社区服刑人员进行阶段性的矫正，能突出矫正的有效性和针对性。社区服刑人员在每一矫正阶段需要矫正的问题不同，分阶段矫正能结合分类矫正的目标和要求，有针对性地矫正社区服刑人员出现的新问题，从而提高矫正的质量。

(1)入矫阶段

关于入矫阶段的划分，没有统一的明文规定，各地根据自己实际情况进行了划分。本书综合各地做法，将从矫正宣告后的两个月作为入矫阶段，这个时间段在实际操作中可以根据社区服刑人员的矫正期限长短进行适当的调整，也可以根据社区服刑人员的实际情况做出调整，在达到这个阶段的矫正目标后进入下一阶段。

(2)矫正执行阶段

矫正执行阶段是在进入社区矫正后的第三个月至解矫前一个月，矫正执行阶段完成的工作内容多，是在入矫目标达成后开展的，这一阶段是整个社区矫正的工作重点。在这一阶段，矫正工作的内容和方式需要根据社区服刑人员的分类的来制定，当然，日常的监督管理和教育矫正制度仍然执行，只是在这一阶段会根据社区服刑人员的特征进行针对性的矫正。

(3)解矫前阶段

解矫前阶段是社区服刑人员解除矫正前的一个月。这个阶段的矫正内容和措施是否恰当，直接关系着社区服刑人员结束矫正后能否更好地适应社会、融入生活以及是否不再犯罪，因此在这个阶段，社区矫正的工作不能松懈。

(二)各阶段社区服刑人员的特征和矫正措施

1.各矫正阶段的特征

(1)入矫阶段

在入矫初期,社区服刑人员经历了监狱生活或者法庭审判,进入了社区矫正这个新的程序,身份、环境、义务和责任也发生了变化,在心理状态、行为特征和需求内容方面发生了变化:

①心理特征。因为"标签化",部分社区服刑人员存在自卑心理,怀疑别人歧视自己,对生活没有信心,在生存的压力下,产生焦虑、悲观的情绪;有的社区服刑人员认为没有监狱的强制管制就是自由的,而存在一定的逆反心理和侥幸心理。

②行为特征。不参加社区矫正,具有抵抗性,没有认识到社区矫正的严肃性和强制性而具有试探性,在矫正过程中缺乏主动性地参与,表现出被动性。

③需求方面特征。希望被社会尊重和接纳,同时具有生存方面的需求。

(2)矫正执行阶段

①心理特征。与入矫阶段相比,社区服刑人员的心理状态相对稳定,作为社区服刑人员的特殊身份,还是存在一定的心理问题。

②行为特征。社区服刑人员基本能遵守报到、社区服务、学习等制度,但是,对社区矫正行为的社会意义缺乏思考,表现出机械性。同时,受到不良环境影响或者个人和家庭生活出现变故,改造行为容易反复。

③需求方面。为了矫正结束后能顺利地回归社会,对各方面的知识需求较高。

(3)解矫前阶段

①心理特征。临近解矫,社区服刑人员会出现不同程度的浮躁,希望早点结束矫正。

②行为特征。自律意识减弱,对社区矫正持敷衍的态度,放松了对自己的要求。

2.各阶段的矫正措施

(1)入矫阶段

此阶段的目的是缓解社区服刑人员的心理压力,告知其相关规定,感受到社区矫正的严肃性和强制性，从而积极主动地接受社区矫正：

①心理健康教育。对社区服刑人员进行心理健康辅导，可以个案和小组的方式展开，内容主要是让其宣泄心中的苦恼，学习并练习情绪控制技巧，增强适应社会和自我调节的能力，树立正确的人生观、价值观，使其能正确地对待生活、学习、工作，并能对社区矫正有充分的认识，更加积极地接受社区矫正。

②刑罚意识教育。部分社区服刑人员在这个阶段无法清楚认识到自身的犯罪行为，或者在实施犯罪行为时意识不到是违法的，缺乏法制意识，对社区服刑人员进行法律、法规的系统性学习和基础性的普及，采取集中教育学习和专家主题宣讲，在课后上交学习心得，或者就当堂内容设置考试考核，及格者进行下一法律、法规的学习，没有达到要求的继续学习。

③规范养成教育。告知其社区矫正的相关规定、矫正纪律和考核奖惩的规定，明确自己的权利和义务，增加其自觉性。

(2)矫正执行阶段

此阶段的目的是矫正社区服刑人员的不良心理和行为，为融入社会打下基础，通过严格的管理监督和教育学习，巩固矫正效果，并提高社区服刑人员的社会适应力：

①心理健康教育。这个阶段的社区服刑人员已经解决了基本的心理问题，需要培养其正确的荣辱观、生死观等，加强道德观的建设，使之养成良好的道德品质，确立正确的生活目标和积极向上的态度。

②法制教育。通过入矫阶段的基础法律知识的学习，社区服刑人员对法律法规有了一定的积累，在此阶段主要是针对社区服刑人员的不同刑罚类别进行相关法律知识的深入学习(结合犯罪类型分类进行集中教育)，并学习运用来维护自己的合法权益，避免结束矫正后因为缺乏法制意识而使其再犯。

③劳动养成教育。通过社区服务使其养成自觉劳动、热爱劳动的好习惯，服务他人和社会，使其认识到自身存在的价值，培养社会责任感。

④职业技能培训。对社区服刑人员的职业需求进行评估，结合其特点开展职业技能培训，增加他们回归社会后的求生技能，避免再犯。

(3)解矫前阶段

①思想上严格要求。要求社区服刑人员保持平静、严谨的心态,进行个别谈话,了解当前的思想动态,提醒社区服刑人员加强自我约束。

②书面总结报告。要求社区服刑人员就自己在社区矫正过程中的学习经历和感悟作出总结,反思自己的不足并在日后加以改正,以及发现自身可以继续发扬的优点。

③时事政策教育。此举是为了让社区服刑人员了解当前社会各方面的现状,加强其社会责任感和正义感。

④安置帮教工作。做好社区服刑人员解矫后的安置帮教准备工作,充分利用社会资源,特别是用人单位,为没有工作和生活来源的社区服刑人员提供就业机会,也可以和社会公益组织一起建立罪犯帮教基金会,全方位为社区服刑人员提供支持,为其顺利回归社会创造条件,达到再社会化的目的。

## 第三节　分类分阶段矫正的基本经验与经典案例

由于社区服刑人员类型不同,因此,如果对不同的社区服刑人员按照统一的矫正方式,矫正效果往往不甚理想。社区服刑人员的情况是比较复杂的,每类犯罪人的犯罪心理与精神状态各异,犯罪原因与犯罪后的表现也是各不相同,因此,如果能够构建一个有较强针对性的分类教育体系施以不同的矫正方法,会有意想不到的矫正效果。

### 一、基本经验

从提高矫正效果的角度出发,有必要根据社区服刑人员的特点将社区矫正进行分类分阶段矫正。根据分类的不同,在不同的教育阶段,根据社区服刑人员自身的特点,制订不同的教育矫正计划,明确不同教育阶段各自的教育侧重点,以充分提高教育效率,实现教育矫正效果的最大化。从以上目的出发,国内外在分类分阶段矫正工作中根据实践积累了大量的经验。

(一)国内分类分阶段矫正经验的介绍

从近年来我国社区矫正工作运行情况看,各地对社区服刑人员分类矫正进行了一定探索并积累了初步经验,也形成了一些富有地方特色的模式,如北京、上海、江苏、四川等地模式。

1. 上海市在分类分阶段矫正方面的实践

在全国的分类教育中,上海市根据年龄与案由分类,[①]将社区服刑人员可按年龄分为如下两种类型:青少年犯罪类人员、非青少年犯罪类人员。对非青少年犯罪类人员,根据案由作进一步分类:暴力犯罪类人员、侵财犯罪类人员、涉毒犯罪类人员、其他犯罪类人员(见附录一)。除青少年犯罪类、暴力犯罪类、侵财犯罪类、涉毒犯罪类4种类型以外的社区服刑人员,统一归入其他犯罪类。对其他犯罪类人员,以认罪服法,帮助其融入社会为工作目标。根据有关文件规定,对于其他犯罪类人员的分类教育措施主要有:开展常规的日常管理、教育学习、心理矫正、公益劳动、适应性帮扶等工作。

社区矫正机构依据社区服刑人员的刑罚执行阶段,将矫正期划分为:初期矫正、中期矫正及解矫前矫正三个阶段。在不同阶段,针对社区服刑人员的矫正方案和措施有所差别。比如在初期矫正阶段,全部社区服刑人员都要接受高强度的管理及矫正,3个月后则根据社区服刑人员的危险性程度、认罪悔罪表现及获得奖惩情况等分别施以不同级别的矫正。作为对社区服刑人员普遍意义上的分类的必要补充,分阶段矫正对于社区服刑人员的个性化矫正方案的实施及矫正效果的实现起到了重要的保障作用。

2. 北京市在社会危险性分类和矫正方面的实践

北京市社区矫正机构依据社区服刑人员再次犯罪的可能性和重新回归社会的能力进行评估,并在此基础上将社区服刑人员分为A类、B类和C类三大级别。[②] 其中A类为再犯可能性较小、再社会化程度较高的人员;B类为再犯可能性较大、再社会化程度较低的人员;C类为再犯可能性大、再社会化程度低的人员。针对不同的类别,分别实施低、中、高三种不

---

① 《上海市关于加强和规范社区矫正教育学习工作的意见》(沪司社矫办发〔2006〕10号)。

② 姜祖桢主编:《社区矫正理论与实务》,法律出版社2012年版。

同强度的管理措施，其中针对C类社区服刑人员要施以重点严格管理。以上三类人员的差异化管理主要体现在其活动范围、公益劳动时间、接受个别教育的次数及向矫正人员报到的间隔时间等方面、一定程度上贯彻了社区矫正的个别化原则。各类别社区服刑人员被确定满六个月后，应再次接受测评，并根据评估结果适时调整矫正类别。如社区服刑人员确有立功、重大立功表现或连续六个月被评定为表扬的，可调整到A类；调整A类满六个月以后，再根据测评结果调整到其他相应类别。

3. 四川省关于分类教育的经验

根据《四川省社区矫正实施细则》的规定，分类教育是指根据社区服刑人员被判处的刑罚种类、犯罪情况、矫正期限、入矫时间、风险等级、悔罪表现、遵纪守法等情况，实行严管、普管、宽管分类教育。

(1)分类管理的程序

对社区服刑人员适用不同管理类别应当由矫正小组组长提出，经矫正小组集体研究同意后，向社区服刑人员宣布，并在司法所张榜公示。管理措施应当宽严适度，管理类别可以根据实际情况适时调整。管理类别调整应当依次进行，一次调整二个等级的，应当经矫正小组集体研究，并报司法所负责人批准。

(2)分类教育在教育矫正中的体现

①适用严管的社区服刑人员每月接受集中教育时间不少于6小时；适用普管的社区服刑人员每月接受集中教育时间不少于4小时；适用宽管的社区服刑人员每月接受集中教育时间不少于2小时。②对于有特殊情况、不服监管或者经评估再犯罪风险较高(应当严管)的社区服刑人员，应当适当增加个别教育次数和时间。③适用严管的社区服刑人员可以适当增加社区服务时间。①

4. 江苏省对特殊人群的矫正实践

对部分特殊人员实施个性化处遇。苏州市将未成年、外出务工、三无等社区服刑人员列入重点人员之中，并制定和实施个性化矫正方案，专门落实矫正小组和责任人，实行重点谈话、重点教育、重点帮助和重点回访，

---

① 《四川省社区矫正实施细则》(川司法发〔2015〕58号)第94条、第97条。

收效显著。再如盐城市,针对女性社区服刑人员实施分时分类矫正措施。如利用“三八节”“母亲节”等女性节日,举办“重塑灵魂”“关爱特殊女性”“感恩母爱”等富有情感的主题教育活动,唤起女性服刑人员重塑自我、重拾希望的信念。①

5. 社区矫正分阶段集中教育经验分享

为使集中教育工作更切合分级分阶段矫正工作,更贴合广大社区服刑人员的实际需求,上海市新航社区服务总站宝山工作站联合张庙街道等多家社工点,通过整合集中教育资源、统一集中教育内容、调整集中教育流程的方式,探索实施分阶段、分类别、个性化的集中教育模式,简称“分阶段集中教育”模式。

这个模式根据社区服刑人员在接受矫正过程中心理、行为特点和需求变化的规律,将教育矫正全程分为初期、中期、期满前教育三个阶段,分别设定相应的教育目标、内容和方法,并由矫正社工亲自编写教材、授课。②

(二)美国关于分类教育的经验

国外开展社区矫正工作早于国内,已经从社区服刑人员分类分阶段矫正的理论探索上升到了实践层面,并根据实际情况进一步作了探索实践。

1. 对罪犯的分类

长期以来,美国的社区服刑人员数量一直处于增长的趋势,而且对于罪犯来说,他们也存在着各种各样的问题。例如,家庭困难、精神疾病、生理疾病、吸食毒品、酗酒严重等。以上情况对社区矫正工作提出了很高的要求,因此,矫正工作者如果能掌握一些基本的工作规律,可以提高对罪犯的教育矫正的效率。要掌握教育矫正的基本规律,就必须对罪犯进行适当分类。③

美国对罪犯的分类方法一般分为两种:一按罪犯的特点来分类,二根据犯罪的特点来分类。但两种方法在操作过程中会有重叠,但在实施中比

---

① 张学超、王宏玉:《我国社区服刑人员的分类实践及完善建议》,载《中国人民公安大学学报》2013 年第 6 期。

② 社区服务总站宝山工作站:《社区矫正分阶段集中教育经验分享》,载《社会工作》2009 年第 7 期。

③ 刘强:《美国社区矫正的理论与实务》,中国人民公安大学出版社 2006 年版,第 189 页。

较倾向于后者。[①] 根据罪犯的特点分类又分成三类：(1)根据罪犯的危险性分类；(2)根据罪犯的需要分类；(3)根据矫正的适应性分类。在这里主要讲述按照矫正的适应性分类。

根据矫正的适应性来分类是指，对什么样的罪犯参与什么样的矫正项目有一定的限制。这往往需要考虑两个问题：一是矫正的项目是否适应罪犯的特点；二是罪犯是否有积极性来参与这个项目。

对项目的适应性的考虑是使罪犯通过参与矫正项目能获得最大限度的受益。例如，军训式的矫正项目就适合年轻的男性初犯；心理辅导式的矫正项目就适合心理问题比较严重的初犯。

罪犯的意愿性强烈之所以也如此重要，是因为当罪犯有自我悔改的动力，他们在矫正项目中收效会比较大。否则，即使参加了矫正项目，他们也难以取得巨大成效。因此，对矫正项目的"愿意程度"也是分类中的一个重要方面，有经验的专业工作人员认为"愿意"与罪犯在社区矫正项目中的效果有密切的联系。

总之，以罪犯为基础的分类，其指导思想是注重对犯罪的预防。通过这样的分类可帮助矫正的管理者将罪犯适当安排到不同的矫正项目中，通过对罪犯的矫治来降低其重新逮捕率，同时有利于构建适应或满足犯罪当事人各种需要的矫正项目。[②]

2. 分类教育的项目

这里主要讲述关于特殊问题的罪犯的矫正项目。

(1)滥用毒品的罪犯

对于滥用毒品的罪犯进行矫正是很困难的，因为大多数人在滥用毒品时是难以自我控制的，他们往往采取欺骗、隐瞒的手段避免别人发现他们继续使用毒品。针对这类罪犯，有两种矫正项目：

一是对于对毒品依赖性较强的人需要进行专门的解毒，并在一定时期

---

① 刘强：《美国社区矫正的理论与实务》，中国人民公安大学出版社 2006 年版，第 191 页。

② 刘强：《美国社区矫正的理论与实务》，中国人民公安大学出版社 2006 年版，第 198 页。

居住在专门的矫正机关进行毒品治疗。一般来说30天是最低居住期限，如果严重的，90天至180天是必要的。

二是进行毒品测试。大多数毒品测试开始时往往是经常性的（一周一次或更多）。在罪犯停止吸毒后（一般是3个月的时间），测试的频率将减弱，对于能够保持戒毒的罪犯可能仅仅采取偶尔的、随机的测试。

(2)性罪犯

对性罪犯的矫正重在避免复发。矫正涉及以下三个措施：

一是传播法律知识。使他们明白这种行为的违反性以及法律后果，让其产生负罪感。

二是发现犯罪苗头。是指要预防性犯罪的重新犯罪，需要在其未犯罪之前及时发现有关信息和症状。一般性罪犯在重新犯罪时往往会有反常的举动，如购买性杂志、不正常的举动、失去工作等。

三是要广泛接触。矫正工作者需要经常保持与有关人员的广泛接触，不仅仅是罪犯，还包括罪犯的家庭、雇主、邻居和平常的熟人。使其行为暴露在大家面前，加强对其的监督。

(3)有精神疾病的罪犯

对于这类罪犯，一般要涉及和精神健康治疗机构的密切合作。矫正工作者可以会见当事人的雇主、家庭成员和其他的有关当事人，了解当事人的状况；而精神健康治疗者可以开药方，向当事人提供居住的矫正治疗服务。两者的结合可以对精神疾病的罪犯的矫正带来意想不到的效果。

(4)低智商的罪犯

低智商的罪犯在遵守监督的要求和矫正工作者交往中有理解的困难。但这些人一般比较听话，也容易受到其他人的影响而再次犯罪。

因此，针对低智商罪犯的矫正要非常仔细。这些罪犯一般能服从监督的要求，但对于复杂和长期的矫正计划往往不能较好地遵守。所以，对于他们的矫正计划，必须是简单的和短期的，并要适当给予赞赏和鼓励。一般工作做得好的话，低智商的罪犯一般会有较好的表现。①

---

① 刘强：《美国社区矫正的理论与实务》，中国人民公安大学出版社2006年版，第227～232页。

从上面的经验来看,在社区矫正工作中,无论是国内的分类分阶段矫正还是国外的对犯罪对象的分类分阶段矫正,都是为了使教育矫正工作有一定的成效。在教育矫正过程中,既可以根据社区服刑人员所犯罪行的种类进行分类,也可以根据社区服刑人员所犯罪行的轻重分类,同样也可以根据社区服刑人员是否是惯犯进行分类,等等,但是每一种分类方式都是为了达到更好的教育矫正效果,因此,在这一工作中不能硬搬经验,要结合本区实际情况进行分类分阶段矫正。

## 二、典型案例

### 对青少年社区服刑人员进行社区矫正的案例

**(一)基本情况**

顾某,男,1993 年 2 月,汉族,初中文化。

**(二)案件资料**

1. 犯罪事实

伙同他人实施盗窃行为。

2. 判决情况

因盗窃罪于 2012 年 1 月 17 日被判处有期徒刑二年零六个月缓刑三年,社区矫正期限为自 2012 年 1 月 28 日起至 2015 年 1 月 27 日止。

**(三)犯罪事由**

顾某性格孤僻固执,初中还未毕业就已流窜社会,并结交了不少不良少年。他的家庭很贫困,这让他自卑又仇视社会,缺乏与人沟通加上法律意识淡薄,使他最终伙同“朋友”实施了盗窃行为。

**(四)矫正前状态**

社区服刑人员顾某在其父亲的陪同下到司法所报到。工作人员对他的印象很深刻,当时他眼睛里不自觉地流露出一种冷漠、怀疑、敌视的目光。当询问他话时,他也默不作声,都是他的父亲代他回答。工作人员意识到需要对其进行心理疏导。在社区矫正实践工作中工作人员发现:社区服刑人员因自身犯罪带来的工作与家庭变故、亲人的冷落、社区矫正的压力、犯罪的内疚感、对社区矫正的不适应等因素,都会引起其心理问题。对这些心理问题，如果不能得到及时矫正，不仅不利于对他们的矫正和转化，还会影响到其情绪和行为，有的甚至还可能引发一些不良的突发事件，从而影响矫正管理的顺利实施。

**（五）矫正措施**

针对顾某的情况，工作人员在与其平等地进行交谈基础上，提供心理咨询，全面了解他的心理特点，让他的情绪得到宣泄，缓解心理压力。逐渐顾某从最初的只听不说，到慢慢地也开始简单地聊几句。这种自由轻松的气氛下以聊家常的形式让顾某与工作人员进行进一步的接触、谈话，并初步消除了他的顾虑，让其感受到社区矫正工作的人性化管理，帮助其消除抵触情绪，自愿接受社区矫正。除此之外，工作人员还有针对性地对其制定了以下个性化的矫正方案：

1. 按照社区矫正管理规定要求其每月定期参加劳动；每月上交思想汇报；定期对其进行走访；统一组织学习了《治安管理处罚法》《刑法》等重要的法律、法规等；了解并掌握该了他的表现和实际情况，督促其遵纪守法、遵守矫正规定。

2. 成立由家人、村委委员组成的监管帮教小组。借助亲情的力量加强帮教效果。如果发现该社区服刑人员在生活中存在难题，矫正机构在职责范围内积极帮其解决问题，帮助其适应社会。

3. 注重心理疏导，树立正确人生观、价值观。通过对其主观心态上的纠正，从主观方面尽量降低再犯的可能性。同时本着尊重他、接纳他、关心他的工作理念，让他消散对社会的仇视心理，感受到社会的温暖，并树立正确的人生观价值观，告诉他人生还很长，一定要走对方向，并对其进行心理咨询辅导：

（1）采用个别谈话教育、治疗。通过谈话，了解其个人成长、发展中的问题，现实生活状况、人际关系中的问题以及生活态度，做好相关的资料收集、整理工作。

（2）运用心理测验。通过运用不同心理测验对其气质类型、性格特点、自控能力以及智力能力等作出分析和评价，并建立重点人群心理档案，制定矫治方案。测量结束后，对照评分标准分别对两部分的测量结果进行评分、统计。在综合分析评定的基础上，拟定矫正方案，审核确定后执行。

4. 就业引导与扶持，鼓励他自食其力。对其提供就业帮扶，帮助其到劳动保障部门查找合适的空岗职位，帮助其适应社会、再社会化，从而达到矫正的根本目的。

**(六)矫正效果**

通过一段时间的思想教育、心理疏导和行为指导后，顾某的精神状态有了很大的改观。不仅能按时报到，而且主动要求安排他进行公益劳动，开始定期到司法所学习，定期写思想汇报，定期电话汇报。通过沟通交流发现，顾某想开个店铺，虽然他的家庭很贫困，但他说要自食其力，报答父母。工作人员对他的想法很是支持，并鼓励他一步一步地努力。于是，顾某就只身一人到市区开始摆摊位营生，并计划攒够钱开个小店铺。在不到四个月的时间里，顾某就发生了翻天覆地的变化。现在的顾某不仅多次向社区矫正工作人员表示要认真改造，争取早日回归社会，还在各方面都表现积极，积极参加社区矫正机构组织的各种活动，吃苦耐劳，并多次获得加分奖励。

**(七)点评**

社区服刑人员往往是心理问题的高发人群，通过为社区服刑人员提供心理咨询，使其认识到犯罪的根源，认识到犯罪是应受到法律的制裁。同时也让社区服刑人员了解到他们虽然犯了罪但社会并没有因此抛弃他们，前途也不是一片黑暗，周围的人都会关心、帮助他们。通过心理辅导矫正其错误的人生观与价值观，同时帮助社区服刑人员重新找准自己的社会位置，让他彻底告别过去的不良生活，重树信心，重塑其健全的人格，可以有效地预防社区服刑人员重新犯罪。

# 第七章　考核及其运用

## 导　读

对社区服刑人员进行考核是社区矫正工作中必不可少的环节，对社区服刑人员在接受社区矫正期间的各方面表现进行综合评定，根据考核的结果决定对社区服刑人员进行奖惩，确保对社区服刑人员所判刑罚的顺利实施，维护社会的安全稳定。本章首先从概念、目的、方法、评估方式、程序和结果运用六个方面对考核的制度构成进行阐述，然后从考核的内容和考核奖惩两方面对考核进行理解与运用，最后借鉴基本经验和典型案例，对如何将考核及其结果运用到社区矫正的实践过程中作进一步的阐述。

## 第一节　考核的基本内容

### 一、考核的概念

社区矫正考核是实施社区矫正工作的矫正机构在对社区服刑人员实施矫正的过程中，依据一定的标准和程序，在矫正期限内对社区服刑人员遵守社区矫正各项规定的表现情况进行综合考核评定的工作。[①]

由此可以看出，对社区服刑人员考核的主体是社区矫正机构。考核的对象是社区服刑人员，但主要针对的是社区服刑人员是否遵守社区矫正的各项规定的表现情况进行考察与评定，因此，其考核客体是社区服刑人员的表现情况。对社区服刑人员的考核标准为国家相关法律法规及社区矫

---

① 姜祖桢主编：《社区矫正理论与实务》，法律出版社 2010 年版，第 208 页。

正的有关规定,即以社区服刑人员应当遵守的各项规定为标准。

## 二、考核的目的

对社区服刑人员在社区矫正期间的态度及行为表现进行考核主要有两个目的,一方面从司法所的日常矫正工作来说,对所辖的社区服刑人员进行实事求是的考核,可以全面而又细致地反映出每个社区服刑人员现阶段的矫正情况,及时发现问题,并就其出现的问题进行相应的修正,调整适合社区服刑人员的矫正内容,以便保证社区矫正工作可以达到理想的效果;另一方面从社区服刑人员接受矫正来说,司法所根据考核的结果,依据相关法律规定,对社区服刑人员进行监督管理,实施奖惩,确保刑罚顺利实施,维护社会的安全稳定。

《社区矫正实施办法》第 21 条规定:“司法所应当及时记录社区矫正人员接受监督管理、参加教育学习和社区服务等情况,定期对其接受矫正的表现进行考核,并根据考核结果,对社区矫正人员实施分类管理。”《〈社区矫正实施办法〉解读》则进一步阐释了这一条的深层次内容:司法所根据社区服刑人员接受监督管理、参加学习教育和社区服务等情况,定期进行考核,并根据考核结果,实施分类管理,给予不同处遇。对于不服从监管、不认真参加学习教育和社区服务的,应当严格管理措施,加大教育力度,甚至给予相应处罚,确保矫正效果。

## 三、考核的方法

目前在司法实践中,各地考核的方法不一,概括起来主要有:汇报法、评议法、记事法、计分法等。① 其中运用较为普遍的也是比较客观的方法是计分法,也叫量化考核法。如《四川省社区矫正实施细则》第 113 条规定,对社区服刑人员的考核,应当采取计分的方式进行。对社区服刑人员月份、季度及年度评定分数,由矫正小组集体研究,报司法所负责人审批。

计分考核法又分两种:一种是加分法,设定基础分,对遵守法律、法规

---

① 王平、何显兵、郝方昉:《理想主义的〈社区矫正法〉——学者建议稿及说明》,中国政法大学出版社 2012 年版。

的行为加分，对违反相关规定的行为不加分也不减分；另一种是加减分法，就是在基准分的基础上对社区服刑人员的相关行为进行加分或者减分。实践中用得较多的是加减分法。

## 四、考核的评估方式

在目前的社区矫正工作中，根据考核要达到的目的，各地考核的评估方式不一，但总的来说主要有风险评估、需要评估、能力评估、影响评估等。尽管有多种评估方式，但各地在实际操作过程中，因地制宜采取几种评估方式结合使用，从几个不同的维度进行评估，避免考核评估方式的片面性。

### （一）风险评估

在社区矫正考核中，为了避免风险事件的发生而对社区服刑人员进行风险评估。综合社区服刑人员的个人心理、行为特征、历史考核数据以及专家意见，对其进行风险评估，考核社区服刑人员再犯罪的可能性以及对社会造成的危害程度，从而识别风险，做到社区矫正工作的风险防范，及时修正社区矫正工作中的重点问题，确保社区矫正工作的顺利实施。

### （二）影响评估

影响评估是从社区服刑人员对所在社区环境的影响和社区环境对社区服刑人员的影响进行评估，[①]目的是为了让社区服刑人员与所在社区互相接纳，营造良好的矫正氛围，达到预期的矫正效果。社区矫正工作人员要针对社区服刑人员与所在社区的关系采取相应的措施，促使两者互相接纳、共同进步。

### （三）需求评估

需求评估一方面是根据社区服刑人员的实际需求进行考核评估，以便为社区服刑人员提供相应的支持；另一方面是实施社区矫正工作的司法行政机关为了保障矫正工作的正常开展，提高工作效率而进行的考核评估。虽然需求评估有两个不同出发点，但评估的主体都是基层司法行政机关，评估的对象都是社区服刑人员的需求，评估的方法可以采取入户走访调

---

① 刘诗嘉：《社区矫正评估对象的选择——一种刑事司法评估方法的运用》，载《中国刑事法杂志》2005 年第 3 期。

查、问卷调查、聆听等。需求评估的过程中会涉及人力、物力的消耗,各地司法行政机关可以根据实际需求决定是否采用需求评估,以及选择适合的调查方法。在需求评估中要根据社区服刑人员的特征设计调查问卷,要涉及生理、心理、物质上的需求,根据需求评估为社区服刑人员提供相应的支持,增加其社会适应的能力,使其更好地回归社会。

(四)能力评估

能力评估是对社区服刑人员的综合能力进行评估,基于考核的内容对其进行分析评估,作出适合社区服刑人员的教育矫正方案,使其在矫正期限内综合能力有所提高。能力评估涉及社区服刑人员心理、职业、社交等方面,根据社区服刑人员的具体问题进行具体的能力提升。例如,根据评估显示心理承受能力较差的,其矫正工作中可以考虑增加心理疏导;对于就职能力较差的,在社区矫正工作过程中注重对其进行职业技能的培训;社区服刑人员在经过一段时期的监禁刑生活后会与社会产生一定的脱节现象,具体表现为不适应社会的生活节奏与方式,害怕与人沟通交流,选择封闭自己。面对这种情况,社区矫正工作中要增加对其人际交流沟通的训练,克服内心的恐惧,提升其自信,勇于与别人交流沟通,更好地融入社会。

以上的各种评估方式在社区矫正考核中发挥着重要的作用,司法行政机关可以根据评估需求,结合专家意见,制定出因素全面、目标合适、科学性的评估量表。

## 五、考核的程序

社区矫正考核是一项程序性的工作,明确考核的程序,能促进社区矫正工作的标准化运行,有利于提高社区矫正工作的效率。

考核前社区矫正工作人员需要对在册的社区服刑人员进行综合筛查,找出需要进行考核的社区服刑人员,然后确定需要运用的考核方法,对其在矫正期间的日常监督管理、参加教育学习和社区服务等表现进行考核,最后结合本次考核的目的,选择适合的评估方式,设计评估量表,对考核收集的信息进行综合分析评估,得出考核结果并上报审批。如《四川省社区矫正实施细则》第 113 条规定:“对社区服刑人员的考核,应当采取计分的方式进行。对社区服刑人员月份、季度及年度评定分数,由矫正小组集体研究,报司法所负责人审批。”

### 六、考核的结果运用

《社区矫正实施办法》规定依据考核结果对社区服刑人员进行奖励或惩罚以及开展分类管理,强调根据考核结果,实施分类管理,给予不同处遇。对于不服从监管、不认真参加学习教育和社区服务的,应当严格管理措施,加大教育力度,甚至给予相应处罚,确保矫正效果。对符合法定条件奖励的,依照法定程序提请有关部门予以减刑;对违反法律、法规和社区矫正的有关规定,尚未构成重新犯罪的,视情节轻重给予警告、记过、治安管理处罚,或者提请有关部门给予撤销缓刑、撤销假释或者收监执行的惩罚。

## 第二节 考核的理解与运用

### 一、考核的内容

对社区服刑人员进行日常考核是社区矫正工作的重要内容,考核结果直接决定着社区矫正下一步的工作方向和个案矫正方案的制定与修改。考核的内容包含日常考核和调查取证两方面的内容。

(一)日常考核

对社区服刑人员的日常考核是指司法所采用一定的方法,在日常监管中,对社区服刑人员遵规守纪等方面的表现进行量化管理,并据此作为奖惩依据的一种行为。

虽然全国部分省(直辖市、自治区)制定的《社区矫正考核奖惩办法》对社区服刑人员进行日常考核的内容都不尽相同,但总的来说,日常考核主要包括两方面的内容:一方面从社区服刑人员个体出发,考核社区服刑人员在社区矫正期间接受监督管理(包括遵守相关法律、法规、各种社区矫正规定等)、参加教育学习和社区服务等情况;另一方面是从综合层面出发,围绕社区服刑人员生活、工作、社区环境展开,考核社区服刑人员与周围环境彼此间的影响,并根据影响的好坏作出评判。根据考核的项目,运用科学的方法对其进行日常考核,如运用计分考核法时,对考核的项目按照规定进行加减分(见附录一)。

(二)调查取证

考核的结果直接决定着社区服刑人员的奖惩处遇,因此,在进行考核工作时,考核依据要真实可靠、证据充分,社区矫正工作人员要对每一项考核内容进行调查取证。我国《刑事诉讼法》的基本原则是"以事实为根据,以法律为准绳"。对社区服刑人员的考核作为一项执法活动,每一环节都要有明确的法律依据,并有相应证据予以证实,使考核结果真正反映社区服刑人员的矫正状况,同时也使社区服刑人员对考核结果认同,更加主动地接受监督考察。

## 二、考核奖惩

对社区服刑人员的奖惩是指社区矫正机构在社区服刑人员日常考核结果的基础上,根据有关法律、法规及相关规定,对社区服刑人员进行奖惩的活动。

(一)奖励

对于自觉接受社区矫正机构组织的教育改造,积极参加各项学习及公益劳动等活动的社区服刑人员,适时适用奖励措施,可以最大限度地激发他们继续接受社区矫正的积极性,并增强其顺利回归社会的信心。同时,将奖励措施纳入考核工作中,有利于强化考核工作的权威性。按照社区矫正的有关法律规定,对社区服刑人员的奖励包括行政奖励和刑事奖励。①

1. 行政奖励

行政奖励是指司法行政机关为了表彰先进、激励后进,依照法定条件和程序,对表现好的社区服刑人员,给予物质的或精神的奖励的具体行为。社区服刑人员有下列行为之一的,可以给予记功:(1)检举、揭发犯罪活动,或者提供重要的破案线索,经查证属实的;(2)阻止他人实施犯罪活动的;(3)在生产、科研中进行技术革新,成绩突出的;(4)在抢险救灾或者排除重大事故中表现积极的;(5)其他对国家和社会有贡献的。②

① 《社区矫正实施办法》(司发通〔2012〕12号)第28条。
② 《四川省社区矫正实施细则》(川司法发〔2015〕58号)第118条。

社区服刑人员有下列行为之一的,应当给予记功:(1)检举揭发重大犯罪活动,经查证属实的;(2)阻止他人实施重大犯罪活动的;(3)见义勇为的;(4)在抗御自然灾害或者排除重大事故中,有突出表现的;(5)其他对国家和社会有重大贡献的。①

对社区服刑人员给予记功的,应填写《记功决定书》(见附录一)。

2. 刑事奖励

刑事奖励是对表现优异的社区服刑人员依法开展的减刑、假释奖励的行为。根据《刑法》第78条的规定,满足以下条件可以或应当减刑:

(1)被判处管制、拘役、有期徒刑、无期徒刑的犯罪分子,在执行期间,如果认真遵守监规,接受教育改造,确有悔改表现的,或者有立功表现的,可以减刑。

(2)有下列重大立功表现之一的,应当减刑:①阻止他人重大犯罪活动的;②检举监狱内外重大犯罪活动,经查证属实的;③有发明创造或者重大技术革新的;④在日常生产、生活中舍己救人的;⑤在抗御自然灾害或者排除重大事故中,有突出表现的;⑥对国家和社会有其他重大贡献的。

对社区服刑人员给予减刑的,应填写《社区服刑人员减刑建议书》(见附录一)。

对社区矫正人员减刑还应注意几个问题:

一是减刑的社区服刑人员类别。根据《刑法》《刑事诉讼法》和《社区矫正实施办法》的规定,社区服刑人员包括:管制、缓刑、假释、暂予监外执行四类罪犯。从现行法律、法规的规定来看,可以对管制、缓刑和暂予监外执行三类社区服刑人员适用减刑,而对于假释的社区服刑人员,因没有减刑的法律依据,目前还不能提出减刑建议。

二是减刑的条件。社区服刑人员是否符合减刑条件是提请减刑的前提,根据《最高人民法院关于办理减刑、假释案件具体应用法律若干问题的规定》(法释〔2012〕2号)第13条规定:“判处拘役或者三年以下有期徒刑并宣告缓刑的罪犯,一般不适用减刑。前款规定的罪犯在缓刑考验期限内有重大立功表现的,可以参照刑法第七十八条的规定,予以减刑,同时应

① 《四川省社区矫正实施细则》(川司法发〔2015〕58号)第119条。

依法缩减其缓刑考验期限。拘役的缓刑考验期限不能少于二个月，有期徒刑的缓刑考验期限不能少于一年。”

《刑法》第78条列举了罪犯重大立功表现的几种情形：(1)阻止他人重大犯罪活动的；(2)检举监狱内外重大犯罪活动，经查证属实的；(3)有发明创造或者重大技术革新的；(4)在日常生产、生活中舍己救人的；(5)在抗御自然灾害或者排除重大事故中，有突出表现的；(6)对国家和社会有其他重大贡献的。

该条规定比较原则，需要司法行政机关在实际执行中予以细化。四川省雅安市在“4·20”地震后进行了一次减刑实践，主要针对“4·20”地震抢险救援中表现突出的社区服刑人员提出减刑建议，司法行政机关探索细化了《刑法》第78条第1款第五项的规定，制定了属于重大立功的标准：一是冒险从废墟中救出过受困群众的；二是冒险帮助救援部队、志愿者赶赴灾区，为抢险救援赢得宝贵时间的；三是“4·20”地震发生的当天即赶赴芦山、宝兴地震重灾区参加抢险救援，并较长时间(一周以上)坚守在抗震救灾第一线的。

因此，社区服刑人员提请减刑，首先应当有符合《刑法》第78条规定的情形。其次，司法行政机关作为社区矫正主管机关，应当依据《刑法》第78条，制定重大立功的具体标准，并提出认定社区服刑人员重大立功的初步意见。最后，人民法院掌握着是否属于重大立功而给予减刑的最终决定权，应与法院就重大立功的标准进行沟通，达成共识。

三是社区服刑人员减刑的起始和间隔时间。对于社区服刑人员减刑的起始和间隔时间，依据最高人民法院《关于办理减刑、假释案件具体应用法律若干问题的规定》(法释〔2012〕2号)第6条的规定：被判处5年以上有期徒刑的罪犯，一般在执行一年六个月以上方可减刑，两次减刑之间一般应当间隔一年以上。被判处不满5年有期徒刑的罪犯，可以比照上述规定，适当缩短起始和间隔时间。该条第2款规定：确有重大立功表现的，可以不受上述减刑起始和间隔时间的限制。而社区服刑人员减刑的前提条件是有重大立功表现。因此，社区服刑人员减刑应不受起始和间隔时间的限制。

四是社区矫正人员减刑的幅度。既要符合《刑法》第78条的规定，又要符合《最高人民法院关于办理减刑、假释案件具体应用法律若干问题的规定》第5条的规定，即必须同时符合两个条件：一是一次减刑幅度不超过2年；二是有期徒刑减刑后不少于原判刑期的二分之一。

（二）惩罚

对社区服刑人员的惩罚是指在社区矫正过程中，社区服刑人员违反法律、法规或者社区矫正相关规定，拒绝改造或发现其有新罪、漏罪的，由社区矫正机关或者其他机关对其进行惩罚的活动。对于拒不接受社区矫正机构组织的教育和改造、拒绝参加矫正机构组织的各项学习及公益劳动等活动的社区服刑人员，适时给予惩罚措施，直至取消其在社区矫正的资格并予以收监执行刑罚，可以有力地震慑犯罪分子，维护法律尊严。根据法律规定，对社区服刑人员的惩罚包括两大类：行政惩罚和刑事惩罚。[①]

1. 行政惩罚

行政处罚是指有关机关依法定职权和程序对违反行政法规尚未构成犯罪的社区服刑人员给予行政制裁的具体行政行为。行政惩罚细分为警告和治安管理处罚。

（1）警告的适用条件

根据《社区矫正实施办法》第23条的规定："社区矫正人员有下列情形之一的，县级社区矫正机构应当给予警告，并出具书面决定：（一）未按规定时间报到的；（二）违反关于报告、会客、外出、居住地变更规定的；（三）不按规定参加教育学习、社区服务等活动，经教育仍不改正的；（四）保外就医的社区矫正人员无正当理由不按时提交病情复查情况，或者未经批准进行就医以外的社会活动且经教育仍不改正的；（五）违反人民法院禁止令，情节轻微的；（六）其他违反监督管理规定的。"

（2）治安管理处罚的适用条件

根据《社区矫正实施办法》第24条的规定："矫正人员违反监督管理规定或者人民法院禁令，依法应当予以治安管理处罚的，县级司法行政机关应当及时提请同级公安机关依法给予处罚。公安机关应当将处理结果通知县级司法行政机关。"

---

① 参见《四川省社区矫正实施细则》（川司法发〔2015〕58号）第119～129条。

根据《公安机关办理刑事案件程序规定》(公安部令第127号)第289条和301条的规定,被判处管制和被宣告缓刑、假释并在社区矫正的罪犯,违反监督管理规定,尚未构成新的犯罪的,由公安机关依法给予治安管理处罚。

根据《治安管理处罚法》的规定,治安管理处罚的种类分为:警告;罚款;行政拘留;吊销公安机关发放的许可证。社区矫正中的治安管理处罚仅指警告、罚款、行政拘留。

2. 刑事惩罚

刑事惩罚是社区服刑人员违反刑法,受到的刑法制裁。刑事惩罚可分为撤销缓刑、撤销假释,收监执行和暂予监外执行罪犯收监执行。①

(1)撤销缓刑、撤销假释、收监执行的适用条件

根据《社区矫正实施办法》第25条的规定:"缓刑、假释的社区矫正人员有下列情形之一的,由居住地同级司法机关向原裁判人民法院提出撤销缓刑、假释建议书,并附相关证明材料,人民法院应当自收到起一个月内依法作出裁决:(一)违反人民法院禁止令,情节严重的;(二)未按规定时间报到或者接受社区矫正期间脱离监管,超过1个月的;(三)因违反监督管理规定受到治安管理处罚,仍不改正的;(四)受到司法行政机关3次警告仍不改正的;(五)其他违反有关法律、行政法规和监督管理规定,情节严重的。司法行政机关撤销缓刑、假释的建议书和人民法院的裁定书同时抄送社区矫正人员居住地同级人民检察院和公安机关。"

(2)暂予监外执行的社区服刑人员,收监执行的适用条件②

根据《社区矫正办法》第26条的规定:"暂予监外执行的社区服刑人员有下列情形之一的,由居住地县级司法行政机关向批准、决定机关提出收监执行的建议书并附相关证明材料,批准、决定机关应当自收到之日起十五日内依法作出决定:(一)发现不符合暂予监外执行条件的;(二)未经司法行政机关批准擅自离开居住的市、县(旗),经警告拒不改正,或者拒不报告行踪,脱离监管的;(三)因违反监督管理规定受到治安管理处罚,

① 《社区矫正实施办法》(司发通〔2012〕12号)第23条、第24条、第25条、第26条。
② 《社区矫正实施办法》(司发通〔2012〕12号)第26条。

仍不改正的;(四)受到司法行政机关两次警告,仍不改正的;(五)保外就医期间不按规定提交病情复查情况,经警告拒不改正的;(六)暂予监外执行的情形消失后,刑期未满的;(七)保证人丧失保证条件或者因不履行义务被取消保证人资格,又不能在规定期限内提出新的保证人的;(八)其他违反有关法律、行政法规和监督管理规定,情节严重的。"

司法行政机关的收监执行建议书和决定机关的决定书,应当同时抄送社区服刑人员居住地同级人民检察院和公安机关。"

(三)奖惩程序

1. 行政奖励的程序

对社区服刑人员给予行政奖励的程序是:由矫正小组集体研究,经司法所负责人初审,报县级社区矫正机构决定。

2. 刑事奖励的程序

根据《社区矫正实施办法》第28条、《刑事诉讼法》第262条第2款的规定,减刑的程序主要由建议、审核、批准(裁定)几部分构成。

(1)减刑建议。县(市、区)社区矫正机构根据社区服刑人员确有悔改或者立功、重大立功表现的具体事实,填写《社区服刑人员减刑建议书》(见附录一),连同其他材料报送地(市)级社区矫正机构。

(2)审核。地(市)级社区矫正机构进行审核,认为符合法定减刑条件的,向地(市)级中级人民法院提请减刑,并移送下列材料:

①《社区服刑人员减刑建议书》;

②终审法院的裁判文书、执行通知书、历次减刑裁定书的复制件;

③罪犯确有悔改或者立功、重大立功表现的具体事实的书面证明材料;

④罪犯评审鉴定表、奖惩审批表等(见附录一);

⑤其他根据案件的审理需要移送的材料。

(3)批准。人民法院应当自收到以上材料之日起1个月内依法裁定;暂予监外执行罪犯的减刑,案情复杂或者情况特殊的,可以延长1个月。社区矫正机构减刑建议书和人民法院减刑裁定书副本,应当同时抄送社区服刑人员居住地同级人民检察院和公安机关。

3. 警告的程序

社区服刑人员逃避监管、不按规定时间期限报到导致漏管的,居住地县级司法行政机关应当给予警告。警告由县级社区矫正机构作出决定。

(1)司法所发现社区服刑人员有应予警告的情形,应当及时提请县级社区矫正机构作出决定,下达《警告决定书》(见附录一);

(2)警告与刑罚执行变更直接关联,暂予监外执行人员受到两次警告仍不改正的,就应当收监执行;

(3)被宣告缓刑、假释的社区服刑人员受到3次警告仍不改正的,就应当撤销缓刑、撤销假释,收监执行刑罚,下达《社区服刑人员警告审批表》(见附录一)。

社区服刑人员对警告决定不服的,可以向县级社区矫正机构申请复议,也可以向人民检察院申诉。

4. 治安管理处罚的程序

(1)社区服刑人员依法应予治安管理处罚的,由社区服刑人员居住地县级社区矫正机构提请同级公安机关依照《治安管理处罚法》第60条的规定给予处罚,报送《治安管理处罚建议书》(见附录一)和《提请治安管理处罚审核表》(见附录一);

(2)公安机关将处理结果通知县级社区矫正机构。

5. 撤销缓刑、撤销假释的程序

(1)决定撤销缓刑、假释的,由居住地同级社区矫正机构向原裁判人民法院提出撤销缓刑、假释建议书(见附录一)并附相关证明材料;

(2)人民法院应当自收到之日起1个月内依法作出裁定;

(3)社区矫正机构撤销缓刑、假释的建议书和人民法院的裁定书同时抄送社区服刑人员居住地同级人民检察院和公安机关。

6. 提请暂予监外执行收监的程序

(1)上报与审核

对暂予监外执行的社区服刑人员提请收监执行的,司法所应当向县级社区矫正机构提交《暂予监外执行收监决定书》,并附上相关证明材料。社区矫正机构提出收监执行建议后报县级司法行政机关审核。① 人民法院、公安机关、监狱管理机关应当在规定期限内依法作出裁定或者决定,并

① 《监狱暂予监外执行程序规定》(司发通〔2016〕78号)第29条。

将法律文书送达居住地县级司法行政机关,同时抄送居住地县级人民检察院、公安机关。[①]

(2)部门交接

①对由人民法院决定暂予监外执行的社区服刑人员提请收监的,县级司法行政机关应向原作出决定的人民法院提出收监执行建议并附相关证明材料。

②对由公安机关、监狱管理机关批准暂予监外执行的社区服刑人员提请收监的,县级司法行政机关应当向居住地所在省(直辖市、自治区)的省级以上监狱管理机关或者设区的市一级以上公安机关提出收监执行建议并附相关证明材料。

③人民法院、公安机关、监狱管理机关收到收监执行的建议后,应当认真审查,材料齐备的,应当依法受理;材料不齐备的,应当通知居住地县级司法行政机关补充。

④居住地县级司法行政机关的收监执行建议书应当抄送居住地同级人民检察院和公安机关。

⑤人民检察院认为提请收监执行建议不当,或者应予受理而不受理的,应及时提出检察建议。

7. 收监的程序

(1)收监的交接程序

社区服刑人员符合收监执行条件的,居住地社区矫正机构应当及时按照规定,向原裁判人民法院或者公安机关、监狱管理机关送达撤销缓刑、撤销假释建议书或者对暂予监外执行的《收监执行建议书》(见附录一)并附相关证明材料。人民法院、公安机关、监狱管理机关应当在规定期限内依法作出裁定或者决定,并将法律文书送达居住地县级司法行政机关,同时抄送居住地县级人民检察院、公安机关。

社区服刑人员因违反监督管理规定被依法撤销缓刑、撤销假释或者暂予监外执行被决定收监执行的,应当本着就近、便利、安全的原则,送交其

---

① 《关于进一步加强社区矫正工作衔接配合管理的意见》(司发〔2016〕88 号)第 16 条。

居住地所属的省(直辖市、自治区)的看守所、监狱执行刑罚。

①社区服刑人员被裁定撤销缓刑的,居住地社区矫正机构应当向看守所、监狱移交撤销缓刑裁定书和执行通知书、撤销缓刑建议书以及原判决书、裁定书和执行通知书、起诉书副本、结案登记表以及社区矫正期间表现情况等文书材料。

②社区服刑人员被裁定撤销假释的,居住地社区矫正机构应当向看守所、监狱移交撤销假释裁定书和执行通知书,撤销假释建议书、社区矫正期间表现情况材料,原判决书、裁定书和执行通知书、起诉书副本、结案登记表复印件等文书材料。罪犯收监后,居住地社区矫正机构通知罪犯原服刑看守所、监狱将罪犯假释前的档案材料移交撤销假释后的服刑看守所、监狱。

③暂予监外执行社区服刑人员被人民法院决定收监执行的,居住地社区矫正机构应当向看守所、监狱移交收监执行决定书和执行通知书以及原判决书、裁定书和执行通知书、起诉书副本、结案登记表、社区矫正期间表现等文书材料。

④暂予监外执行社区服刑人员被公安机关、监狱管理机关决定收监执行的,居住地社区矫正机构应当向看守所、监狱移交社区服刑人员在接受矫正期间的表现情况等文书材料。其中由监狱管理机关决定批准暂予监外执行的社区服刑人员收监执行的,对经县级司法行政机关审核同意的社区矫正机构提出的收监建议,批准暂予监外执行的监狱管理局应当进行审查。决定收监执行的,将《暂予监外执行收监决定书》送达罪犯居住地县级司法行政机关和原服刑或接收其档案的监狱,并抄送同级人民检察院、公安机关和原判人民法院。监狱收到《暂予监外执行收监决定书》后,应当立即赴羁押地将罪犯收监执行,并将《暂予监外执行收监决定书》交予罪犯本人。罪犯收监后,监狱应当将收监执行的情况报告批准收监执行的监狱管理局,并告知罪犯居住地县级人民检察院和原判人民法院。①

⑤撤销缓刑、撤销假释裁定书或者对暂予监外执行罪犯收监执行决定书应当在居住地社区矫正机构教育场所公示。属于未成年或者犯罪的时候不满18周岁被判处5年有期徒刑以下刑罚的社区服刑人员除外。

---

① 《监狱暂予监外执行程序规定》(司发通〔2016〕78号)第29条、第30条。

⑥社区服刑人员被行政拘留、司法拘留、收容教育、强制隔离戒毒等行政处罚或者强制措施期间，人民法院、公安机关、监狱管理机关依法作出对其撤销缓刑、撤销假释的裁定或者收监执行决定的，居住地社区矫正机构应当将人民法院、公安机关、监狱管理机关的裁定书、决定书送交作出上述决定的机关，由有关部门依法收监执行刑罚。

(2)收监执行期间社区服刑人员在逃的追捕程序

①被裁定、决定收监执行的社区服刑人员在逃的，居住地社区矫正机构应当在收到人民法院、公安机关、监狱管理机关的裁定、决定后，立即通知居住地县级公安机关，由其负责实施追捕。

②被裁定撤销缓刑、撤销假释或者被决定收监执行的社区服刑人员在逃的，居住地县级司法行政机关应当立即通知居住地县级公安机关，送达被决定收监的罪犯在逃告知书，并附人民法院、监狱管理机关、公安机关的裁定书、决定书，由居住地县级公安机关依据上述文书按程序组织追捕。

撤销缓刑、撤销假释裁定书和对暂予监外执行罪犯收监执行决定书，可以作为公安机关网上追逃依据。公安机关根据案情决定是否实施网上追逃。①

(3)收监执行期间社区服刑人员死亡的交接程序

社区服刑人员在提请收监执行期间死亡的，县级司法行政机关应撤回收监执行建议，按照有关规定通知相关人民法院、人民检察院、公安机关、监狱。

8. 收监后存在不计入执行刑期情形的处理规则

对于暂予监外执行的社区服刑人员依法被决定收监执行后，若存在有法律规定的不计入执行刑期情形的应怎样办理？《暂予监外执行规定》第26条规定："被收监执行的罪犯有法律规定的不计入执行刑期情形的，社区矫正机构应当在收监执行建议书中说明情况，并附有关证明材料。批准机关进行审核后，应当及时通知监狱、看守所向所在地的中级人民法院提出不计入执行刑期的建议书。人民法院应当自收到建议书之日起一个月以内依法对罪犯的刑期重新计算作出裁定。人民法院决定暂予监外执行

① 《关于进一步加强社区矫正工作衔接配合管理的意见》(司发通〔2016〕88号)第20条。

的,在决定收监执行的同时应当确定不计入刑期的期间。人民法院应当将有关的法律文书送达监狱、看守所,同时抄送同级人民检察院。”①

## 第三节　考核及其运用的基本经验与典型案例

### 一、基本经验

对社区服刑人员的考核奖惩是社区矫正管理工作的一项重要内容。通过打分进行考核的方式是我国各地社区矫正实践中是最常用的方法,这种方法具有可操作性强、客观、公正等优点。本节以各社区矫正试点中具有代表性的考核与奖惩的规范性文件为例,总结各地以打分为主的考核方式,具体考察我国社区矫正工作考核奖惩实践情况。

(一)考核

考核的目的在于对社区服刑人员的风险进行动态评估,因此,考核的内容和方法都应当能充分反映社区服刑人员的风险,否则就是无意义的考核。这里简要考察各社区矫正试点地区的代表性做法。

1. 考核内容

根据北京市《社区服刑人员考核奖惩暂行办法》的规定,考核项目包括:(1)监督管理基本制度;(2)报到;(3)思想汇报;(4)公益劳动;(5)学习、活动等。考核项目不设基础分,违反制度的给予扣分。北京市《社区服刑人员考核奖罚工作的暂行规定》又规定,考核项目包括:(1)认罪服法;(2)遵纪守法;(3)学习教育;(4)公益劳动等方面。考核实行奖扣分制以社区服刑人员应当遵守的社区矫正各项规定作为标准,不计基础分,有良好表现的奖分,违反规定的扣分,奖分、扣分分值不折算。

根据浙江省《社区服刑人员奖惩考核暂行办法》的规定,社区服刑人员奖惩考核的内容分思想改造和劳动改造两部分。思想改造主要考核社区服刑人员认罪悔改:遵纪守法、遵守社会公德、政治学习、参加思想教育

---

① 《暂予监外执行规定》(司发通〔2014〕112 号)第 26 条、《监狱监外执行程序规定》(司发通〔2016〕78 号)第 31 条。

活动等方面的表现；劳动改造主要考核社区服刑人员在从业以及参加社会公益劳动过程中的劳动态度、劳动质量、文明安全生产等方面的表现。

根据江苏省《社区矫正对象计分考核规定（试行）》规定，对社区服刑人员的考核，着重考核其遵守国家法律、法规和有关管理规定情况。对管制、缓刑和假释服刑人员重点考核其报告活动、迁居审批、请销假及参加学习教育、公益劳动等方面的情况。对暂予监外执行社区服刑人员重点考核其就医、请销假、报告活动、迁居审批、接受教育等方面的情况。

2. 考核方法

考核方法很多地区都采用百分制，但各地在其内容上又存在不同，如北京市的考核方法不设基础分，按照不同情形进行加减分，江苏和浙江两省均实行加、扣分考核，其中浙江还设置了社区服刑人员考核基础分值。

根据浙江省《社区矫正人员奖惩考核暂行办法》的规定，奖惩考核以社区服刑人员在社区矫正期间应当遵守的各项规定为标准，采取计分考核和行政奖惩两种形式。社区服刑人员每个月的考核基础分为10分。记分考核按月进行，违反基本要求的给予扣分；表现突出的，给予加（奖）分；加（奖）、扣分值尚不足以体现奖罚原则的，应予以行政奖惩。

根据江苏省《社区矫正对象计分考核规定（试行）》的规定，对服刑人员的考核，以加扣分形式予以量化，每月评定1次；服刑人员每月最高得分原则上不超过25分。因表现突出，当月得分超过25分的，须经县（市、区）司法局审核。上海、山东、云南等省份出台的有关考核的规范性文件中，所采取的考核方法均与江苏省的上述规定类似。

（二）对社区服刑人员的奖惩

社区服刑人员奖惩机制的积极意义在于以行政和司法手段，提升社区服刑人员正面参与矫正的积极性，预防犯罪，促进社会和谐稳定。各地的奖惩措施运用了精神表扬、物质奖励、减刑、警告、撤销假释收监执行、撤销缓刑执行原判刑罚、撤销监外执行收监等方式，但又存在各自的特点，其中北京市、浙江省、江苏省在这项工作方面做得比较细致全面。

1. 奖励

（1）北京市的做法。根据北京市《社区服刑人员考核奖惩暂行办法》的规定，奖励分为表扬、物质奖励、减短矫正期、减刑四种。但是，根据北京市《关于对社区服刑人员考核奖罚工作的暂行规定》的新规定,对社区服刑人员的奖励分为:综合奖励:社区矫正表扬、社区矫正积极分子;单项奖励:立功、重大立功。

(2)浙江省的做法。根据浙江省《社区矫正人员奖惩考核暂行办法》的规定,

①被判处管制、被准予暂予监外执行的社区服刑人员,在社区矫正期间,如果认真遵守社区矫正各项规定,接受教育改造,确有悔改表现,或者有立功表现的,可以减刑;有重大立功表现的,应当减刑。对判处3年以下有期徒刑被宣告缓刑的社区服刑人员,如果在缓刑考验期内,有重大立功表现的,可以予以减刑,同时相应缩减缓刑考验期限。

②被判处管制、被准予暂予监外执行的社区服刑人员,在社区矫正期间认真遵守社区矫正的各项规定,接受教育改造,日常考核累计积分达到以下减刑起报分值的:矫正期在1年以下的日常考核累计积分超过100分、矫正期在1年以上的日常考核累计积分超过150分,可以根据本办法第23条第1款的规定,提请人民法院予以减刑。被暂予监外执行的社区服刑人员符合法定条件的,也可以提请人民法院予以假释。

(3)江苏省的做法。根据江苏省《社区矫正对象考核奖惩办法(试行)》和《社区矫正对象计分考核规定(试行)》的规定,对服刑人员的行政奖励包括表扬、被评为矫正积极分子和记功三种。

2. 惩处

(1)北京市的做法。根据北京市《社区服刑人员考核奖惩暂行办法》的规定,惩处有警告处分、治安管理处罚、收监执行、撤销假释、撤销缓刑等种类。但是根据北京市《关于对社区服刑人员考核奖罚工作的暂行规定》的规定,对社区服刑人员的处罚包括社区矫正警告和社区矫正记过。

(2)浙江省的做法。根据浙江省《社区矫正人员奖惩考核暂行办法》的规定,对社区服刑人员的惩处分为:警告、撤销假释收监执行、撤销缓刑执行原判刑罚、撤销监外执行收监执行。

(3)江苏省的做法。根据江苏省《社区矫正对象考核奖惩办法(试行)》和《社区矫正对象人员计分考核规定(试行)》的规定,对服刑人员的行政惩处包括警告、记过两种。

综合来看,我国各社区矫正试点地区在奖惩考核方面还是有比较成熟的做法和成功的经验,对社区服刑人员的改造起到了一定的激励作用,但也存在一定的问题。主要体现在:

①因为对社区服刑人员的风险评估机制不够科学和完善,因此,在考核指标的设置上有盲目和僵化之处,不能完全与服刑人员的人身危险性相匹配;

②奖励和惩罚的范围不够广,力度不够大,措施不够丰富,由此导致对社区服刑人员的激励和约束作用不能充分发挥。在今后的社区矫正实践中,我们应当着重针对这两个方面完善对社区服刑人员的奖惩考核。

## 二、典型案例

### 案例一:对社区服刑人员依法考核并给予奖励的案例

**(一)基本情况**

王某,男,1973年4月出生,已婚,高中文化程度。

**(二)案件资料**

1. 犯罪事实

2007年12月,王某在饭店就餐时与他人发生争吵,进而发生肢体冲突。王某用椅子猛击受害人身体,致使受害人身体多处骨折,经司法鉴定为轻伤,其行为构成故意伤害罪。

2. 判决情况

根据《刑法》第234条规定,被告人王某构成故意伤害罪,判处1年有期徒刑缓期2年执行。对王某依法实行社区矫正。

**(三)社区矫正表现及日常考核**

社区矫正期间,王某表现积极,不论是集中教育、公益劳动,还是书面汇报等教育矫正活动都一次不落。每周按时汇报思想,认真参加学习,在公益劳动中总是苦事累事抢着做,月度考核中始终处于前列。抱着悔罪和回报社会的心理,他热衷于社会公益事业,多次捐钱捐物。

社区矫正机构根据王某的具体表现,对王某进行了量化考核:

(1)王某每周按时汇报思想,积极参加集中教育,每次加1~3分;

(2)王某热衷于社会公益事业,多次捐钱捐物,每次加2~5分;

(3)王某认真参加学习,详细进行书面汇报,每次加1~2分;

(4)王某在公益劳动中总是苦事累事抢着做,每次加0.5分。

累计分数,王某的月度考核排名始终处于前列。

**(四)奖励**

为更好地激励其他社区服刑人员,司法所上报给予王某行政奖励的建议。2008年6月,某区司法局决定批准对他进行表扬奖励。至此,王某已获3次表扬奖励。接过“社区服刑人员奖励通知书”时,王某激动万分,当即表态要认真改造、再接再厉。对王某的表扬也激励了其他社区服刑人员积极接受社区矫正,起到了很好的示范作用。

## 案例二:对社区服刑人员依法考核并给予惩罚的案例

**(一)基本情况**

李某,男,1982年5月出生,已婚,初中文化程度。

**(二)案件资料**

1.犯罪事实

2010年9月,李某在乘坐火车时趁对面乘客睡觉,将其行李偷走。经司法鉴定行李物品价值2000元,李某构成盗窃罪。

2.判决情况

根据《刑法》第264条规定,被告人李某构成盗窃罪,判处1年有期徒刑缓期1年执行。对李某依法实行社区矫正。

**(三)社区矫正表现及日常考核**

李某于2011年4月由某派出所移交至某司法所进行社区矫正。但因经济纠纷,李某未经批准离开居住地外出躲债,未向司法所进行汇报、报到。6月18日司法所向派出所发出协查通知书,请求协助查找该名社区服刑人员,派出所多次电话与李某联系未果,甚至于9月8日以涉嫌在缓刑执行期间违反监管规定传唤李某,但其仍未能进行相关汇报、报到任务。

社区矫正机构根据李某的日常表现,对其进行了量化考核:

(1)李某未经批准离开居住地外出,扣1~2分;

(2)李某未按规定向司法所进行报到,扣0.5分;

(3)李某未按规定向司法所定期进行汇报,每缺一次扣0.5分;

(4)长期不主动和矫正机关联系,不报告自己的行踪,扣2~5分;

(5)李某缓刑执行期间违反监管规定被传唤仍拒绝进行汇报、报到,扣2分。

累计计算,李某在社区矫正的量化考核中,考核分数值低,其接受社区矫正的态度存在严重问题。

鉴于李某在社区矫正期间未经批准外出,脱离监管已达6个月,为维护法律权威、严肃监督管理规定,经司法所提请,县级司法行政机关审批,并建议区人民法院依法裁定对李某撤销缓刑并收监执行。

**(四)点评**

社区矫正机构在对社区服刑人员实施考核奖惩时,对表现良好的,按照规定给予应有的奖励;对不服从管理的,按照规定予以惩罚,使社区服刑人员感到积极遵守监督管理规定和不服从矫正机构的管理与教育活动之间的区别,进而提高社区服刑人员接受矫正的积极性。从实施效果来看,根据社区服刑人员矫正期间的具体表现,作出肯定或者否定的评价,引导社区服刑人员弃恶扬善,不仅可以提高他们接受社区矫正的积极性,而且可以使其增强法律意识和社会责任感,从而在法律规定的范围内安排自己的活动,达到预防再犯罪的效果。

# 第八章　社区矫正的解除与终止

## 导　读

社区矫正的解除意味着对社区服刑人员的刑罚执行完毕，社区矫正工作人员对其进行的管理与监督工作宣告结束，整个社区矫正工作完结。社区矫正的终止意味着社区服刑人员在社区矫正期间出现法定事由，从而使非监禁刑终止。本章首先从概念、特征、适用三方面对社区矫正的解除和终止分别进行阐述，然后从解除矫正的准备、宣告、衔接三方面对社区矫正的解除进行理解与运用，再从社区服刑人员死亡、被收监执行和被判处监禁刑罚三种情形对社区矫正的终止进行理解与运用，最后进一步介绍社区矫正的解除与终止的基本经验和典型案例。

## 第一节　社区矫正解除与终止的概念、特征、适用

### 一、社区矫正解除的概念与特征

#### (一)社区矫正解除的概念

社区矫正解除是指因矫正期限届满，社区矫正机构依照法定程序对社区服刑人员解除社区矫正的相关活动。社区矫正解除标志着社区服刑人员原判刑罚执行完毕，并作为普通公民顺利回归社会。

《社区矫正实施办法》第30条规定："社区矫正人员矫正期满，司法所应当组织解除社区矫正宣告。"社区服刑人员期满应该解除社区矫正的，在矫正期满前，社区服刑人员应完成个人总结，司法所应当根据社区服刑人员在接受矫正期间的表现、考核结果、社区意见等填写《社区服刑人员

期满鉴定表》，并组织有关部门、村(居)民委员会、群众代表、社区服刑人员所在单位、社区服刑人员的家庭成员或者监护人、保证人参加对该社区服刑人员的解除宣告。同时向社区服刑人员发放解除社区矫正证明书，并书面通知有关人民法院、人民检察院、监狱、看守所、公安机关。

(二)社区矫正解除的特征

1. 时效性

社区矫正解除必须要在法定的期限内进行，社区矫正机构一般在矫正期限届满前就应该开始准备相关工作。

2. 法治性

社区矫正解除必须依照国家的相关法律、法规，在对社区服刑人员进行解除矫正的活动中不得有任何违法犯罪行为存在，否则相关责任人需要承担相应的法律责任。

3. 规范性

社区矫正解除应该根据法律规定的流程进行，不得在解除矫正过程中出现任何违反法律的程序性行为。

## 二、社区矫正终止的概念与特征

(一)社区矫正终止的概念

社区矫正终止是指社区服刑人员在矫正期限内出现了法定事由而使非监禁刑终止。

《社区矫正实施办法》第31条规定："社区矫正人员死亡、被决定收监执行、被判处监禁刑罚的，社区矫正终止。"可见，社区矫正终止的原因包括社区服刑人员死亡、被收监执行、被判处监禁刑罚三种情形。

(二)社区矫正终止的特征

1. 突发性

社区矫正终止是由于在社区矫正过程中出现了预期以外的法定情形，因此，具有一定的突发性。

2. 法定性

只有在法律规定的三种法定情形(社区矫正死亡、被收监执行、被判处监禁刑罚)下，才会导致社区矫正的终止。除此以外，都不会出现社区矫正的终止情况。因此,社区矫正终止又具有法定性。

### 三、社区矫正解除与终止的关系

(一)相同点

1. 两者产生的结果都会使社区矫正归于终止或消灭,社区服刑人员将不继续在社区中服刑,接受社区矫正。

2. 社区矫正的终止与解除制度是保证社区安全、预防犯罪的必然要求。接受社区矫正的社区服刑人员是以其行为构成犯罪且人身危险性、改造程度较小为前提的。将认真接受教育矫正的社区服刑人员在矫正期限届满后解矫,将不思悔改、严重违反法律及相关规定,或者重新犯罪的社区服刑人员及时终止社区矫正,接受相关刑罚,就可以最大限度地保证社区安全、预防犯罪。

(二)不同点

1. 发生条件不同

社区矫正的终止是在社区服刑人员在矫正期限内出现法定事由(包括社区服刑人员死亡、被收监执行、被判处监禁刑罚不适用社区矫正的情形)出现时才会发生。社区矫正的解除条件是社区服刑人员的矫正期限届满而不再适用社区矫正。

2. 发生的法律后果不同

社区矫正终止,社区服刑人员将被押送监狱、看守所(社区服刑人员死亡除外),适用监禁刑罚,而不继续接受社区矫正。社区矫正解除意味着社区矫正程序的自然结束,社区服刑人员重新成为普通公民,回归社会。

### 四、社区矫正解除的适用

(一)适用条件

1. 社区矫正期限届满

社区矫正解除的条件是社区服刑人员的矫正期限届满。针对社区矫正的适用范围不同,矫正期限的计算也不相同:

(1)判处管制的社区服刑人员,其矫正期限与管制的期限相等,矫正期从判决执行之日起计算。

(2)宣告缓刑的社区服刑人员，其矫正期限与缓刑考验期限相等，矫正期从判决确定之日起计算。

(3)裁定假释的社区服刑人员，其矫正期限与假释考验期限相等，矫正期从假释之日起计算。

(4)暂予监外执行的社区服刑人员，其矫正期限与暂予监外执行期限相等。人民法院决定的，其矫正期从暂予监外执行决定生效之日起计算；公安机关、监狱管理机关决定的，其矫正期从出监所之日起计算。

社区服刑人员在矫正期间内认真遵守监督管理规定，接受教育矫正，确有悔改表现，符合减刑条件的，可依法获得减刑。获得减刑后，其社区矫正期限会相应缩短。

2. 符合特赦的法律规定

根据我国《宪法》规定，全国人民代表大会常务委员会可以做出特赦的决定，中华人民共和国主席根据全国人民代表大会和全国人民代表大会常务委员会的决定，发布特赦令。符合特赦的社区服刑人员，也在特赦规定时间解除社区矫正。

(二)法律后果

解除社区矫正具有相应的法律后果。对管制类社区服刑人员，原判刑罚执行完毕。对缓刑类社区服刑人员，原判刑罚不再执行。《刑法》第76条规定："对宣告缓刑的犯罪分子，在缓刑考验期限内，依法实行社区矫正，如果没有本法第七十七条规定的情形(违反法律、行政法规或者国务院有关部门关于缓刑的监督管理规定，或者违反人民法院判决中的禁止令)，缓刑考验期满，原判的刑罚就不再执行，并公开予以宣告。"对假释类社区服刑人员，原判刑罚视为已经执行完毕。《刑法》第85条规定："对假释的犯罪分子，在假释考验期限内，依法实行社区矫正，如果没有本法第八十六条规定的情形(违反法律、行政法规或者国务院有关部门关于假释的监督管理规定的行为)，假释考验期满，就认为原判刑罚已经执行完毕，并公开予以宣告。"对暂予监外执行类社区服刑人员，刑期届满的，由监狱、看守所依法为其办理刑满释放手续；暂予监外执行情形消失而刑期未满的，由监狱、看守所依法收监执行。

## 五、社区矫正终止的适用

### （一）适用条件

1. 社区服刑人员死亡

社区服刑人员死亡的，虽然尚未达到规定矫正期限，但由于作为刑罚对象的自然人消亡，需要承担的刑事责任与执行刑罚的对象也就不存在，社区矫正自然终止。

2. 社区服刑人员被收监执行

社区服刑人员被收监执行是社区服刑人员严重违反监督管理的规定或者发现其不符合暂予监外执行条件或者暂予监外执行的情形消失而刑期未届满，不再适用社区矫正，而被收监执行。

3. 社区服刑人员被判处监禁刑罚

被判处监禁刑罚是社区服刑人员在社区矫正期间被发现还有漏罪或者重新犯罪而被人民法院判处监禁刑罚，交由监狱、看守所执行。

### （二）法律后果

社区矫正终止意味着社区服刑人员将不再适用社区矫正。对于社区矫正终止的不同情形，将产生不同的法律后果：

1. 社区服刑人员死亡的，社区矫正终止。县级司法行政机关应当在一定期限内将相关情况及时书面通知批准、决定机关，并通报县级人民检察院。

2. 对于被决定收监执行、判处监禁刑罚的社区服刑人员，将不继续在社区中进行社区矫正，而交由监狱、看守所执行监禁刑罚。

# 第二节　社区矫正解除与终止的理解与运用

## 一、社区矫正解除的理解与运用

### （一）矫正解除前的准备工作

矫正解除前的准备工作主要是指社区矫正届满前的一段时间内，司法所应当着手开展社区矫正解除的相关准备工作，以便矫正期限届满时社区服刑人员能顺利完成社区矫正的解除。《社区矫正实施办法》第 29 条规定，社区矫正期满前，社区服刑人员应当作出个人总结，司法所应当根据其在接受社区矫正期间的表现、考核结果、社区意见等情况作出书面鉴定，并对其安置帮教提出建议。因此，在社区矫正解除之前，需要先进行如下准备工作：

1. 社区矫正期满前，司法所可以在矫正期限届满前的一段时间内提醒社区服刑人员在规定时间内作出针对其在矫正期间内的相关教育改造情况的个人书面总结。

2. 司法所也需要在规定时间内根据社区服刑人员在矫正期间的表现、考核结果、社区意见等情况对社区服刑人员作出书面鉴定，填写针对该社区服刑人员的《社区矫正期满鉴定表》（见附录一），并对其提出适用本地安置帮教相关法律政策的建议。

（二）解除宣告

解除宣告是指社区矫正机构根据法律的相关规定将符合解除社区矫正的社区服刑人员在一定场所按照法律规定的相关程序解除对其进行社区矫正的制度。《社区矫正实施办法》第 30 条规定："社区矫正人员矫正期满，司法所应当组织解除社区矫正宣告。宣告由司法所工作人员主持，按照规定程序公开进行。司法所应当针对社区矫正人员不同情况，通知有关部门、村（居）民委员会、群众代表、社区矫正人员所在单位、社区矫正人员的家庭成员或者监护人、保证人参加宣告。宣告事项应当包括：宣读对社区矫正人员的鉴定意见；宣布社区矫正期限届满，依法解除社区矫正；对判处管制的，宣布执行期满，解除管制；对宣告缓刑的，宣布缓刑考验期满，原判刑罚不再执行；对裁定假释的，宣布考验期满，原判刑罚执行完毕。县级司法行政机关应当向社区矫正人员发放解除社区矫正证明书，并书面通知决定机关，同时抄送县级人民检察院和公安机关。暂予监外执行的社区矫正人员刑期届满的，由监狱、看守所依法为其办理刑满释放手续。"

解除宣告是社区矫正解除的必经程序。进行宣告仪式，一方面体现出社区矫正的严谨，另一方面体现出对社区服刑人员的尊重，同时对其进行警示。

解除宣告一般按照以下程序进行：

1. 宣告地点与主持的确定

已经建立社区矫正中心的,在社区矫正中心进行解除宣告,并由社区矫正中心工作人员主持;尚未建立社区矫正中心的,按照《社区矫正实施办法》第30条的规定,在司法所进行,由司法所工作人员主持。

2. 参与宣告的人员的确定

针对社区服刑人员不同情况,有关部门、村(居)民委员会、群众代表、社区服刑人员所在单位、社区服刑人员的家庭成员或者监护人、保证人应参加宣告。

3. 宣告内容与程序

(1)宣布解除宣告的纪律,其中包括宣告仪式议程、纪律和相关事项;

(2)宣布宣告解除的事项,包括宣读对社区服刑人员的鉴定意见;宣布社区矫正期限届满,依法解除社区矫正;对判处管制的,宣布执行期满,解除管制;对宣告缓刑的,宣布缓刑考验期满,原判刑罚不再执行;对裁定假释的,宣布考验期满,原判刑罚执行完毕。

(3)向该社区服刑人员发放《解除社区矫正证明书》(见附录一)。

(4)向该社区服刑人员告知本地安置帮教的规定。

4. 在解除宣告中还需注意以下几点:

(1)未成年社区服刑人员按照上述程序不公开进行。

(2)禁止令先于社区矫正期限届满的,司法所应单独组织禁止令执行期满宣告。

(3)《解除社区矫正证明书》应当由县级社区矫正机构签发。

(4)在宣告期间,人民检察院可以依法对解除宣告程序、方式等进行法律监督。

(三)解除的衔接手续

1. 材料交接

对社区服刑人员解除矫正的,县级社区矫正机构应在一定期限内书面通知决定机关,同时抄送县级人民检察院和公安机关。其中,书面材料包括《解除社区矫正通知书》(见附录一)以及其他相关材料。

2. 人员交接

人员交接主要涉及暂予监外执行社区服刑人员的交接,分为三种情况：

(1)暂予监外执行的社区服刑人员，矫正期限届满时刑期也届满的，由相关部门（法院、监狱、看守所）宣布或者县级司法行政机关代为宣布相关部门依法做出的刑满释放决定。

(2)暂予监外执行的社区服刑人员，矫正期限届满时刑期未满且不符合暂予监外执行条件时，由人民法院裁定的，由县级司法行政机关在公安机关的协助下，负责押送至法院裁定的监狱或者看守所；由监狱、公安机关决定的，县级司法行政机关要配合相关部门收监执行。

(3)暂予监外执行的社区服刑人员，矫正期限届满时刑期未满且符合暂予监外执行条件的，县级司法行政机关配合相关部门做好矫正接收工作。

## 二、社区矫正终止的理解与运用

社区矫正的终止包括社区服刑人员的死亡、被收监执行、被判处监禁刑罚三种情形。对社区矫正终止的理解与运用也应根据这三种不同的情形予以说明。

### (一)死亡导致的终止

社区服刑人员在矫正期间死亡有两种情形：一种是社区服刑人员在矫正期间内正常死亡，另一种是在矫正期间内非正常死亡。针对两种不同的情形，司法行政机关需要按照不同的程序进行处理。

1. 社区服刑人员在矫正期间正常死亡

社区服刑人员在矫正期间内正常死亡的，首先，县级司法行政机关应先收集社区服刑人员相关的死亡证明材料，包括医院出具的死亡证明、火化证明、户口注销信息等。以四川省为例，《四川省社区矫正实施细则》(川司法发〔2015〕58号)第154条则规定，县级司法行政机关还应收集社区服刑人员的《死亡证明书》。其次，根据《社区矫正实施办法》第31条的规定："社区矫正人员在社区矫正期间死亡的，县级司法行政机关应当及时书面通知批准、决定机关，并通报县级人民检察院。"县级司法行政机关收到死亡证明的文件后，应及时开具《社区服刑人员死亡通知书》(见附录一)，并在一定期限内及时通知批准、决定机关，并通报县级人民检察院。

通知的材料应包括《社区服刑人员死亡通知书》以及其他相关材料。最后,司法所应当将该死亡的社区服刑人员的矫正档案装订成册,按照档案管理的要求储存档案。需要注意的是,对于暂予监外执行的罪犯,罪犯在暂予监外执行期间死亡的,社区矫正机构应当自发现之日起 5 日以内,书面通知决定或者批准机关,并将有关死亡证明材料送达罪犯原服刑或者接收其档案的监狱、看守所,同时抄送罪犯居住地同级人民检察院。①

2. 社区服刑人员在矫正期间非正常死亡

社区服刑人员在矫正期间内非正常死亡的,《社区矫正实施办法》第 35 条明确要求,司法行政机关应当建立突发事件处理机制,发现社区服刑人员非正常死亡的,应立即与公安机关等有关部门协调联动、妥善处置,并将有关情况及时报告上级司法行政机关和有关部门。

(二)被决定收监执行导致的终止

社区服刑人员被决定收监执行后,行刑场所与行刑机构都将改变,作为社区矫正的管理机关,司法行政机关主要做好相关人员与法律文书的衔接工作。

1. 被决定收监执行的情形

被决定收监执行包含两种情形:

(1)对撤销缓刑、假释的社区服刑人员收监执行;

(2)对暂予监外执行的社区服刑人员提请收监执行。社区矫正机构应在收到相关裁决机关的决定通知书之日开始办理相关终止社区矫正的手续。

2. 交接程序

对撤销缓刑、假释的社区服刑人员收监执行的,《社区矫正实施办法》第 27 条规定,人民法院裁定撤销缓刑、假释的,居住地县级司法行政机关应当及时将罪犯送交监狱或者看守所,公安机关予以协助。

对暂予监外执行的社区服刑人员决定收监执行的,《社区矫正实施办法》规定,监狱管理机关对暂予监外执行罪犯决定收监执行的,监狱应当

---

① 《暂予监外执行规定》(司发通〔2014〕112 号)第 28 条,《监狱暂予监外执行程序规定》(司发通〔2016〕78 号)第 33 条。

立即赴羁押地将罪犯收监执行。公安机关对暂予监外执行罪犯决定收监执行的,由罪犯居住地看守所将罪犯收监执行。县级司法行政机关应当配合相关部门收监执行。此外,2014 年 10 月,最高人民法院、最高人民检察院、公安部、司法部、国家卫生计生委印发的《暂予监外执行规定》(司发通〔2014〕112 号)对暂予监在执行的社区服刑人员收监执行作了更详细的规定。其中第 24 条明确规定:"人民法院对暂予监外执行罪犯决定收监执行的,决定暂予监外执行时剩余刑期在三个月以下的,由居住地公安机关送交看守所收监执行;决定暂予监外执行时剩余刑期在三个月以上的,由居住地公安机关送交监狱收监执行。监狱管理机关对暂予监外执行罪犯决定收监执行的,原服刑或者接收其档案的监狱应当立即赴羁押地将罪犯收监执行。公安机关对暂予监外执行罪犯决定收监执行的,由罪犯居住地看守所将罪犯收监执行。监狱、看守所将罪犯收监执行后,应当将收监执行的情况报告决定或者批准机关,并告知罪犯居住地县级人民检察院和原判人民法院。"

(三)被判处监禁刑罚导致的终止

对于社区服刑人员被判处监禁刑罚的,司法所应首先做好核实信息的工作,要向监护人或保证人、相关采取强制措施的部门核实情况。

1. 对于社区服刑人员涉嫌犯罪被采取取保候审、监视居住、拘留、逮捕等强制措施的,暂时终止社区矫正。其被收监执行的,终止社区矫正;未收监执行的,司法所应当继续进行社区矫正。

2. 社区服刑人员因违法被行政拘留的,暂时终止社区矫正。对解除拘留后矫正期限未届满的,司法所要继续进行社区矫正。

其次,在核实完成相关情况后,司法所应根据公安机关提供的刑拘证明或者人民法院作出的已生效的裁判文书等证明材料,将社区服刑人员判处监禁刑罚的相关文件(公安机关的刑拘证明、人民法院判处监禁刑罚的裁判文书复印件等)上报县级司法行政机关。

最后,司法所在完成同相关部门的法律文书的衔接工作后,应将社区服刑人员的矫正档案按照档案管理的要求储存。

## 第三节　社区矫正解除与终止的基本经验与案例

### 一、社区矫正解除的基本经验与案例

(一)基本经验

1. 社区矫正解除工作方法的相关经验

使用科学合理的工作方法有利于做好社区矫正的解除工作,一方面可以使社区矫正工作人员明确职责;另一方面可以使社区服刑人员更好地融入社会。目前在社区矫正解除的工作实践中,有效的工作方法主要集中在以下几个方面:

(1)解除教育。解除教育做到在矫正届满前有计划、有针对性地进行。教育内容包括:①法制教育,促使社区服刑人员遵纪守法,预防重新犯罪;②再就业政策及就业形势教育,引导他们树立正确的就业观;③指导社区矫正对象对改造过程进行全面回顾和总结,肯定成绩,找出不足,为解除矫正作好思想和心理准备。

(2)解除手续。严格按照《社区矫正实施办法》中解除的工作程序办理。

(3)解除衔接。社区服刑人员解除后,司法所及时将其纳入安置帮教范围,建立个人档案,开展帮教,确保社区矫正与安置帮教实现无缝对接。

(4)回访。社区服刑人员解除后,司法所应定期对其进行回访,走访其所在的村(社区)和家庭,通报改造情况。

(5)档案。宣告解除后,司法所应及时健全完善社区服刑人员的档案资料并妥善存档保管。

2. 解除宣告仪式流程的相关经验

解除宣告作为社区矫正解除的重要仪式,体现了刑罚的威严性。一些省(直辖市、自治区)根据《社区矫正实施办法》规定,进一步细化了解除宣告程序,便于矫正解除的衔接以及检察机关的监督,主要包括:

(1)人员依次入场:司法局执法人员、司法所工作人员、检察院监督人员、公安机关人员、社区治安主任、社区矫正志愿者、社区服刑人员所在单

位(学校)人员,社区服刑人员及其监护人或担保人。

(2)司法所所长介绍参加解除仪式人员情况。

(3)社区矫正专职社会工作者介绍社区服刑人员情况。

(4)社区服刑人员对社区矫正期间的学习、工作、生活、遵纪守法等情况进行总结。

(5)社区矫正志愿者对社区服刑人员进行评价。

(6)司法所对社区服刑人员的情况进行鉴定。

(7)派出所民警对社区服刑人员的表现进行小结。

(8)县(区)检察院检察官对社区服刑人员提出监督意见。

(9)社区服刑人员、担保人签订期满解除社区矫正宣告书及证明书等材料。

(10)县(区)司法行政机关执法人员宣读解除矫正宣告书,并给社区服刑人员发放解除矫正证明书。

(11)司法所所长针对安置帮教问题进行告知,确保衔接帮教无缝对接。

(12)其他帮教人员就该社区服刑人员解除社区矫正后需要注意的事项进行说明。

(13)宣告仪式结束。

(二)典型案例

## 农某矫正期满解除矫正

**1. 基本情况**

农某,男,汉族,1978年1月出生,高中文化程度,已婚。

**2. 案件情况**

农某2008年因交通肇事逃逸被某市中级人民法院判处有期徒刑8年,并在监狱服刑,2013年被某市中级人民法院裁定假释。农某假释回家后由某司法所对其进行社区矫正,社区矫正期限自判决确定之日起至2015年9月13日。

**3. 矫正情况**

某司法所按照《社区矫正实施办法》的相关规定对农某制定了个性化

的矫正方案,并开展教育矫正活动,帮助农某矫正其犯罪心理与行为。农某自接受社区矫正以来,认真接受教育矫正,遵守矫正工作的各项规定,自觉服从司法所的监督管理。

**4. 处理结果**

在农某矫正期限届满前,司法所根据其在社区矫正期间的表现、考核结果、征求的社区意见等情况作出了书面鉴定。在宣告解除仪式开始前,某县人民检察院监所检察干警按照《社区矫正实施办法》关于人民检察院对社区矫正各执法环节依法实行法律监督的规定,现场查阅了农某的矫正档案资料,以及在社区矫正期间的表现情况等。通过检察,认为司法所解除农某社区矫正的法律手续齐备,程序合法,农某符合解除条件。

在检察官的监督下,司法所工作人员按照社区矫正解除的程序,对农某解除社区矫正进行了宣告,宣布其假释考验期满,原判刑罚执行完毕,发放了《解除社区矫正证明书》,并告知了安置帮教的有关规定。同时将矫正解除书面告知了某市人民法院,并抄送人民检察院与公安机关。从此,农某不再是服刑人员,而作为一个普通公民顺利回归社会。

**5. 点评**

就本案来讲,农某在社区矫正期间遵守监督管理的规定、接受教育矫正,也逐渐受到大家的认可,最终顺利解除矫正。这给社区矫正工作带来两点启示:(1)社区矫正虽然是在社区中服刑,但仍然是属于刑罚的执行,社区服刑人员需要认真接受教育矫正,对于监督管理的相关规定要认真遵守。(2)人民检察院需要对社区矫正各执法环节依法实行法律监督,避免社区矫正相关工作程序违法。

## 二、社区矫正终止的基本经验与案例

### (一)基本经验

《社区矫正实施办法》虽然规定了社区矫正终止的三种情形,但是对于终止程序上的有关具体性规定还不详细,在社区矫正工作实践中存在一些问题:

1. 根据《社区矫正实施办法》,虽然社区服刑人员违反监督管理规定情节严重的,由县级司法行政机关提请人民法院以及原批准、决定机关撤销缓刑、假释、暂予监外执行收监执行。但在社区矫正实践中,撤销缓刑、假释、暂予监外执行收监执行程序难以启动。[①] 原因在于:第一是目前的社区矫正具体工作系由司法所承担,司法所的工作繁重,而且具有刑罚执行意识的人员缺乏。第二是对"情节严重的情形"规定不明确,导致在实践中对社区服刑人员收监执行很难适用。

2. 在收监执行过程中衔接工作存在风险。首先,在对社区服刑人员进行收监过程中,县级司法行政机关要密切对其进行监管,防止脱逃。其次,在收监过程中,县级司法行政机关要将社区服刑人员押解到相关的监狱与看守所,公安机关只负责协助。对于公安机关如何协助相关法律法规都没有明确规定,就会出现大量由社区矫正工作人员长途押送服刑人员去往监狱与看守所的情况。[②] 而这两种行为的实施某种程度上并无法律依据,且服刑人员交由部分没有专业刑罚执行设备与专业人员的司法行政机关押送会存在安全风险。[③]

3. 在社区矫正实践中会出现社区服刑人员在缓刑考验期内重新犯罪,但人民法院没有撤销缓刑又被宣告缓刑的情形。虽然《刑法》第 77 条规定,被宣告缓刑的犯罪分子,在缓刑考验期限内犯新罪或者发现判决宣告以前还有其他罪没有判决的,应当撤销缓刑,执行原刑罚乃至数罪并罚。但实践中,由于社区服刑人员信息在各地、各部门尚未互联互通,会出现有的缓刑犯在人民法院不知情的情况下再次宣告缓刑的情况。

4. 在矫正期限内发现社区服刑人员还有漏罪尚未办结,但矫正期限即将届满,如何处理有疑问。[④] 虽然新修订的《刑事诉讼法》第 262 条规定,

---

① 黎鸿铭:《社区矫正终止工作存在的问题和对策》,载《职工法律天地》2015 年第 1 期。

② 司法部社区矫正管理局编:《社区矫正研究论文集(2013)》,法律出版社 2013 年版,第 74 页。

③ 黎鸿铭:《社区矫正终止工作存在的问题和对策》,载《职工法律天地》2015 年第 1 期。

④ 黎鸿铭:《社区矫正终止工作存在的问题和对策》,载《职工法律天地》2015 年第 1 期。

罪犯在服刑期间又犯罪的，或者发现了在判决时所没有发现的罪行，由执行机关移送人民检察院处理。但在社区矫正实践中，若漏罪与前罪为跨不同省（直辖市、自治区）的办案机关，且社区服刑人员没有如实报告自己行踪，会出现社区服刑人员一方面进行日常社区矫正，最后矫正解除；另一方面受到异地办案机关采取的非羁押强制措施（如缓刑、假释等）的情况。有法院会以社区矫正期限已经届满，而不撤销缓刑、假释裁定，但在相同情形下，只因判决的时间不同，导致裁判结果相差巨大，这不符合罪刑法定的原则。

对于以上这些问题，目前浙江省、江苏省、四川省等地积累了相关的经验与做法，主要包括以下几个方面：

1. 完善社区矫正机构，配备专业的人员与设备

例如，浙江省在县司法行政机关中成立法制科，配备法制员，对社区服刑人员的警告、提请治安处罚与收监执行进行内部监督；设置了专门的社区矫正执法大队，对于警告、提请治安处罚和收监执行等具体执法环节，由执法大队干警统一完成证据收集固定工作，统一出具提请治安处罚或收监执行建议书，统一协助相关部门完成收监执行工作，有效缓解司法所工作人员的压力。

2. 加强对社区矫正终止程序的监督

加强人民检察院对社区矫正终止程序的法律监督，确保社区矫正终止程序合法。①

其中包括对社区服刑人员死亡时死亡鉴定的监督以及撤销缓刑、假释、暂予监外执行收监的适用条件、程序的监督。浙江省台州市在县级司法行政机关设立检察院进驻中心，设置法律监督办公室，提前介入解矫与终止程序进行，进行法律监督。

3. 加强各职能部门的联系沟通

建立社区服刑人员信息平台，在司法行政机关、公安机关、人民检察院、人民法院的互联互通，及时传递与接收社区服刑人员违法犯罪的信息，

---

① 司法部社区矫正管理局编：《社区矫正研究论文集（2013）》，法律出版社 2013 年版，第 729～730 页。

保障社区矫正终止工作的无缝衔接。[①] 例如,宿迁市司法局已尝试与公安机关进行社区矫正信息的互联互通。通过查看手机定位可查询到社区服刑人员使用身份证出入网吧、购买机票和车票等信息,实现对社区服刑人员监管全覆盖。

(二)典型案例

## 李某社区矫正期间吸食毒品导致撤销缓刑收监执行

**1. 基本情况**

李某,男,汉族,1996 年 10 月 18 日出生,现住某区某乡洪村 2 组 14 号。因抢劫于 2013 年 10 月 5 日被某区人民法院判处有期徒刑一年零六个月,缓刑二年零六个月,社区矫正期限从 2013 年 10 月 20 日至 2016 年 4 月 19 日止。

**2. 案件情况**

李某家中有四口人。父亲以前生过病,现在精神有问题,常年在外打工,母亲在家中以卖菜为业,一个哥哥常年在外打工。李某家庭比较贫困,家人也缺少对他的监管。在矫正期间内,李某常常不服从管理,监控手机也经常关机。2014 年某天,司法所在无法与李某取得联系的情况下,对李某村上和工作地点进行走访调查后,得知李某因吸食毒品被某区公安机关行政拘留。

**3. 处理结果**

根据《社区矫正实施办法》第 25 条的相关规定,李某的行为违反了社区矫正监督管理规定且具有违法行为,不宜继续实行社区矫正,遂依法向某区人民法院提出撤销缓刑建议。某区人民法院裁定撤销李某缓刑,执行原判有期徒刑二年六个月,立即收监执行,社区矫正终止。

**4. 点评**

按照社区矫正法律、法规以及相关规范性文件的要求,社区服刑人员在矫正期间应遵守监督管理规定,认真接受教育矫正。但李某作为社区服

---

① 司法部社区矫正管理局编:《社区矫正研究论文集(2013)》,法律出版社 2013 年版,第 81 页。

刑人员，不但经常将监控手机恶意关机，违反监督管理的相关规定，还因为吸食毒品，严重违反了《治安管理处罚法》，被公安机关给予行政拘留的处罚，最终被撤销缓刑收监执行。李某最终的结果为其他社区服刑人员敲响了警钟，作为社区服刑人员在矫正期间内要明确社区矫正是一种刑罚执行活动，自己仍然属于服刑人员，需要认真遵守相关法律、法规以及监督管理的规定，切勿浪费在社区接受教育矫正，重返社会的大好机会。

该司法所工作人员在无法与李某取得联系的情况下，积极开展走访核实工作，并按照《社区矫正实施办法》的要求同公安机关与人民法院做好衔接工作，顺利完成对李某的社区矫正终止工作，也避免了对李某的脱漏管。同时也提醒了社区矫正工作人员，对于李某这样的青少年社区服刑人员，应在对其做好相关监督管理和教育矫正的同时，要根据青少年年龄、特点、身体发育状况，采取多种形式加强对他们的关心、帮助、教育，及时发现问题，疏导纠正，提高教育矫正的效果。

# 第九章　社区矫正衔接机制

## 导读

在社区矫正中，需要公、检、法、司、监狱等各部门有机衔接，对社区矫正工作流程进行合理安排，才能做到无遗漏、无脱节，以保障整个社区矫正的顺利进行。本章主要从三方面入手：其一，从概念、特征和原则这几个方面对社区矫正衔接机制进行阐述；其二，介绍我国社区矫正衔接机制的制度规范；其三，介绍社区矫正衔接机制的主要内容。

## 第一节　社区矫正衔接机制的概念、特征及原则

### 一、社区矫正衔接机制的概念及特征

（一）社区矫正衔接机制的概念

社区矫正衔接机制是指围绕社区矫正这一非监禁刑罚执行活动的实施，人民法院、人民检察院、公安机关、司法行政机关等部门相互之间以及各系统内部上下级之间发生的工作联系、配合与制约的工作机制。[①] 建立健全的社区矫正衔接机制，不仅是做好社区矫正工作的前提条件，也是在社区矫正制度运行中促进侦查权、检察权、审判权和执行权互相配合与制约的必然要求，对于完善刑罚执行体系以及统一刑罚执行制度有重要意义。

---

① 司法部预防犯罪研究所课题组：《社区矫正衔接机制建设研究报告》，载《人民司法》2016 年第 6 期。

（二）社区矫正衔接机制的特征

由于社区矫正是一项涉及多部门、多内容的综合性的刑事司法活动，社区矫正的衔接机制作为社区矫正工作的重要运行机制之一，拥有独特的属性。

1. 衔接主体的多样性

社区矫正的衔接不仅涉及公安机关、人民检察院、人民法院、司法行政机关等多部门相互制约与合作的外部衔接机制，还涉及各部门系统内部上下级之间的工作关系与配合机制。

2. 衔接内容的复杂性

社区矫正包括社区矫正的接收、执行、解除等多项环节，相应的衔接工作也涉及对社区服刑人员的接收到解矫的所有环节。在社区矫正的每个环节中相关的衔接工作一般都会包括社区服刑人员与法律文书的衔接。任何环节的衔接出现问题都容易造成对社区服刑人员的脱管与漏管，从而不利于社区矫正工作的顺利开展。

## 二、社区矫正衔接机制的原则

（一）公正原则

一般意义上的公正是指人们在社会关系中，能够公平地分配权利和义务，合理地处理各种利益关系，以及维护社会全体成员的共同利益，协调成员间的社会关系，使每个社会成员尽量能够获得其相称的、正当的利益或者结果。① 在司法领域对于公正价值的追求被称为司法公正。社区矫正作为刑事司法权行使的一项内容，毫无疑问应当将公正原则作为其基本价值取向，作为司法权衔接和优化的出发点和最终目的。

（二）效率原则

司法效率讲求充分、合理运用司法资源，降低司法成本，以最小的司法成本获得最大的成果。② 社区矫正相对于传统监禁刑的一大优势就在于其行刑成本更低，这也是社区矫正不断发展的一个重要推动力。社区矫正

① 刘淑波：《论司法公正》，载《当代法学》2003 年第 11 期。

② 葛卫民：《论司法公正与司法效率》，载《政法学刊》2005 年第 2 期。

司法资源的配置与衔接,需要在公正与效率之间寻求一种动态平衡,实现最终两种价值的共同最大化。

(三)制衡原则

司法权的行使涉及多个主体,使其相互配合又相互制约,一直是我国司法权配置追求的目标。这一点在宪法和刑事诉讼法中都有具体的表述,社区矫正虽然本身只是刑事执行权的范畴,但同样跟公安侦查权、人民法院裁判权、检察机关法律监督权互相影响。因此,这势必要求重视制衡原则,以实现各项司法权能的协调。

## 第二节　社区矫正相关衔接制度规范

我国社区矫正从2003年开始试点,2005年扩大试点,2009年全面试行,2014年在全国全面推进,至今已经十多个年头了。在这期间,我国重新修订了《刑法》《刑事诉讼法》等法律,还颁布实施了一系列诸如《司法行政机关社区矫正工作暂行办法》(司发通〔2004〕88号)、《社区矫正实施办法》(司发通〔2012〕12号)、《暂予监外执行规定》(司发通〔2014〕112)、《关于进一步加强社区矫正工作衔接配合管理的意见》(司发〔2016〕88号)等规范性文件,这些法律以及相关的规范性文件对我国的社区矫正衔接机制都有部分或系统的规定。

### 一、法律的相关规定

我国《刑法》对管制犯、缓刑犯、假释犯在进行社区矫正时需要各部门进行衔接配合的环节作了原则性的规定。例如,《刑法修正案(八)》中第2条规定"违反第二款规定的禁止令的,由公安机关依照《中华人民共和国治安管理处罚法》的规定处罚。"涉及对管制犯进行社区矫正时,对于不服从禁止令规定的,司法行政机关如何与公安机关进行衔接。《刑法》第14条规定:"被宣告缓刑的犯罪分子,在缓刑考验期限内,违反法律、行政法规或者国务院有关部门关于缓刑的监督管理规定,或者违反人民法院判决中的禁止令,情节严重的,应当撤销缓刑,执行原判刑罚。"涉及对于缓刑犯在进行社区矫正期间,如果违反法律法规的规定被撤销缓刑时,各部门如何衔接的问题。《刑法》第 17 条规定“对假释的犯罪分子,在假释考验期限内,依法实行社区矫正,如果没有本法第八十六条规定的情形,假释考验期满,就认为原判刑罚已经执行完毕,并公开予以宣告”和第 18 条规定“被假释的犯罪分子,在假释考验期限内,有违反法律、行政法规或者国务院有关部门关于假释的监督管理规定的行为,尚未构成新的犯罪的,应当依照法定程序撤销假释,收监执行未执行完毕的刑罚”涉及对于假释犯考验期满以及撤销假释,各部门如何衔接的问题。

2012 年修订的《刑事诉讼法》第 254 条规定:“在交付执行前,暂予监外执行由交付执行的人民法院决定;在交付执行后,暂予监外执行由监狱或者看守所提出书面意见,报省级以上监狱管理机关或者设区的市一级以上公安机关批准。”第 255 条规定:“监狱、看守所提出暂予监外执行的书面意见的,应当将书面意见的副本抄送人民检察院。人民检察院可以向决定或者批准机关提出书面意见。”第 256 条规定:“决定或者批准暂予监外执行的机关应当将暂予监外执行决定抄送人民检察院。”第 257 条规定:“罪犯在暂予监外执行期间死亡的,执行机关应当及时通知监狱或者看守所。”这三条对适用暂予监外执行的批准以及收监处理都做了比较原则性的规定,其中就涉及人民法院、公安机关、监狱、看守所、人民检察院以及司法行政机关就暂予监外执行中的相关衔接工作。为了解决暂予监外执行中的具体操作问题,2014 年最高人民法院、最高人民检察院、公安部等部门联合下发了《暂予监外执行规定》(司发通〔2014〕112 号),进一步对暂予监外执行的批准、暂予监外执行的实施程序、收监执行等需要各部门做好衔接工作的环节作了更翔实的规定,满足了各部门在暂予监外执行中具体衔接操作的需求。

## 二、其他规范性文件的相关规定

2004 年司法部下发的《司法行政机关社区矫正工作暂行办法》(司发通〔2004〕88 号)首次系统的对社区矫正入矫、教育管理、终止与解除等环节需要各部门进行衔接配合的部分作了原则性的规定。2012 年“两高两部”联合下发《社区矫正实施办法》则进一步对社区矫正各环节需要各部门做好衔接工作的部分作了更详细的规定,并明确规定了各部门的职责。

《社区矫正实施办法》第2条规定了各部门的职责："司法行政机关负责指导管理、组织实施社区矫正工作。人民法院对符合社区矫正适用条件的被告人、罪犯依法作出判决、裁定或者决定。人民检察院对社区矫正各执法环节依法实行法律监督。公安机关对违反治安管理规定和重新犯罪的社区矫正人员及时依法处理。"第3条就司法行政机关内部上下级的工作划分作了明确规定："县级司法行政机关社区矫正机构对社区服刑人员进行监督管理和教育帮助。司法所承担社区矫正日常工作。"[①]除此以外，《社区矫正实施办法》还明确要求各部门应视情况联合建立各部门间的突发事件应急处理机制、信息交换衔接机制等日常工作衔接机制。

随着社区矫正全面推进和不断深入，在实际工作中遇到了一些新情况：社区矫正工作衔接配合措施不到位；部门之间有关工作处置要求不一致、统计口径有差异；近年来一些法律得到修改，有关部门出台了司法解释和规范性文件，涉及社区矫正工作，也需要制定相应配套规则与之相适应等。为此，2016年"两高两部"进一步下发了《关于进一步加强社区矫正工作衔接配合管理的意见》（司发〔2016〕88号），重点对社区矫正工作中涉及人民法院、人民检察院、公安机关、司法行政机关衔接配合的问题作了细化，进一步明晰工作流程，明确工作责任，确保社区矫正工作依法适用、规范运行、顺利健康发展。《关于进一步加强社区矫正工作衔接配合管理的意见》一共24条，主要内容包括：

1. 加强社区矫正适用前的衔接配合管理

对《社区矫正实施办法》中社区矫正适用前调查评估有关内容规定作了细化补充，明确了委托调查应附带的相关材料、委托调查函内容和送达方式、调查评估期限等要求，进一步规范了调查评估工作；同时要求人民法院决定暂予监外执行征求人民检察院意见时，需要提交罪犯病情诊断相关材料。

2. 加强社区服刑人员交付接收的衔接配合管理

对《社区矫正实施办法》中有关社区服刑人员交付接收的内容作了细

---

① 《社区矫正法（征求意见稿）》第4条第1款规定："国务院司法行政部门主管全国的社区矫正工作。县级以上地方人民政府司法行政部门负责本行政区域的社区矫正工作。"该条款暂未规定司法所职责。

化补充,明确了社区服刑人员交付接收中“见人不见档”、“见档不见人”的情形的处置,统一了对社区服刑人员漏管的认定标准,明确了社区服刑人员漏管情形处置责任和措施;对人民法院、公安机关、司法行政机关依法交付执行、密切工作衔接配合提出了要求,明确了人民检察院对社区矫正交付执行环节实施监督的具体内容。

3. 加强对社区服刑人员监督管理的衔接配合管理

明确了社区服刑人员脱管情形,统一了认定标准;明确了司法行政机关对社区服刑人员发生脱管的处置责任和处置措施;明确了人民检察院对社区矫正日常监督管理实施法律监督的具体内容,为基层一线履行职责、准确执法提供支持。对人民法院、人民检察院、公安机关定期情况通报、核对数据、推动网上信息互联互通提出了要求,强调了对社区服刑人员采用电子定位方式实施监督,应当采用相应技术,防止发生人机分离,提高监督管理的有效性和安全性。

4. 加强对社区服刑人员收监执行的衔接配合管理

对现有法律、法规和《社区矫正实施办法》关于对社区服刑人员收监执行的内容作了补充规定,重点明确了社区服刑人员因违反监督管理规定被撤销缓刑、撤销假释或者暂予监外执行被决定收监执行的,送交其居住地所属的省(直辖市、自治区)的看守所、监狱执行刑罚,规范了需要移交的法律文书,解决了对异地裁定、决定收监要跨省(直辖市、自治区)押送的难题;明确了被裁定、决定收监的社区服刑人员在逃的,由居住地县级公安机关负责追捕并可以网上追逃;明确了收监执行裁定书、决定书可以作为公安机关网上追逃依据;明确了被裁定、决定收监但同时又被处以行政拘留、司法拘留、收容教育、强制隔离戒毒的社区服刑人员应收监执行刑罚的问题;明确了人民检察院对社区服刑人员收监执行实施监督的具体内容。

## 第三节　社区矫正衔接机制的主要内容

社区矫正工作是一项“分工负责、相互支持、协调配合”的工作,社区矫正衔接工作贯穿于社区矫正工作的始终。首先,社区矫正各个环节都涉及各部门之间的衔接，包括社区矫正适用前的衔接、入矫环节的衔接、矫正环节的衔接、解矫环节的衔接。其次，在制度层面，包括社区服刑人员的衔接机制、矫正工作的衔接机制、各部门定期联席监管的衔接机制、评估预警衔接机制、突发事件处置机制。最后，在社区矫正信息化的要求下，还要做好各部门之间的平台衔接，主要涉及社区矫正工作信息平台、社区矫正电子监控平台的建设。

## 一、社区矫正各环节的衔接

### (一)社区矫正适用前的衔接

《社区矫正实施办法》第 4 条规定："人民法院、人民检察院、公安机关、监狱对拟适用社区矫正的被告人、罪犯，需调查其对所居住社区影响的，可以委托司法行政机关进行调查评估。受委托的司法行政机关……形成评估意见，及时提交委托机关。"使调查评估与社区矫正间建立了密切联系，使法院、检察院、公安、监狱与司法行政机关有了衔接，成为我国社区矫正工作的一大特色。从各地实践看，通过社会调查，社区矫正机构能提前了解被告人及罪犯情况，为有针对性地开展矫正工作打下基础。法院、检察院、公安机关及监狱、看守所能更准确判断适用社区矫正的社会风险，保证相关审判、决定、裁定与执行的协调，密切与社区矫正机构的联系，打通移交衔接渠道。社区服刑人员能提前了解社区矫正机构，为其顺利入矫、自觉接受矫正创造条件。因此，社区矫正适用前环节成为社区矫正工作入口的重要环节。

### (二)入矫环节的衔接

指有关部门根据规定将适用社区矫正的罪犯及相关法律文书向社区矫正机构交接的活动。这一环节，衔接的部门多，既有法院、检察、监狱、公安机关、司法行政机关之间的衔接，又有司法行政机关内部的衔接。衔接的程序严，既有时间限制，又有方式要求。衔接的内容多，既有人的衔接，也有物的衔接。这一环节是社区矫正工作的入口，对于预防和减少脱管、漏管十分重要。

### (三)矫正环节的衔接

矫正环节是社区矫正工作中最重要的一环，其衔接工作的好坏直接影响矫正工作的质效。这一环节主要是工作职能的衔接,就是各机关加强配合、形成合力,全面完成监督管理、教育矫正与适应性帮扶这几项重大的社区矫正工作任务。

(四)解矫环节的衔接

此环节由于解矫的原因不同,衔接的部门和方式也有所差异,包括解除社区矫正宣告、安置帮教、矫正终止等内容,涉及公安机关、法院、监狱等多个部门。虽然内容多、程序复杂,但只要有规定、按程序,相互配合,一般不会发生衔接困难。①

需注意的是,检察机关作为国家法律监督机关,对社区矫正全程进行法律监督,因此,在整个社区矫正工作环节,都有一个与检察机关衔接的问题。

## 二、社区矫正工作的制度衔接

制度建设是规范社区矫正工作的主要手段,是做好社区矫正工作的重要法宝。而衔接制度建设,则是社区矫正工作的关键。

(一)建立社区服刑人员无缝衔接机制

1. 实行报到机制

法院在裁决生效时,或监狱、看守所在罪犯离开监所时,给其发放报到证,注明报到的时间、地点及报到的矫正机构,告知逾期报到的后果,并让其报到后将报到证交回法院或监狱、看守所。同时通过公函、电话等对罪犯报到情况进行跟踪督查,将法律文书及时送达相关职能机关,防止脱管、漏管。

2. 实行社区服刑人员见面接送制度

实行矫正机关到相关地点见面接人或原判或关押机关将社区服刑人员送交社区矫正机构,防止脱管、漏管。

3. 实行人户分离矫正制度

完善居住地司法所与户籍所在地司法所联系,加强公安、检察、法院、

---

① 参见余穗军:《构建社区矫正工作无缝衔接的新常态》,载 http://hcsfy.hbfy.gov.cn/DocManage/ViewDoc? docId = 85a05dca - e4f8 - 407b - 83b1 - e9ef1ebb4c36,2016 年 12 月 21 日访问。

司法行政之间的联系，细化程序，明确责任，使矫正工作不推诿、确保社区服刑人员不脱管失控。

（二）建立社区矫正工作有效衔接机制

加强公、检、法、司的协调配合与交流沟通，做到四个衔接到位，一是工作资料衔接到位，确保文书资料衔接到位，做到一人一档；二是工作标准衔接到位，对社区服刑人员管理要求与标准要统一，既要统一常规管理标准，还要因人而异、有针对性地制定个案矫正方案；三是工作程序衔接到位，对社区矫正的每个环节都严格按程序衔接到位；四是工作内容衔接到位，分工合作、相互配合地完成矫正工作每个环节的工作内容，实现矫正的目的。

（三）建立各部门定期联席监管机制

建立定期联席会议机制，通过社区矫正工作例会或联席会议的形式，定期通报衔接执行情况，及时研商解决衔接工作问题，不断提升执法能力。建立定期联合督查机制，定期从前、中、后三个执法环节对社区矫正执法行为进行联合督查和有效监管，及时发现解决问题，提高执法质量。建立定期联动回访机制，通过电话回访、联合走访等形式，对社区服刑人员实施跟控，掌握其活动轨迹，定期联动开展排查，严密执法程序，防范脱管失管、违法违规及思想异常等现象的发生。①

（四）建立评估预警机制

司法行政机关与公安机关等部门应紧密配合，准确掌握辖区内社区服刑人员的真实情况，及时发现其存在的各类问题困难，尤其是社区服刑人员及亲属提出申诉和信访可能引发越级上访和其他不稳定因素的，及时妥善处理，有效防止矛盾激化，防患于未然。

（五）建立突发事件处置机制

在发现社区服刑人员有非正常死亡、实施犯罪、参与群体性事件的情形，司法行政机关应立即与公安机关等有关部门协调联动、妥善处置，并将相关情况及时报告上级司法行政机关和有关部门。②

---

① 张于斌，顾建军：《建立社区矫正衔接监管定期机制》，载《检察日报》2014 年 5 月 16 日。

② 《社区矫正实施办法》（司发通〔2012〕12 号）第 35 条。

## 三、社区矫正工作的平台衔接

在新时期的社区矫正工作中，充分利用现代科技手段，能有效提高社区矫正现代化水平，使社区矫正工作事半功倍。

(一)建立社区矫正工作信息平台①

公安机关、法院和司法行政机关应构建社区服刑人员信息资料库，形成数据资源共享、信息文件适时高效传递的网络管理平台，做到社区矫正工作机构、社区服刑人员、管理人员基本信息共享和动态管理，实现全国一体化网络管理，解决各职能部门网络联接问题，通过网络化手段达到“多向”衔接。使矫正组织机构衔接管理工作高效运转，解决人难寻、衔接难的问题，有效防止社区服刑人员脱管漏管现象的发生。

(二)构建电子监控管理平台

电子监控管理平台集办公、监管、统计、考核、指挥调度为一体，能及时传递信息落实矫正措施，司法行政机关应建立监控管理平台，对社区服刑人员有效实施监控、提高监管教育质量。②

总之，社区矫正工作是项社会系统工程，不仅需要各机关各部门通力合作、衔接配合，更需要全社会的共同努力。随着社区矫正工作制度的不断完善，广大群众的积极参与，相信社区矫正会成为实现维护社会稳定，构建和谐社会的重要力量。

---

① 《社区矫正实施办法》(司发通〔2012〕12号)第35条。

② 参见余穗军:《构建社区矫正工作无缝衔接的新常态》，载 http://hcsfy.hbfy.gov.cn/DocManage/ViewDoc?docId=85a05dca-e4f8-407b-83b1-e9ef1ebb4c36，2016年12月21日访问。

# 附录一

## 1. 调查评估委托函(参考)

### 调查评估委托函

县(市、区)司法局:

根据《中华人民共和国刑法》、《中华人民共和国刑事诉讼法》和《社区矫正实施办法》等有关法律法规,特委托你局对被告人(罪犯)有关情况进行社会调查。请你单位于年月日前将调查情况回复我单位。

特此委托。

联系人:　　　　　　联系电话:

委托机关:(盖章)
年　　月　　日

注:原件县级司法局存档,复印件送司法所

## 2. 调查笔录(参考)

### 调 查 笔 录

时间:　　　年　　月　　日
地点:
调查人:
被调查人:
记录人:
调查事项:

我们是县(市、区)司法局社区矫正工作人员(出示证件),受的委托,依法对被告人(罪犯)拟实行社区矫正进行社会调查评估,请予配合。

问:请问你的姓名、民族、出生年月、工作单位、职务、家庭住址、联系电话,以及与被告人的关系?

答:

问:

答:

被调查人:(阅读并签名)

第(　　)页,共(　　)页

## 3. 调查评估意见书(参考)

### 调查评估意见书

(　　)字　　号

人民法院(人民检察院、公安局、监狱):

受你单位委托,我局于____年____月____日至____年____月____日对被告人(罪犯)进行了调查评估。有关情况如下:

综合以上情况,评估意见为:

(公章)

年　　月　　日

## 4. 社区服刑人员矫正小组人员名单表(参考)

### 社区服刑人员矫正小组人员名单表

组长:

矫正小组建立日期:________年____月____日

| 姓名 | 性别 | 单位 | 职务 | 与服刑人员的关系 | 联系电话 | 备注 |
|---|---|---|---|---|---|---|
| | | | | | | |
| | | | | | | |
| | | | | | | |
| | | | | | | |
| | | | | | | |
| | | | | | | |
| | | | | | | |
| | | | | | | |
| | | | | | | |

## 5. 社区矫正责任书(参考)

### 社区矫正责任书

为了共同做好对社区矫正人员的监督管理和教育帮助,提高矫正质量,司法所与矫正小组签订本责任书,共同遵守。

**一、司法所具体做好以下事项:**

1. 指导矫正小组对社区矫正人员进行监督管理和教育帮助;

2. 认真听取矫正小组成员反映的情况并及时处理有关事宜。

**二、矫正小组具体做好以下事项:**

1. 协助对社区矫正人员进行监督管理和教育帮助;

2. 督促社区矫正人员按要求向司法所报告有关情况、参加学习及社区服务,自觉遵守有关监督管理规定;

3. 定期向司法所反映社区矫正人员遵纪守法、学习、日常生活和工作等情况;

4. 发现社区矫正人员有违法犯罪或违反监督管理规定的行为,及时向司法所报告;

5. 根据小组成员所在单位和身份确定的其他社区矫正事项。

(公章)　　　　　　　　矫正小组(成员签字):

年　月　日　　　　　　　年　月　日

## 6. 社区服刑人员矫正方案(参考)

### 社区服刑人员矫正方案

<table>
<tr><td>姓名</td><td></td><td>性别</td><td></td><td>出生<br>日期</td><td></td><td>文化<br>程度</td><td></td></tr>
<tr><td>居住地</td><td colspan="3"></td><td>罪名</td><td></td><td>原判<br>刑期</td><td></td></tr>
<tr><td>矫正<br>类别</td><td></td><td>矫正<br>期限</td><td></td><td>矫正期<br>起止日</td><td colspan="3"></td></tr>
<tr><td>矫正小组</td><td colspan="7"></td></tr>
<tr><td>成员变动</td><td colspan="7"></td></tr>
<tr><td>犯罪情况悔罪表现个性特征生活环境的综合评估情况</td><td colspan="7">(司法所公章)<br>年　月　日</td></tr>
<tr><td>矫正措施</td><td colspan="7">(司法所公章)<br>年　月　日</td></tr>
<tr><td>矫正措施调整</td><td colspan="7">(司法所公章)<br>年　月　日</td></tr>
<tr><td>备　注</td><td colspan="7"></td></tr>
</table>

# 7. 社区矫正宣告书(参考)

## 社区矫正宣告书

社区矫正人员：

你因罪经人民法院于年月日判处(同时宣告禁止)。____年__月__日经人民法院(监狱管理局、公安局)裁定假释(决定、批准暂予监外执行)。在管制(缓刑、假释、暂予监外执行)期间,依法实行社区矫正。社区矫正期限自____年__月__日起至____年__月__日__止。现就对你依法实施社区矫正的有关事项宣告如下：

一、遵纪守法,按规定向司法所报告有关情况,遵守外出审批、居住地变更审批、会客等有关规定(遵守人民法院宣告的禁止令),服从监管;按规定参加司法所组织的教育学习和社区服务。

二、如违反社区矫正监督管理规定,将视情节给予警告、治安管理处罚、撤销缓刑、撤销假释、收监执行。

三、人身安全、合法财产和辩护、申诉、控告、检举以及其他未被依法剥夺或限制的权利不受侵犯。

四、司法所为你确立了社区矫正小组,小组成员由组成,协助对你进行监督、教育、帮助,你应积极配合。

特此宣告。

(公章)　年　月　日

社区矫正人员(签名)：

## 8. 社区服刑人员分类管理测评表(参考)

### 社区服刑人员分类管理测评表

<table>
<tr><td colspan="2">姓名</td><td></td><td>性别</td><td></td><td>年龄</td><td></td></tr>
<tr><td colspan="2">身体状况</td><td></td><td>文化程度</td><td></td><td>案由</td><td></td></tr>
<tr><td colspan="2">矫正类型</td><td></td><td>原判刑期</td><td></td><td>矫正起止日期</td><td></td></tr>
<tr><td colspan="2">序号</td><td>项目</td><td>分值</td><td colspan="2">测评标准</td><td>得分</td></tr>
<tr><td rowspan="19">第一部分　基本因素</td><td rowspan="2">1</td><td rowspan="2">犯罪时的年龄</td><td>1</td><td colspan="2">初次违法犯罪 18 周岁以上(含 18 周岁)</td><td rowspan="2">☐</td></tr>
<tr><td>2</td><td colspan="2">初次违法犯罪不满 18 周岁</td></tr>
<tr><td rowspan="3">2</td><td rowspan="3">受教育程度</td><td>0</td><td colspan="2">大专及以上</td><td rowspan="3">☐</td></tr>
<tr><td>2</td><td colspan="2">高中、初中及同等程度</td></tr>
<tr><td>3</td><td colspan="2">小学、半文盲、文盲</td></tr>
<tr><td rowspan="2">3</td><td rowspan="2">就业态度和状况</td><td>0</td><td colspan="2">能自食其力</td><td rowspan="2">☐</td></tr>
<tr><td>2</td><td colspan="2">不能自食其力或不愿自食其力</td></tr>
<tr><td rowspan="2">4</td><td rowspan="2">婚姻家庭状况</td><td>0</td><td colspan="2">已婚或 25 周岁以下未婚(家庭稳定)</td><td rowspan="2">☐</td></tr>
<tr><td>2</td><td colspan="2">丧偶、离异、大龄未婚(25 周岁以上或 25 周岁以下未婚(生活在单亲家庭)</td></tr>
<tr><td rowspan="3">5</td><td rowspan="3">未成年时的家庭生活情况</td><td>0</td><td colspan="2">与父母共同生活</td><td rowspan="3">☐</td></tr>
<tr><td>1</td><td colspan="2">与父母一方或双方长期分开生活</td></tr>
<tr><td>2</td><td colspan="2">父母离异、跟随一方生活</td></tr>
<tr><td rowspan="2">6</td><td rowspan="2">吸毒史</td><td>0</td><td colspan="2">无</td><td rowspan="2">☐</td></tr>
<tr><td>2</td><td colspan="2">有过吸毒史并受到处罚</td></tr>
<tr><td rowspan="2">7</td><td rowspan="2">固定住所</td><td>0</td><td colspan="2">有</td><td rowspan="2">☐</td></tr>
<tr><td>2</td><td colspan="2">无</td></tr>
<tr><td rowspan="3">8</td><td rowspan="3">生存技能</td><td>0</td><td colspan="2">有,可以获得职业</td><td rowspan="3">☐</td></tr>
<tr><td>1</td><td colspan="2">技能水平低,需要提高</td></tr>
<tr><td>2</td><td colspan="2">基本无技能,需要教育或培训</td></tr>
</table>

续表

| 序号 | | 项目 | 分值 | 测评标准 | 得分 |
|---|---|---|---|---|---|
| 第二部分 个性及心理因素 | 9 | 自控能力 | 0 | 能够自我控制 | □ |
| | | | 3 | 自我控制能力较差或有时不能自控 | |
| | 10 | 心理健康状况 | 1 | 基本健康 | □ |
| | | | 2 | 存在心理问题 | |
| | | | 3 | 患有心理疾病 | |
| | 11 | 有精神病史或精神病遗传史 | 0 | 无 | □ |
| | | | 1 | 有 | |
| | 12 | 对现实社会的心态 | 0 | 能够正确看待社会现实 | □ |
| | | | 2 | 对现实不满甚至仇视 | |
| | 13 | 法律知识或法制观念 | 1 | 法律知识欠缺、法制观念淡薄 | □ |
| | | | 2 | 无法律知识和法制观念(法盲) | |
| 第三部分 家庭及人际因素 | 14 | 交友情况 | 0 | 无不良交友情况 | □ |
| | | | 3 | 有不良交友情况 | |
| | 15 | 个人成长经历 | 0 | 平稳 | □ |
| | | | 1 | 有挫折 | |
| | 16 | 家庭成员犯罪记录 | 0 | 无 | □ |
| | | | 1 | 有 | |
| | 17 | 邻里容纳程度 | 0 | 容纳 | □ |
| | | | 1 | 一般 | |
| | | | 3 | 不容纳 | |
| | 18 | 家属配合矫正工作 | 0 | 理解、支持 | □ |
| | | | 2 | 不配合或有抵触情绪以及无家庭支持系统 | |
| 第四部分 综合因素 | 19 | 违法犯罪案由 | 1 | 其他 | □ |
| | | | 3 | 盗窃、抢劫、涉毒、寻衅滋事 | |
| | 20 | 过去受刑事处罚记录 | 0 | 无 | □ |
| | | | 2 | 有 | |
| | 21 | 过去受行政处罚记录 | 0 | 无 | □ |
| | | | 1 | 有(1～2次处罚记录) | |
| | | | 3 | 有(3次及3次以上) | |

续表

| 序号 | | 项目 | 分值 | 测评标准 | 得分 |
|---|---|---|---|---|---|
| 第四部分 综合因素 | 22 | 对社区矫正工作人员的态度 | 0 | 好、较好、配合 | □ |
| | | | 1 | 一般、基本配合 | |
| | | | 3 | 不好、不配合、蛮横 | |
| | 23 | 主观恶性程度 | 1 | 过失犯罪 | □ |
| | | | 3 | 故意犯罪 | |
| | 24 | 社区矫正类型 | 1 | 管制、缓刑 | □ |
| | | | 2 | 假释、暂予监外执行 | |
| | 25 | 犯罪中是否使用暴力或是否贯骗(2次以上含2次) | 0 | 无 | □ |
| | | | 2 | 有 | |
| 总得分 | | | | □ | |

| 风险评估结果 | 级别 | 评估标准 | 分类管理意见 | |
|---|---|---|---|---|
| | 低风险度 | 少于27分 | 宽管 | |
| | 一般风险度 | 大于等于27小于33分 | 普管 | |
| | 高风险度 | 大于等于33分 | 严管 | |

测评人(签字)　　　　测评日期：　　年　　月　　日

## 9. 社区服刑人员外出(居住地变更)审批表(参考)

### 社区服刑人员外出(居住地变更)审批表

<table>
<tr><td>姓名</td><td></td><td>性别</td><td></td><td>罪名</td><td></td><td>原判<br>刑期</td><td></td></tr>
<tr><td>矫正<br>类别</td><td></td><td>矫正<br>期限</td><td></td><td>起止日</td><td colspan="3">自　年　月　日起<br>至　年　月　日止</td></tr>
<tr><td>现居<br>住地</td><td colspan="3"></td><td>外出目<br>的地<br>(拟迁<br>往地)</td><td colspan="3"></td></tr>
<tr><td>户籍地</td><td colspan="3"></td><td>身份证<br>号码</td><td colspan="3"></td></tr>
<tr><td>外出理由<br>及时间<br>(居住地<br>变更理由)</td><td colspan="7"></td></tr>
<tr><td>司法所<br>意见</td><td colspan="7">(公章)<br>年　月　日</td></tr>
<tr><td>现居住地<br>县级社区<br>矫正机构<br>意见</td><td colspan="7">(公章)<br>年　月　日</td></tr>
<tr><td>备　注</td><td colspan="7"></td></tr>
</table>

注:用于居住地变更时,抄送现居住地县级人民检察院、公安(分)局;变更后,复印送新居住地县级人民检察院、公安(分)局。

## 10. 社区服刑人员进入特定区域(场所)审批表(参考)

### 社区服刑人员进入特定区域(场所)审批表

<table>
<tr><td>姓名</td><td></td><td>性别</td><td></td><td>罪名</td><td></td><td>刑期</td><td></td></tr>
<tr><td>矫正<br>类别</td><td></td><td>矫正<br>期限</td><td></td><td>起止日</td><td colspan="3">自　　年　　月　日起<br>至　　年　　月　日止</td></tr>
<tr><td>禁止令内容</td><td colspan="3"></td><td>禁止期限<br>起止日</td><td colspan="3"></td></tr>
<tr><td>居住地</td><td colspan="3"></td><td>申请进入<br>的区域<br>(场所)</td><td colspan="3"></td></tr>
<tr><td>申请理<br>由及时<br>间起止</td><td colspan="7"></td></tr>
<tr><td>司法所<br>意见</td><td colspan="7">(公章)<br>年　月　日</td></tr>
<tr><td>县级<br>司法行政<br>机关意见</td><td colspan="7">(公章)<br>年　月　日</td></tr>
<tr><td>备　注</td><td colspan="7"></td></tr>
</table>

注:抄送居住地县级人民检察院。县(市、区)司法局、司法所各存一份。

## 11. 对不同类别社区服刑人员的分类管理措施(参考)[①]

**对不同类别社区服刑人员的分类管理措施**

| | A类(低强度) | B类(中等强度) | C类(高强度) |
|---|---|---|---|
| 电话报到 | 服刑人员每月向司法所电话报到一次 | 服刑人员每半月月向司法所电话报到一次 | 服刑人员每周到司法所电话报到一次 |
| 当面报到 | 服刑人员每两个月到司法所报到一次 | 服刑人员每一个半月到司法所报到一次 | 服刑人员每月到司法所报到一次 |
| 走访 | 司法所至少两个月走访服刑人员家庭、社区一次 | 司法所至少一个半月走访服刑人员家庭、社区一次 | 司法所至少每月走访服刑人员家庭、社区一次 |
| 个别教育 | 司法所至少两个月对服刑人员谈话一次 | 司法所至少一个半月对服刑人员谈话一次 | 司法所至少每月对服刑人员谈话一次 |
| 改造小结 | 六个月交一次 | 三个月交一次 | 一个月交一次 |
| 活动范围 | 经公安机关批准,可离开居住的区县在本市范围内活动,却又特殊情况,可以离开本市 | 经公安机关批准,可离开居住的区县在本市范围内活动 | 原则上不准离开所居住区县 |
| 公益劳动 | 有劳动能力的服刑人员每月必须参加不少于2个小时的公益劳动 | 有劳动能力的服刑人员每月必须参加不少于5个小时的公益劳动 | 有劳动能力的服刑人员每月必须参加不少于10个小时的公益劳动 |

① 参考姜祖桢主编:《社区矫正理论与实务》,法律出版社2012年版,第204页。

## 12. 社区服刑人员每月矫正情况登记表(参考)

### 社区服刑人员每月矫正情况登记表

社区服刑人员：　　　　　管理等级：　　　　时间：　年　月　日

<table>
<tr><td rowspan="5">教育学习情况</td><td>时　间</td><td>形　式</td><td>教育学习内容</td><td>管理人员</td><td>社区矫正人员签名</td></tr>
<tr><td></td><td></td><td></td><td></td><td></td></tr>
<tr><td></td><td></td><td></td><td></td><td></td></tr>
<tr><td></td><td></td><td></td><td></td><td></td></tr>
<tr><td colspan="2">相关证明是否附后</td><td colspan="3">是 □　　　否 □</td></tr>
<tr><td rowspan="5">社区服务情况</td><td>时　间</td><td colspan="2">社区服务形式及详细内容</td><td>管理人员</td><td>社区矫正人员签名</td></tr>
<tr><td></td><td colspan="2"></td><td></td><td></td></tr>
<tr><td></td><td colspan="2"></td><td></td><td></td></tr>
<tr><td></td><td colspan="2"></td><td></td><td></td></tr>
<tr><td colspan="2">相关证明是否附后</td><td colspan="3">是 □　　　否 □</td></tr>
<tr><td rowspan="5">报告情况</td><td>时　间</td><td colspan="2">社区服务形式及详细内容</td><td>管理人员</td><td>社区矫正人员签名</td></tr>
<tr><td></td><td colspan="2"></td><td></td><td></td></tr>
<tr><td></td><td colspan="2"></td><td></td><td></td></tr>
<tr><td></td><td colspan="2"></td><td></td><td></td></tr>
<tr><td></td><td colspan="2"></td><td></td><td></td></tr>
<tr><td rowspan="3">定位情况</td><td>时　间</td><td colspan="2">社区服务形式及详细内容</td><td>管理人员</td><td>社区矫正人员签名</td></tr>
<tr><td></td><td colspan="2"></td><td></td><td></td></tr>
<tr><td></td><td colspan="2"></td><td></td><td></td></tr>
</table>

续表

<table>
<tr><td>本月请/销假情况</td><td colspan="2"></td><td></td><td></td></tr>
<tr><td>本月奖惩情况</td><td colspan="2"></td><td></td><td></td></tr>
<tr><td rowspan="2">本月考核得分情况</td><td>本月得分</td><td colspan="3"></td></tr>
<tr><td>本月加/扣分情况及原因</td><td colspan="3"></td></tr>
<tr><td rowspan="3">管理等级调整意见</td><td>本月是否需要调整</td><td colspan="3"></td></tr>
<tr><td>调整前等级</td><td colspan="3"></td></tr>
<tr><td>拟调整等级</td><td colspan="3"></td></tr>
<tr><td>矫正小组意见</td><td colspan="4">矫正小组：<br>年　月　日</td></tr>
<tr><td>司法所意见</td><td colspan="4">司法所负责人：<br>年　月　日</td></tr>
<tr><td>备　注</td><td colspan="4"></td></tr>
</table>

## 13. 社区服刑人员季度考核表(参考)

### 社区服刑人员季度考核表

社区服刑人员：　　　　　　　管理等级：　　　　　　　年度：

| | | |
|---|---|---|
| 一季度 | 矫正小组考核意见 | 矫正小组：<br>年　月　日 |
| | 司法所考核意见 | 司法所：<br>年　月　日 |
| 二季度 | 矫正小组考核意见 | 矫正小组：<br>年　月　日 |
| | 司法所考核意见 | 司法所：<br>年　月　日 |
| 三季度 | 矫正小组考核意见 | 矫正小组：<br>年　月　日 |
| | 司法所考核意见 | 司法所：<br>年　月　日 |
| 四季度 | 矫正小组考核意见 | 矫正小组：<br>年　月　日 |
| | 司法所考核意见 | 司法所：<br>年　月　日 |

## 14. 暂予监外执行社区服刑人员季度考察表(参考)

### 暂予监外执行社区服刑人员季度考察表

<table>
<tr><td>姓名</td><td></td><td>性别</td><td></td><td>出生<br>年月</td><td colspan="2">年　月　日</td><td>罪名</td><td></td></tr>
<tr><td>原判刑期</td><td></td><td>刑期<br>起止</td><td colspan="4">自　年　月　日<br>至　年　月　日</td><td>余刑</td><td></td></tr>
<tr><td>暂予监外<br>执行原因</td><td></td><td>所属监狱<br>或看守所</td><td colspan="3"></td><td>监外执行<br>起止时间</td><td colspan="2">自　年　月　日<br>至　年　月　日</td></tr>
<tr><td>户籍地</td><td colspan="3"></td><td>居住地</td><td colspan="4"></td></tr>
<tr><td colspan="2">罪犯在社区矫正<br>期间现实表现情况</td><td colspan="7"></td></tr>
<tr><td colspan="2">罪犯目前哺乳、<br>病残等状况</td><td colspan="7"></td></tr>
<tr><td colspan="2">监护人(保证人)<br>反映情况</td><td colspan="7"></td></tr>
<tr><td colspan="2">村委会(居委会)<br>反映情况</td><td colspan="7"></td></tr>
<tr><td colspan="2">矫正小组意见</td><td colspan="7"></td></tr>
<tr><td colspan="2">司法所意见</td><td colspan="7"></td></tr>
<tr><td colspan="2">考察人员</td><td colspan="3"></td><td>考察<br>时间</td><td colspan="3"></td></tr>
</table>

注:附病情复查情况证明材料。

## 15. 社区服刑人员年度考核评审表(参考)

### 社区服刑人员年度考核评审表

社区服刑人员：　　　　　　管理等级：　　　　　　年度：

<table>
<tr><td rowspan="4">年度奖惩情况</td><td>时　间</td><td>奖惩类别</td><td>奖惩原因及依据</td><td>审批机关</td></tr>
<tr><td></td><td></td><td></td><td></td></tr>
<tr><td></td><td></td><td></td><td></td></tr>
<tr><td></td><td></td><td></td><td></td></tr>
<tr><td>社区矫正人员年度个人总结</td><td colspan="4"></td></tr>
<tr><td>矫正小组考核意见</td><td colspan="4">矫正小组(签名)：<br>年　月　日</td></tr>
<tr><td>司法所考核意见</td><td colspan="4">司法所(盖章)：<br>年　月　日</td></tr>
</table>

## 16. 记功决定书(参考)

### 记功决定书(存根)

(　　)字　　号

社区服刑人员在接受社区矫正期间,有(重大)立功表现的行为如下:

根据《社区矫正实施办法》第一百二十六(一百二十七)条第　款之规定,决定给予记　等功一次。

(公章)

年　月　日

### 记功决定书

(　　)字　　号

社区服刑人员:

你在接受社区矫正期间,有(重大)立功表现的行为如下:

根据《社区矫正实施办法》第一百二十六(一百二十七)条第　款之规定,决定给予记　等功一次。

(公章)

年　月　日

注:存根由县级司法局存档,下联送达社区服刑人员,复印件存档。

## 17. 社区服刑人员减刑建议书(参考)

### 社区服刑人员减刑建议书

(　　)字第　　号

社区服刑人员,男(女),____年__月__日出生,__族,居住地:________户籍地:________。因____罪经人民法院于____年__月__日以(　　)字第__号刑事判决书判处,附加。____年__月__日经人民法院(公安局、监狱管理局)裁定(决定)假释(暂予监外执行),在管制(缓刑、假释、暂予监外执行)期间,依法实行社区矫正。社区矫正期限自____年__月__日起至____年__月__日止。

该社区矫正人员接受社区矫正期间有如下表现:

根据《中华人民共和国刑法》第七十八条、《中华人民共和国刑事诉讼法》第二百六十二条、《社区矫正实施办法》第二十八条之规定,建议对社区矫正人员减去。

此致

中级人民法院

(公章)

年　月　日

注:抄送人民检察院,公安局,监狱。

## 18. 社区服刑人员奖励(惩处)通知单(参考)

### 社区服刑人员奖励(惩处)通知单

(存　根)

编号:

根据社区服刑人员考核奖惩的相关规定,因社区服刑人员在中的表现,经集体研究,决定给予其。

如对该决定有异议,可自收到该通知书之日起3日内向所在区县(市)司法行政机关提出复核申请。

社区服刑人员:(签名)

司法所(公章)

年　月　日

经办人:

(骑缝章)

### 社区服刑人员奖励(惩处)通知单

编号:

:

根据社区服刑人员考核奖惩的相关规定,因你在中的表现,经集体研究,决定给予你。

如对该决定有异议,可自收到该通知书之日起3日内向所在区(县、市)司法行政机关提出复核申请。

特此通知。

区县(市)司法局司法所(公章)

经办人:

联系电话:

年　月　日

## 19. 社区服刑人员奖惩审核表(参考)

### 社区服刑人员奖惩审核表

________司法所　　　　　　　　　　　填表日期：

<table>
<tr><td>姓　名</td><td></td><td>曾用名</td><td></td><td>性别</td><td></td><td>出生日期</td><td></td></tr>
<tr><td>籍　贯</td><td></td><td>家庭<br>住址</td><td colspan="5"></td></tr>
<tr><td>罪　名</td><td></td><td>刑种</td><td></td><td>原判<br>刑期</td><td></td><td>附加刑</td><td></td></tr>
<tr><td rowspan="2">刑　期<br>起　止</td><td>起</td><td colspan="2"></td><td rowspan="2" colspan="2">考验期<br>起　止</td><td>起</td><td rowspan="2"></td></tr>
<tr><td>止</td><td colspan="2"></td><td>止</td></tr>
<tr><td rowspan="2">提请奖<br>惩类型</td><td rowspan="2"></td><td rowspan="2">社区矫<br>正类别</td><td rowspan="2"></td><td rowspan="2" colspan="2">社区矫正<br>时间起止</td><td>起</td><td></td></tr>
<tr><td>止</td><td></td></tr>
<tr><td>主要犯罪<br>事实</td><td colspan="7"></td></tr>
<tr><td>社区矫正<br>期间表现<br>及建议司<br>法奖惩主<br>要依据</td><td colspan="7"></td></tr>
<tr><td colspan="4">矫正工作小组意见<br>（盖章）<br>年　　月　　日</td><td colspan="4">乡镇（街道）公安派出所意见<br>（盖章）<br>年　　月　　日</td></tr>
<tr><td colspan="4">区县（市）社区矫正机构意见<br>（盖章）<br>年　　月　　日</td><td colspan="4">区县（市）公安机关意见<br>（盖章）<br>年　　月　　日</td></tr>
</table>

注：此表由正、反两面组成。

## 20. 警告决定书(参考)

### 警告决定书(存根)

(　　)字　　号

社区矫正人员在接受社区矫正期间,有违反监督管理规定(人民法院禁止令)的行为如下:

根据《社区矫正实施办法》第二十三条之规定,决定给予警告。

(公章)
年　　月　日

### 警告决定书

(　　)字　　号

社区矫正人员:

你在接受社区矫正期间,有违反监督管理规定(人民法院禁止令)的行为如下:

根据《社区矫正实施办法》第二十三条之规定,决定给予警告。

(公章)
年　　月　日

## 21. 社区服刑人员警告审批表(参考)

### 社区服刑人员警告审批表

<table>
<tr><td>姓名</td><td></td><td>性别</td><td></td><td>出生年月</td><td colspan="2"></td></tr>
<tr><td>居住地</td><td colspan="3"></td><td>户籍地</td><td colspan="2"></td></tr>
<tr><td>罪名</td><td></td><td colspan="2">原判刑期</td><td></td><td>附加刑</td><td></td></tr>
<tr><td>禁止令<br>内容</td><td colspan="3"></td><td>禁止期限<br>起止日</td><td colspan="2">自　　年　月　日<br>至　　年　月　日</td></tr>
<tr><td>矫正<br>类别</td><td></td><td>矫正<br>期限</td><td></td><td>起止日</td><td colspan="2">自　　年　月　日<br>至　　年　月　日</td></tr>
<tr><td>事实及<br>依据</td><td colspan="6"></td></tr>
<tr><td>司法所<br>意见</td><td colspan="6">(公章)<br>年　月　日</td></tr>
<tr><td>县级<br>司法行<br>政机关<br>意见</td><td colspan="6">(公章)<br>年　月　日</td></tr>
<tr><td>备　注</td><td colspan="6"></td></tr>
</table>

注:用于撤销缓刑、撤销假释、收监执行时,应连同有关建议书、警告决定书等材料组卷一并报有关人民法院、公安机关、监狱管理机关。

## 22.治安管理处罚建议书(参考)

### 治安管理处罚建议书

( )字第 号

社区矫正人员,男(女),____年__月__日出生,__族,居住地:________户籍地:________身份证号码:___________因罪经人民法院于____年__月__日判处。

____年__月__日经人民法院(公安局、监狱管理局)裁定(决定、批准)假释(暂予监外执行)。在管制(缓刑、假释、暂予监外执行)期间,依法实行社区矫正。社区矫正期限自____年__月__日起至____年__月__日止。

该社区矫正人员有违反社区矫正监督管理规定(人民法院禁止令)的行为,具体事实如下:

根据《中华人民共和国治安管理处罚法》第六十条、《社区矫正实施办法》第二十四条之规定,建议对社区矫正人员给予治安管理处罚。

此致

公安(分)局

(公章)

年 月 日

注:抄送人民检察院。

## 23. 提请治安管理处罚（撤销缓刑、撤销假释、收监执行、减刑）审核表（参考）

### 提请治安管理处罚审核表

<table>
<tr><td>姓名</td><td></td><td>性别</td><td></td><td>出生年月</td><td colspan="2"></td></tr>
<tr><td>居住地</td><td colspan="3"></td><td>户籍地</td><td colspan="2"></td></tr>
<tr><td>罪名</td><td></td><td colspan="2">原判刑期</td><td></td><td>附加刑</td><td></td></tr>
<tr><td>禁止令<br>内容</td><td colspan="3"></td><td>禁止期限<br>起止日</td><td colspan="2">自　　年　月　日<br>至　　年　月　日</td></tr>
<tr><td>矫正<br>类别</td><td></td><td>矫正<br>期限</td><td></td><td>起止日</td><td colspan="2">自　　年　月　日<br>至　　年　月　日</td></tr>
<tr><td>事实及<br>依据</td><td colspan="6"></td></tr>
<tr><td>司法所<br>意见</td><td colspan="6">（公章）<br>年　月　日</td></tr>
<tr><td>县级司<br>法行政<br>机关<br>意见</td><td colspan="6">（公章）<br>年　月　日</td></tr>
<tr><td>地级司<br>法行政<br>机关审<br>核意见</td><td colspan="6">（公章）<br>年　月　日</td></tr>
<tr><td>备　注</td><td colspan="6"></td></tr>
</table>

注：此表随建议书等一并报送人民法院（公安机关、监狱管理机关）。

## 24. 撤销缓刑建议书(参考)

### 撤销缓刑建议书

(　　)字第　　号

社区矫正人员,男(女),____年__月__日出生,__族,居住地:________户籍地:________因犯罪经人民法院于____年__月__日以(　　)字第____号刑事判决书判处,缓刑,附加。在缓刑考验期间依法实行社区矫正,社区矫正期限自____年__月__日起至____年__月__日止。

该社区矫正人员有违反法律(行政法规、社区矫正监督管理规定、人民法院禁止令)的行为,具体事实如下:

根据《中华人民共和国刑法》第七十七条、《社区矫正实施办法》第二十五条之规定,建议对社区矫正人员撤销缓刑。

此致

人民法院

(公章)

年　月　日

抄送:人民检察院,公安(分)局。

## 25. 撤销假释建议书(参考)

### 撤销假释建议书

(　　)字第　　号

社区矫正人员,男(女),____年__月__日出生,__族,居住地:________户籍地:________因犯罪经________人民法院于____年__月__日以(　　)字第____号刑事判决书判处,附加。经中级人民法院(　　)字第__号刑事裁定书裁定假释。假释考验期为__年。在假释考验期间,依法实行社区矫正。社区矫正期限自____年__月__日起至____年__月__日止。

该社区矫正人员有违反法律(行政法规、社区矫正监督管理规定)的行为,具体事实如下:

根据《中华人民共和国刑法》第八十六条、《社区矫正实施办法》第二十五条之规定,建议对社区矫正人员撤销假释。

此致

中级人民法院

(公章)

年　月　日

## 26. 收监执行建议书(参考)

### 收监执行建议书

(　　)字第　　号

社区矫正人员，男(女)，____年__月__日出生，__族，居住地：________户籍地：________。因罪经人民法院于____年__月__日以(　　)字第__号刑事判决书判处，附加，刑期自____年__月__日起至____年__月__日止。____年__月__日由人民法院(公安局、监狱管理局)决定(批准)暂予监外执行。在暂予监外执行期间，依法实行社区矫正。社区矫正期限自____年__月__日至____年__月__日。

该社区矫正人员有违反法律(行政法规、社区矫正监督管理规定)的行为，具体事实如下：

根据《中华人民共和国刑事诉讼法》第二百五十七条、《社区矫正实施办法》第二十六条之规定，建议对社区矫正人员收监执行刑罚。

此致

人民法院(公安局、监狱管理局)

(公章)

年　　月　　日

注：抄送人民检察院，公安(分)局。

## 27. 社区服刑人员综合状态评估指标体系参考样表(参考)[①]

### 《社区服刑人员综合状态评估指标体系 - 表Ⅰ - GH》

填表说明:1. 本量表是社区服刑人员综合状态评估指标体系中的他评量表,须由社区矫正工作人员如实填写并认真统计。
2. 本量表的适用对象是社区服刑人员中的管制、缓刑类人员。
3. 本量表需要与社区服刑人员填写的自陈量表配合使用,才能比较全面地反映社区服刑人员的综合状态。

被评估人姓名:　性别:　矫正类别:　矫正期:自　年　月　日至　年　月　日

| 项目指标 \ 分值 | | | 2分 | 4分 | 6分 | 本项所得分值 |
|---|---|---|---|---|---|---|
| 基本情况 | 1 | 年龄 | 65岁及以上 | 31～64岁 | 30岁及以下 | |
| | 2 | 文化程度 | 大学及以上 | 高中、初中及同等程度 | 小学、半文盲、文盲 | |
| | 3 | 婚姻状况 | 已婚 | 未婚(或丧偶) | 离异 | |
| | 4 | 身心健康状况 | 残疾或重病,基本卧床 | 有疾病,但生活能自理 | 身体健康,但心理状况不好 | |
| | 5 | 精神病史 | 无精神病史 | 有轻微精神病 | 有严重精神病史 | |
| | 6 | 生存技能 | 有,可以获得职业 | 技能水平低,需要提高 | 基本无技能,需要教育或培训 | |
| | 7 | 就业及经济收入 | 有稳定职业收入或亲友经常性帮助 | 有职业,收入不稳定或亲友偶尔帮助 | 无职业,无收入,也无亲友帮助 | |
| | 8 | 情感情绪 | 稳定、正常 | 比较稳定、正常 | 经常冲动、暴躁 | |
| | 9 | 人际关系 | 融洽、较好 | 一般 | 差 | |

① 该样表主要参考北京市《社区服刑人员综合状态评估指标体系表》。

续表

| 项目指标 \ 分值 | | | 2分 | 4分 | 6分 | 本项所得分值 |
|---|---|---|---|---|---|---|
| 基本情况 | 10 | 社会交往 | 无不良交往 | 偶有不良交往 | 经常有不良交往 | |
| | 11 | 饮用烈酒情况 | 没有酗酒问题 | 偶尔酗酒，部分功能失常 | 经常酗酒，经常行为失常 | |
| | 12 | 吸毒史 | 无 | 有过吸毒行为 | 有吸毒史并受到处罚 | |
| 家庭居住情况 | 13 | 居住条件 | 有稳定住处 | 有住处，不稳定 | 无住处或条件极差 | |
| | 14 | 家庭关系 | 融洽、接纳 | 一般、基本接纳 | 紧张、不接纳 | |
| | 15 | 家庭总体经济状况 | 较好 | 一般 | 较差 | |
| | 16 | 邻里容纳程度 | 容纳 | 一般 | 不容纳 | |
| | 17 | 家庭成员对社区矫正态度 | 理解、支持、配合 | 态度含糊、表现中立 | 不理解、有抵触情绪 | |
| | 18 | 社区成员对社区矫正态度 | 理解、支持、关心 | 基本不过问 | 不理解、抵触、排斥 | |
| 犯罪与刑罚历史 | 19 | 此次犯罪前违法犯罪史 | 无 | 受过拘留以上处理 | 惯犯、累犯 | |
| | 20 | 本次犯罪前犯罪次数 | 无 | 1次 | 2次及以上 | |
| | 21 | 本次犯罪距上次犯罪时间 | 既往无犯罪记录 | 3年以上 | 0～3年 | |
| | 22 | 犯罪的主观恶性程度 | 过失犯罪 | 程度一般 | 暴力犯罪 | |
| | 23 | 初次犯罪的年龄 | 35岁及以上 | 25～34岁 | 14～24岁 | |
| | 24 | 是否团伙犯罪 | 非团伙犯罪 | 团伙犯罪，从犯 | 团伙犯罪，主犯 | |
| 犯罪与刑罚历史 | 25 | 认罪服法态度 | 认罪服法 | 基本认罪 | 不认罪 | |
| | 26 | 对工作人员态度 | 好、较好、配合 | 一般，基本配合 | 不好、不配合、蛮横 | |
| | 27 | 相关法律、法规认知情况 | 好、较好、了解 | 一般，基本了解 | 不好，不了解 | |
| | 28 | 遵规守纪情况 | 好、较好 | 一般，被扣过分 | 差，多次被扣分 | |
| | 29 | 参加各种矫正活动情况 | 态度积极，出勤好 | 态度一般、出勤一般 | 态度消极、出勤差 | |
| | 30 | 受表扬奖励情况 | 多次受到表扬奖励 | 受到一次表扬奖励 | 没有受过表扬奖励 | |
| 结论 | 通过SPSS软件程序对有关样本进行统计学分析得出的本量表的分值分类标准为：<br>• A类：80分及以下者　• B类：81～107分者　• C类：108分及以上者 | | | | | |
| | 表Ⅰ－GH评估结论 | | 得分总计：　分 | | 分类类别：　类 | |

评估机构：　　评估人：（签名）　　本次评估时间：

## 《社区服刑人员综合状态评估指标体系－表Ⅱ－GH》

填表说明：

1. 本量表须由社区服刑人员中的管制、缓刑类人员填写完成。
2. 社区服刑人员本人填写有困难时，可由社区矫正工作人员逐条询问后，代为填写。
3. 请认真阅读下列题目，从每个题目中选出一个最符合或最接近自己情况的答案，在其题号上打“√”。
4. 为保证测试结果的真实可靠性，请根据自己的第一反应（直觉）尽快回答问题，不要反复推敲。

### 问 卷 内 容

1. 我已结婚　①是□　②是，但又离了□　③否，未婚（或丧偶）□　④没结婚，但有异性亲密朋友□

2. 我有住房　①是□　②与家人合住□　③与别人合住□　④否，没有住房□

3. 我有一技之长而且很熟练　①是□　②基本是□　③学了一点，但不熟练□　④否，至今没有□

4. 我的月收入大约是　①500 元以下□　②500～2500 元□　③□2500～5000 元□　④没有固定收入□

5. 我对一份收入低的工作　①会接受□　②等等看□　③不如在家待着□　④干几天再说□

6. 如果我居住的社区环境脏乱差，我会　①打扫□　②听社区安排□　③不考虑□　④忙自己的事□

7. 如果有机会，我愿接受教育和培训　①是□　②希望如此□　③否，不愿意□　④是，但怕我不行□

8. 我愿意参加社区社区服务　①是，愿意□　②有时愿意□　③不很愿意□　④否，不愿意□

9. 劳动能创造人、改造人，我已经习惯劳动了　①同意□　②基本同意□　③不太同意□　④不同意□

10. 目前亲友对我的态度是　①关心鼓励□　②时冷时热□　③不原谅□　④好久没联系了□

11. 目前我与家庭的关系是　①密切□　②一般□　③时好时坏□　④断绝来往□

12. 我对家庭亲友的想法是　①争取和睦相处□　②希望相安无事□

③没法共同生活□ ④先观望□

13. 我现在与有不良习惯者 ①没有交往□ ②主动交往□ ③被迫交往□ ④交往但不共事□

14. 我现在的社会交往状况是 ①没朋友□ ②有新朋友□ ③与老朋友联系□ ④有朋友不来往□

15. 随着时间的延长我对自己犯罪行为的认识越来越 ①清楚□ ②不清楚□ ③模糊□ ④无所谓□

16. 我已清楚自己犯罪行为的社会危害 ①是□ ②清楚,但事出有因□ ③比较清楚□ ④不清楚□

17. 我对自己犯罪行为造成的社会危害感到 ①内疚□ ②无奈□ ③后悔□ ④倒霉□

18. 导致我犯下罪过的主要原因在于 ①社会家庭学校□ ②个人方面□ ③疏忽大意□ ④没有原因□

19. 我犯罪前没考虑后果 ①是□ ②考虑过但没经住诱惑□ ③考虑过但疏忽大意了□ ④说不清楚□

20. 我犯罪与法制观念淡薄有关 ①同意□ ②基本同意□ ③不太同意□ ④不同意□

21. 我对法院判决的想法是 ①还算公正□ ②说得过去□ ③爱怎么判就怎么判□ ④有些出入□

22. 我对非监禁刑罚方面的法律法规 ①了解□ ②不完全了解□ ③希望有所了解□ ④不了解□

23. 法院对我的判决主要考虑了下列情节 ①自首□ ②悔罪□ ③未成年□ ④初犯□

24. 法院认为我的犯罪性质主要是 ①单位犯罪□ ②责任事故□ ③经济犯罪□ ④一般轻罪□

25. 我对于被判管制或者缓刑应该遵守的条件 ①知道□ ②基本知道□ ③希望知道更多□ ④不知道□

26. 被判刑时我最难受的感觉是 ①心情郁闷□ ②焦躁不安□ ③幻觉幻听□ ④大脑一片空白□

27. 我常常会担心自己会说错话或办错事 ①感到□ ②偶尔感到□ ③经常感到□ ④没感到□

28. 我感觉自己的注意力难以集中 ①是□ ②偶尔是□ ③经常是□ ④不是□

29. 我感到害怕和心中不踏实　①感到□　②偶尔感到□　③经常感到□　④没感到□

30. 我常感到忧伤、不愉快以至于不能忍受　①感到□　②偶尔感到□　③经常感到□　④没感到□

31. 我十分担心冒犯或伤害周围的人　①是□　②偶尔是□　③经常是□　④不是□

32. 我感到周围的人不喜欢我　①感到□　②偶尔感到□　③经常感到□　④没感到□

33. 我觉得自己没有什么价值　①感到□　②偶尔感到□　③经常感到□　④没感到□

34. 我为自己的形象感到惭愧　①是□　②偶尔是□　③经常是□　④不是□

35. 当有人看着我时，我干活就会出乱子　①是□　②偶尔是□　③经常是□　④不是□

36. 说话时正视对面的人，我会感到不自在　①感到□　②偶尔感到□　③经常感到□　④没感到□

37. 我感觉自己与任何人都不能亲热起来　①是□　②偶尔是□　③经常是□　④不是□

38. 我与周围的人没有共同的话题可谈　①是□　②偶尔是□　③经常是□　④不是□

39. 我对“人如果不小心，周围的人就会占他的便宜”　①很同意□　②同意□　③不很同意□　④不同意□

40. 我愿意与周围的人交谈，也感觉他们愿意与我交谈　①是□　②偶尔是□　③经常是□　④不是□

41. 我常喜欢与人争论　①是□　②偶尔是□　③经常是□　④不是□

42. 最近我有想摔东西或破坏东西的冲动　①有□　②偶尔有□　③经常有□　④没有□

43. 我感觉周围的人都和我对着干　①感到□　②偶尔感到□　③经常感到□　④没感到□

44. 有人做了对不起我的事，我感到　①不能原谅□　②过后可原谅□　③偶尔可原谅□　④世上没好人□

45. 我对社区矫正感到　①寄予希望□　②可以接受□　③不取决于我□　④走一步，看一步□

46. 遇到喜欢的异性时我会　①躲避□　②产生痛苦回忆□　③不能自制□

④理智交往□

47. 我总是尽量回避,拒绝与任何人交往 ①是□ ②偶尔是□ ③经常是□ ④不是□

48. 我认为社会上的不良风气和腐败现象 ①难以消除□ ②可以仿效□ ③可以以恶治恶□ ④不能仿效□

49. 我对“一旦犯罪,就将永远抬不起头” ①很同意□ ②同意□ ③不很同意□ ④不同意□

50. 我对“与物质享受相比,精神需求更重要” ①很同意□ ②同意□ ③不很同意□ ④不同意□

51. 我对自己被纳入社区矫正感到 ①烦恼不快□ ②悲观无奈□ ③意料之中□ ④无话可说□

52. 解决再就业和求学问题首先要靠我自己 ①很同意□ ②同意□ ③不很同意□ ④不同意□

53. 各种教育改造工作已使我有了较大进步和提高 ①是□ ②基本是□ ③不好说□ ④不是□

54. 我最近曾为有困难的人提供过帮助 ①是□ ②基本是□ ③不是□ ④ 不好说□

55. 我最近的主要情绪感受是 ①感到希望□ ②感到压抑□ ③感到茫然失望□ ④前 3 项都不是□

56. 我最近的睡眠情况 ①较好□ ②一般□ ③有时失眠□ ④严重失眠 □

57. 我对重新回归、融入社会 ①有信心□ ②有一定信心□ ③信心不足□ ④缺乏信心□

58. 我回归社会后养家糊口主要靠 ①学一门技术□ ②家庭或亲友帮助□ ③怎么都行□ ④说不好□

59. 尽管犯了罪我仍希望得到平等的人格尊重 ①可能□ ②有可能□ ③不可能□ ④无所谓□

60. 如果在找工作时被拒绝,我会 ①继续争取□ ②有挫折感□ ③找人帮忙□ ④不堪忍受□

签名:__________

## 《社区服刑人员综合状态评估指标体系－表Ⅲ－GH》

### 评　分　表

评估日期 评估人 评估机构被评估人

填表说明:1. 本量表是社区服刑人员综合状态评估指标体系中的自陈量表的评分表,须由社区矫正工作人员核准计算。
2. 本量表的适用对象是社区服刑人员中的管制、缓刑类人员。
3. 本量表的使用方法是:①对照表Ⅱ－GH,选择与该表各题答案序号一致的数码划"√",并计算各题组得分的合计
分数。②按照本量表提供的分值分类标准确定被评定对象自陈量表(表Ⅱ－GH)的得分总计及分类类别。
4. 凡题目中出现两个答案时,两者之间关系均为"或"。如①③即①或③。

### 第一题组

| 题号　答案序号<br>分值 | 1 | 2 | 3 | 4 | 5 | 6 | 7 | 8 | 9 | 10 | 11 | 12 | 13 | 14 |
|---|---|---|---|---|---|---|---|---|---|---|---|---|---|---|
| 1分 | ① | ① | ①② | ③ | ① | ① | ① | ① | ① | ① | ① | ①② | ① | ② |
| 2分 | ③④ | ②③ | ③ | ② | ②④ | ② | ②④ | ②③ | ②③ | ② | ②③ | ④ | ③④ | ③④ |
| 3分 | ② | ④ | ④ | ①④ | ③ | ③④ | ③ | ④ | ④ | ③④ | ④ | ③ | ② | ① |
| 主要测试点 | | 再社会化程度 | | | | | | | | | 分数合计 | | | |

### 第二题组

| 题号　答案序号<br>分　值 | 15 | 16 | 17 | 18 | 19 | 20 | 21 | 22 | 23 | 24 | 25 |
|---|---|---|---|---|---|---|---|---|---|---|---|
| 1分 | ① | ① | ①③ | ② | ① | ① | ① | ① | ① | ① | ①② |
| 2分 | ③ | ②③ | ② | ③ | ②③ | ②③ | ② | ②③ | ②④ | ② | ③ |
| 3分 | ②④ | ④ | ④ | ①④ | ④ | ④ | ③④ | ④ | ③ | ③④ | ④ |
| 主要测试点 | | 认罪悔过与法律法规认知程度 | | | | | | 分数合计 | | | |

**第三题组**

| 题号　答案序号<br>分　值 | 26 | 27 | 28 | 29 | 30 | 31 | 32 | 33 | 34 | 35 |
|---|---|---|---|---|---|---|---|---|---|---|
| 1 分 | ① | ②④ | ②④ | ②④ | ②④ | ②④ | ②④ | ②④ | ②④ | ②④ |
| 2 分 | ②③ | ① | ① | ① | ① | ① | ① | ① | ① | ① |
| 3 分 | ④ | ③ | ③ | ③ | ③ | ③ | ③ | ③ | ③ | ③ |
| 题号　答案序号<br>分　值 | 36 | 37 | 38 | 39 | 40 | 41 | 42 | 43 | 44 | |
| 1 分 | ②④ | ②④ | ②④ | ④ | ①③ | ②④ | ②④ | ②④ | ③ | |
| 2 分 | ① | ① | ① | ③ | ② | ① | ① | ① | ② | |
| 3 分 | ③ | ③ | ③ | ①② | ④ | ③ | ③ | ③ | ①④ | |
| 主要测试点 | 心理人格特征 | | | | | | 分数合计 | | | |

**第四题组**

| 题号　答案序号<br>分值 | 45 | 46 | 47 | 48 | 49 | 50 | 51 | 52 | 53 | 54 | 55 | 56 | 57 | 58 | 59 | 60 |
|---|---|---|---|---|---|---|---|---|---|---|---|---|---|---|---|---|
| 1 分 | ① | ④ | ②④ | ④ | ④ | ①② | ③ | ①② | ① | ① | ① | ① | ① | ① | ① | ① |
| 2 分 | ② | ①② | ① | ① | ③ | ③ | ② | ③ | ② | ② | ④ | ②③ | ②③ | ② | ② | ②③ |
| 3 分 | ③④ | ③ | ③ | ②③ | ①② | ④ | ①④ | ④ | ③④ | ③④ | ②③ | ④ | ④ | ③④ | ③④ | ④ |
| 主要测试点 | | 接受社区矫正态度及回归社会倾向 | | | | | | | | | | | 分数合计 | | | |

| | | | |
|---|---|---|---|
| 结论 | 通过 SPSS 软件程序对有关样本进行统计学分析得出的本量表的分值分类标准为：<br>• A 类:70 分及以下者　　• B 类：71 ~90 分者　　• C 类:91 分及以上者 | | |
| | 表Ⅱ - GH(表Ⅲ - GH)评估结论 | 得分总计：　　　分 | 分类类别：　　　类 |

## 28. 各类社区服刑人员的特征及矫正措施(参考)[①]

1. 青少年犯罪类人员

青少年犯罪类人员是指25岁以下的社区服刑人员。其主要具有如下特征：

①心智不成熟,思想不稳定。抵御外界诱惑、分辨是非能力较差,容易冲动、感情用事,其涉世的无知性、盲目性难以应付来自社会各方面的影响。

②缺乏法律意识。犯罪的动机容易受外界诱因而引起,较为简单且少预谋,易走极端,偶发性犯罪居多,有暴力倾向的犯罪居多,群体性犯罪比较明显。

③家庭功能不完善。家庭亲情教育和稳定性弱化,使青少年在经济、精神生活上都不可避免地发生缺损,身心受到伤害。

④以强烈的自我满足为主,追求过高的物质享受,满足个体感官刺激,大多具有极端个人主义的人生观和价值观。

针对青少年社区服刑人员的分类教育措施主要有：

①加强法制教育、行为养成教育；

②利用家人、亲属力量,营造家庭关怀的环境；

③对未完成高中阶段教育的人员,督促其参加学历教育；

④改善人际交往能力,培养团队合作意识,根据年龄与身心发展特征,开展丰富多样的文娱等辅助活动；

⑤推荐参加相关的就业技能培训,掌握一技之长。

青少年社区矫正中心是开展青少年分类教育的重要平台,对青少年社区服刑人员的分类教育,要大力培育、发展青少年社区矫正中心,充分发挥

---

① 该社区服刑人员的分类特征及矫正措施主要参考《上海市社区矫正指导手册》中的相关经验。

青少年社区矫正中心的作用。通过整合社会资源,为青少年社区服刑人员提供心理健康教育、心理咨询和心理辅导,对缺乏就业技能的青少年社区服刑人员进行职业技能培训,提供就业指导和推荐就业,同时为存在就业、居住、生活、学习、教育等特殊困难的青少年社区服刑人员解决实际困难,不断提高对青少年社区服刑人员教育矫正的质量和效果。

2. 暴力犯罪类人员

暴力犯罪类人员主要指杀人、伤害、强奸、抢劫、寻衅滋事5种案由的社区服刑人员。对暴力犯罪类人员的矫正,以改变其不顾后果的不良心理与行为习惯、建立以合法途径解决问题的处事模式为工作目标。暴力犯罪类人员的特征有:

①法律意识淡薄;

②对社会的认识偏激,往往夸大社会的消极面,未能客观看待社会积极向上的主流;

③心理情感层次低,自卑感强,缺乏责任意识,有的性格粗暴,感情冷漠,有较强的反社会心理,自控能力差;

④生活质量普遍较低。

针对暴力犯罪类人员分类教育措施主要有:

①组织法制教育,使社区服刑人员充分认识其行为对家庭、对社会造成的严重后果;

②开展人际关系教育,使他们学会正确处理各种矛盾和人际关系;

③引导社区服刑人员正确认识社会问题,认清社会发展的主流;

④加强心理矫正与行为训练,必要情况下进行生理矫正;

⑤鼓励社区服刑人员在条件许可时向被害人提供补偿服务,条件不具备的则应加强公益劳动强度。

⑥落实技能培训,掌握一技之长。

3. 侵财犯罪类人员

侵财犯罪类人员主要指盗窃、诈骗两种案由的社区服刑人员。对侵财犯罪类人员的矫正,以树立健康向上的道德观、价值观,掌握必要的谋生技能,提高自助能力为工作目标。侵财犯罪类人员的主要特征有:

①世界观、人生观、价值观有明显偏差;

②对钱财的占有欲强；

③贪图享受，好逸恶劳；

④缺乏谋生技能；

⑤劣根性较强；

⑥部分人员具有两面性，高智商；

⑦普遍存有侥幸心理。

针对侵财犯罪类人员分类教育措施主要有：

①加强世界观、人生观、价值观教育；

②开展法制教育，强化遵纪守法意识，引导他们以合法途径实现个人的发展；

③强化劳动教育，培养正确的劳动观念；

④对惯骗、惯窃犯罪的人员，强化心理矫正；

⑤整合资源，强化帮困解难，提供基本生存条件。

4. 涉毒犯罪类人员

涉毒犯罪类人员主要指因吸食、注射毒品而实施犯罪的人员，及部分非法持有毒品、贩卖毒品、运输毒品，情节轻微的人员。对涉毒犯罪类人员的矫正，以远离毒品，掌握一技之长，培养积极健康的生活方式为工作目标。涉毒犯罪类人员的主要特征有：受不良环境的影响大，结交不良朋友；人生空虚，追求享受、刺激；缺乏诚信与耻辱感，惯于说谎、欺骗；亲情关系普遍较差；普遍存在自暴自弃心理；反复性强，容易诱发各种犯罪。

针对涉毒犯罪类人员分类教育措施主要有：

①增加接触、教育的频率，密切关注其人际交往状况，避免或减少不良交往；

②引导确立积极向上的人生奋斗目标和生活方式；

③开展有关毒品问题的专项教育，充分认识毒品的危害性；

④加大心理矫正力度，切实降低对毒品的依赖性；

⑤注重帮困解难，改善生存环境。

## 29. 社区矫正期满鉴定表(参考)

### 社区矫正期满鉴定表

<table>
<tr><td>姓名</td><td></td><td>性别</td><td></td><td>出生<br>年月</td><td></td></tr>
<tr><td>居住地</td><td></td><td>户籍地</td><td colspan="3"></td></tr>
<tr><td>罪名</td><td></td><td>原判<br>刑期</td><td colspan="3"></td></tr>
<tr><td>矫正类别</td><td></td><td>矫正<br>期限</td><td></td><td>起止日</td><td>自　年　月　日<br>至　年　月　日</td></tr>
<tr><td>禁止令<br>内容</td><td></td><td>禁止期<br>限起止</td><td colspan="3">自　年　月　日<br>至　年　月　日</td></tr>
<tr><td>司法所<br>鉴定意<br>见及安<br>置帮教<br>建议</td><td colspan="5">(公章)<br>年　月　日</td></tr>
<tr><td>备　注</td><td colspan="5"></td></tr>
</table>

## 30. 解除社区矫正证明书(参考)

### 解除社区矫正证明书(存根)

(　　)字　　号

社区矫正人员:______居住地:________户籍地:______身份证号码:___________因犯罪于____年__月__日被人民法院判处。依据人民法院(公安局、监狱管理局)第(　　)号判决书(裁定书、决定书),管制(缓刑、假释、暂予监外执行)期间,被依法实行社区矫正。于____年__月__日矫正期满,依法解除社区矫正。

(公章)

年　月　日

### 解除社区矫正证明书

(　　)字　　号

社区矫正人员:______居住地________户籍地:______身份证号码:___________因犯罪于____年__月__日被人民法院判处。依据人民法院(公安局、监狱管理局)第(　　)号判决书(裁定书、决定书),管制(缓刑、假释、暂予监外执行)期间,被依法实行社区矫正。于____年__月__日矫正期满,依法解除社区矫正。

特此证明。

(公章)

年　月　日

## 31. 解除社区矫正通知书（参考）

### 解除社区矫正通知书
（存根）

（　　）字第　　号

姓名　性别

出生日期　年　月　日

身份证号码

罪　　名

原判刑罚

原判刑期

原判法院

居住地

户籍地

矫正类别

矫正期限自　年　月　日起至　年　月　日止。

矫正期间执行变更

发往人民法院（公安局、监狱管理局），

人民检察院，公安（分）局

填发人

批准人

填发日期　年　月　日

（　）字第　号

### 解除社区矫正通知书
（　　）字第　　号

**人民法院（公安局、监狱管理局）：**

男（女），身份证号码，居住地，户籍地，

因犯

罪于　年　月　日被人民法院依法判处。依据　　号判决书（裁定书、决定书），管制（缓刑、假释、暂予监外执行）期间，自　年　月　日至　年　月　日被依法实行社区矫正。于　年　月　日矫正期满，依法解除社区矫正。

（公章）

年　月　日

（　）字第　号

### 解除社区矫正通知书
（　）字第　　号

**人民检察院：**

男（女），身份证号码，居住地，户籍地，

因犯

罪于　年　月　日被人民法院依法判处。依据　　号判决书（裁定书、决定书），管制（缓刑、假释、暂予监外执行）期间，自　年　月　日至　年　月　日被依法实行社区矫正。于　年　月　日矫正期满，依法解除社区矫正。

（公章）

年　月　日

（　）字第　号

### 解除社区矫正通知书
（　）字第　　号

**公安（分）局：**

男（女），身份证号码，居住地，户籍地，

因犯

罪于　年　月　日被人民法院依法判处。依据号判决书（裁定书、决定书），管制（缓刑、假释、暂予监外执行）期间，自　年　月　日至　年　月　日被依法实行社区矫正。于　年　月　日矫正期满，依法解除社区矫正。

（公章）

年　月　日

## 32. 社区矫正人员死亡通知书(参考)

### 社区矫正人员死亡通知书

(存根)

(　　)字第　　号

姓名　性别

出生日期　年　月　日

身份证号码

罪　名

原判刑罚

原判刑期

原判法院

居住地

户籍地

矫正类别

矫正期限自年　月　日起至　年　月　日止。

矫正期间执行变更

发往人民法院(公安局、监狱管理局),

人民检察院,公安(分)局

填发人

批准人

填发日期　年　月　日

(　)字第号

### 社区矫正人员死亡通知书

(　　)字第　　号

**人民法院(公安局、监狱管理局):**

社区矫正人员,男(女),身份证号码。居住地,户籍地。因犯罪于　年　月　日被人民法院判处。依据(人民法院、公安局、监狱管理局)号判决书(裁定书、决定书),管制(缓刑、假释、暂予监外执行)期间,被依法实行社区矫正。因于　年　月　日死亡。

特此通知。

(公章)

年　月　日

(　)字第号

### 社区矫正人员死亡通知书

(　　)字第　　号

**人民检察院:**

社区矫正人员,男(女),身份证号码,居住地,户籍地。因犯罪于　年　月　日被人民法院判处。依据(法院、公安局、监狱管理局)号判决书(裁定书、决定书),管制(缓刑、假释、暂予监外执行)期间,被依法实行社区矫正。因于　年　月　日死亡。

特此通报。

(公章)

年　月　日

# 附录二

## 一、中华人民共和国刑法(节选)

[1979 年 7 月 1 日第五届全国人民代表大会第二次会议通过　1997 年 3 月 14 日第八届全国人民代表大会第五次会议修订　根据 1998 年 12 月 29 日第九届全国人民代表大会常务委员会第六次会议通过的《关于惩治骗购外汇、逃汇和非法买卖外汇犯罪的决定》、1999 年 12 月 25 日第九届全国人民代表大会常务委员会第十三次会议通过的《中华人民共和国刑法修正案》、2001 年 8 月 31 日第九届全国人民代表大会常务委员会第二十三次会议通过的《中华人民共和国刑法修正案(二)》、2001 年 12 月 29 日第九届全国人民代表大会常务委员会第二十五次会议通过的《中华人民共和国刑法修正案(三)》、2002 年 12 月 28 日第九届全国人民代表大会常务委员会第三十一次会议通过的《中华人民共和国刑法修正案(四)》、2005 年 2 月 28 日第十届全国人民代表大会常务委员会第十四次会议通过的《中华人民共和国刑法修正案(五)》、2006 年 6 月 29 日第十届全国人民代表大会常务委员会第二十二次会议通过的《中华人民共和国刑法修正案(六)》、2009 年 2 月 28 日第十一届全国人民代表大会常务委员会第七次会议通过的《中华人民共和国刑法修正案(七)》、2009 年 8 月 27 日第十一届全国人民代表大会常务委员会第十次会议通过的《关于修改部分法律的决定》、2011 年 2 月 25 日第十一届全国人民代表大会常务委员会第十九次会议通过的《中华人民共和国刑法修正案(八)》、2015 年 8 月 29 日第十二届全国人民代表大会常务委员会第十六次会议通过的《中华人民共和国刑法修正案(九)》修正]

**第三十七条**　对于犯罪情节轻微不需要判处刑罚的,可以免予刑事处罚,但是可以根据案件的不同情况,予以训诫或者责令具结悔过、赔礼道歉、赔偿损失,或者由主管部门予以行政处罚或者行政处分。

**第三十七条之一**① 因利用职业便利实施犯罪,或者实施违背职业要求的特定义务的犯罪被判处刑罚的,人民法院可以根据犯罪情况和预防再犯罪的需要,禁止其自刑罚执行完毕之日或者假释之日起从事相关职业,期限为三年至五年。

被禁止从事相关职业的人违反人民法院依照前款规定作出的决定的,由公安机关依法给予处罚;情节严重的,依照本法第三百一十三条的规定定罪处罚。

其他法律、行政法规对其从事相关职业另有禁止或者限制性规定的,从其规定。

**第三十八条**② 管制的期限,为三个月以上二年以下。

判处管制,可以根据犯罪情况,同时禁止犯罪分子在执行期间从事特定活动,进入特定区域、场所,接触特定的人。

对判处管制的犯罪分子,依法实行社区矫正。

违反第二款规定的禁止令的,由公安机关依照《中华人民共和国治安管理处罚法》的规定处罚。

**第三十九条** 被判处管制的犯罪分子,在执行期间,应当遵守下列规定:

(一)遵守法律、行政法规,服从监督;

(二)未经执行机关批准,不得行使言论、出版、集会、结社、游行、示威自由的权利;

(三)按照执行机关规定报告自己的活动情况;

(四)遵守执行机关关于会客的规定;

(五)离开所居住的市、县或者迁居,应当报经执行机关批准。

对于被判处管制的犯罪分子,在劳动中应当同工同酬。

**第四十条** 被判处管制的犯罪分子,管制期满,执行机关应即向本人

---

① 本条根据2015年8月29日《刑法修正案(九)》增加。

② 本条根据2011年2月25日《刑法修正案(八)》修改。原条文为:"管制的期限,为三个月以上二年以下。

被判处管制的犯罪分子,由公安机关执行。"

和其所在单位或者居住地的群众宣布解除管制。

**第四十一条** 管制的刑期,从判决执行之日起计算;判决执行以前先行羁押的,羁押一日折抵刑期二日。

**第七十二条**① 对于被判处拘役、三年以下有期徒刑的犯罪分子,同时符合下列条件的,可以宣告缓刑,对其中不满十八周岁的人、怀孕的妇女和已满七十五周岁的人,应当宣告缓刑:

(一)犯罪情节较轻;

(二)有悔罪表现;

(三)没有再犯罪的危险;

(四)宣告缓刑对所居住社区没有重大不良影响。

宣告缓刑,可以根据犯罪情况,同时禁止犯罪分子在缓刑考验期限内从事特定活动,进入特定区域、场所,接触特定的人。

被宣告缓刑的犯罪分子,如果被判处附加刑,附加刑仍须执行。

**第七十三条** 拘役的缓刑考验期限为原判刑期以上一年以下,但是不能少于二个月。

有期徒刑的缓刑考验期限为原判刑期以上五年以下,但是不能少于一年。

缓刑考验期限,从判决确定之日起计算。

**第七十四条**② 对于累犯和犯罪集团的首要分子,不适用缓刑。

**第七十五条** 被宣告缓刑的犯罪分子,应当遵守下列规定:

(一)遵守法律、行政法规,服从监督;

(二)按照考察机关的规定报告自己的活动情况;

(三)遵守考察机关关于会客的规定;

(四)离开所居住的市、县或者迁居,应当报经考察机关批准。

---

① 本条根据2011年2月25日《刑法修正案(八)》修改。原条文为:“对于被判处拘役、三年以下有期徒刑的犯罪分子,根据犯罪分子的犯罪情节和悔罪表现,适用缓刑确实不致再危害社会的,可以宣告缓刑。

被宣告缓刑的犯罪分子,如果被判处附加刑,附加刑仍须执行。”

② 本条根据2011年2月25日《刑法修正案(八)》修改。原条文为:“对于累犯,不适用缓刑。”

**第七十六条**[①] 对宣告缓刑的犯罪分子,在缓刑考验期限内,依法实行社区矫正,如果没有本法第七十七条规定的情形,缓刑考验期满,原判的刑罚就不再执行,并公开予以宣告。

**第七十七条**[②] 被宣告缓刑的犯罪分子,在缓刑考验期限内犯新罪或者发现判决宣告以前还有其他罪没有判决的,应当撤销缓刑,对新犯的罪或者新发现的罪作出判决,把前罪和后罪所判处的刑罚,依照本法第六十九条的规定,决定执行的刑罚。

被宣告缓刑的犯罪分子,在缓刑考验期限内,违反法律、行政法规或者国务院有关部门关于缓刑的监督管理规定,或者违反人民法院判决中的禁止令,情节严重的,应当撤销缓刑,执行原判刑罚。

**第七十八条**[③] 被判处管制、拘役、有期徒刑、无期徒刑的犯罪分子,在执行期间,如果认真遵守监规,接受教育改造,确有悔改表现的,或者有立功表现的,可以减刑;有下列重大立功表现之一的,应当减刑:

(一)阻止他人重大犯罪活动的;

(二)检举监狱内外重大犯罪活动,经查证属实的;

(三)有发明创造或者重大技术革新的;

(四)在日常生产、生活中舍己救人的;

(五)在抗御自然灾害或者排除重大事故中,有突出表现的;

(六)对国家和社会有其他重大贡献的。

减刑以后实际执行的刑期不能少于下列期限:

(一)判处管制、拘役、有期徒刑的,不能少于原判刑期的二分之一;

(二)判处无期徒刑的,不能少于十三年;

---

① 本条根据2011年2月25日《刑法修正案(八)》修改。原条文为:"被宣告缓刑的犯罪分子,在缓刑考验期限内,由公安机关考察,所在单位或者基层组织予以配合,如果没有本法第七十七条规定的情形,缓刑考验期满,原判的刑罚就不再执行,并公开予以宣告。"

② 本条第二款根据2011年2月25日《刑法修正案(八)》修改。原第二款条文为:"被宣告缓刑的犯罪分子,在缓刑考验期限内,违反法律、行政法规或者国务院公安部门有关缓刑的监督管理规定,情节严重的,应当撤销缓刑,执行原判刑罚。"

③ 本条第二款根据2011年2月25日《刑法修正案(八)》修改。原第二款条文为:"减刑以后实际执行的刑期,判处管制、拘役、有期徒刑的,不能少于原判刑期的二分之一;判处无期徒刑的,不能少于十年。"

（三）人民法院依照本法第五十条第二款规定限制减刑的死刑缓期执行的犯罪分子，缓期执行期满后依法减为无期徒刑的，不能少于二十五年，缓期执行期满后依法减为二十五年有期徒刑的，不能少于二十年。

**第七十九条** 对于犯罪分子的减刑，由执行机关向中级以上人民法院提出减刑建议书。人民法院应当组成合议庭进行审理，对确有悔改或者立功事实的，裁定予以减刑。非经法定程序不得减刑。

**第八十条** 无期徒刑减为有期徒刑的刑期，从裁定减刑之日起计算。

**第八十一条**① 被判处有期徒刑的犯罪分子，执行原判刑期二分之一以上，被判处无期徒刑的犯罪分子，实际执行十三年以上，如果认真遵守监规，接受教育改造，确有悔改表现，没有再犯罪的危险的，可以假释。如果有特殊情况，经最高人民法院核准，可以不受上述执行刑期的限制。

对累犯以及因故意杀人、强奸、抢劫、绑架、放火、爆炸、投放危险物质或者有组织的暴力性犯罪被判处十年以上有期徒刑、无期徒刑的犯罪分子，不得假释。

对犯罪分子决定假释时，应当考虑其假释后对所居住社区的影响。

**第八十二条** 对于犯罪分子的假释，依照本法第七十九条规定的程序进行。非经法定程序不得假释。

**第八十三条** 有期徒刑的假释考验期限，为没有执行完毕的刑期；无期徒刑的假释考验期限为十年。

假释考验期限，从假释之日起计算。

**第八十四条** 被宣告假释的犯罪分子，应当遵守下列规定：

（一）遵守法律、行政法规，服从监督；

（二）按照监督机关的规定报告自己的活动情况；

（三）遵守监督机关关于会客的规定；

---

① 本条根据2011年2月25日《刑法修正案（八）》修改。原条文为："被判处有期徒刑的犯罪分子，执行原判刑期二分之一以上，被判处无期徒刑的犯罪分子，实际执行十年以上，如果认真遵守监规，接受教育改造，确有悔改表现，假释后不致再危害社会的，可以假释。如果有特殊情况，经最高人民法院核准，可以不受上述执行刑期的限制。"

"对累犯以及因杀人、爆炸、抢劫、强奸、绑架等暴力性犯罪被判处十年以上有期徒刑、无期徒刑的犯罪分子，不得假释。"

（四）离开所居住的市、县或者迁居，应当报经监督机关批准。

**第八十五条**[①] 对假释的犯罪分子，在假释考验期限内，依法实行社区矫正，如果没有本法第八十六条规定的情形，假释考验期满，就认为原判刑罚已经执行完毕，并公开予以宣告。

**第八十六条**[②] 被假释的犯罪分子，在假释考验期限内犯新罪，应当撤销假释，依照本法第七十一条的规定实行数罪并罚。

在假释考验期限内，发现被假释的犯罪分子在判决宣告以前还有其他罪没有判决的，应当撤销假释，依照本法第七十条的规定实行数罪并罚。

被假释的犯罪分子，在假释考验期限内，有违反法律、行政法规或者国务院有关部门关于假释的监督管理规定的行为，尚未构成新的犯罪的，应当依照法定程序撤销假释，收监执行未执行完毕的刑罚。

## 二、中华人民共和国刑事诉讼法（节选）

（1979年7月1日第五届全国人民代表大会第二次会议通过　根据1996年3月17日第八届全国人民代表大会第四次会议《关于修改〈中华人民共和国刑事诉讼法〉的决定》第一次修正　根据2012年3月14日第十一届全国人民代表大会第五次会议《关于修改〈中华人民共和国刑事诉讼法〉的决定》第二次修正）

**第二百五十三条** 罪犯被交付执行刑罚的时候，应当由交付执行的人

① 本条根据2011年2月25日《刑法修正案（八）》修改。原条文为："被假释的犯罪分子，在假释考验期限内，由公安机关予以监督，如果没有本法第八十六条规定的情形，假释考验期满，就认为原判刑罚已经执行完毕，并公开予以宣告。"

② 本条第三款根据2011年2月25日《刑法修正案（八）》修改。原第三款条文为："被假释的犯罪分子，在假释考验期限内，有违反法律、行政法规或者国务院公安部门有关假释的监督管理规定的行为，尚未构成新的犯罪的，应当依照法定程序撤销假释，收监执行未执行完毕的刑罚。"

民法院在判决生效后十日以内将有关的法律文书送达公安机关、监狱或者其他执行机关。

对被判处死刑缓期二年执行、无期徒刑、有期徒刑的罪犯,由公安机关依法将该罪犯送交监狱执行刑罚。对被判处有期徒刑的罪犯,在被交付执行刑罚前,剩余刑期在三个月以下的,由看守所代为执行。对被判处拘役的罪犯,由公安机关执行。

对未成年犯应当在未成年犯管教所执行刑罚。

执行机关应当将罪犯及时收押,并且通知罪犯家属。

判处有期徒刑、拘役的罪犯,执行期满,应当由执行机关发给释放证明书。

**第二百五十四条** 对被判处有期徒刑或者拘役的罪犯,有下列情形之一的,可以暂予监外执行:

(一)有严重疾病需要保外就医的;

(二)怀孕或者正在哺乳自己婴儿的妇女;

(三)生活不能自理,适用暂予监外执行不致危害社会的。

对被判处无期徒刑的罪犯,有前款第二项规定情形的,可以暂予监外执行。

对适用保外就医可能有社会危险性的罪犯,或者自伤自残的罪犯,不得保外就医。

对罪犯确有严重疾病,必须保外就医的,由省级人民政府指定的医院诊断并开具证明文件。

在交付执行前,暂予监外执行由交付执行的人民法院决定;在交付执行后,暂予监外执行由监狱或者看守所提出书面意见,报省级以上监狱管理机关或者设区的市一级以上公安机关批准。

**第二百五十五条** 监狱、看守所提出暂予监外执行的书面意见的,应当将书面意见的副本抄送人民检察院。人民检察院可以向决定或者批准机关提出书面意见。

**第二百五十六条** 决定或者批准暂予监外执行的机关应当将暂予监外执行决定抄送人民检察院。人民检察院认为暂予监外执行不当的,应当自接到通知之日起一个月以内将书面意见送交决定或者批准暂予监外执行的机关,决定或者批准暂予监外执行的机关接到人民检察院的书面意见后,应当立即对该决定进行重新核查。

**第二百五十七条** 对暂予监外执行的罪犯,有下列情形之一的,应当及时收监:

(一)发现不符合暂予监外执行条件的;

(二)严重违反有关暂予监外执行监督管理规定的;

(三)暂予监外执行的情形消失后,罪犯刑期未满的。

对于人民法院决定暂予监外执行的罪犯应当予以收监的,由人民法院作出决定,将有关的法律文书送达公安机关、监狱或者其他执行机关。

不符合暂予监外执行条件的罪犯通过贿赂等非法手段被暂予监外执行的,在监外执行的期间不计入执行刑期。罪犯在暂予监外执行期间脱逃的,脱逃的期间不计入执行刑期。

罪犯在暂予监外执行期间死亡的,执行机关应当及时通知监狱或者看守所。

**第二百五十八条** 对被判处管制、宣告缓刑、假释或者暂予监外执行的罪犯,依法实行社区矫正,由社区矫正机构负责执行。

**第二百五十九条** 对被判处剥夺政治权利的罪犯,由公安机关执行。执行期满,应当由执行机关书面通知本人及其所在单位、居住地基层组织。

**第二百六十条** 被判处罚金的罪犯,期满不缴纳的,人民法院应当强制缴纳;如果由于遭遇不能抗拒的灾祸缴纳确实有困难的,可以裁定减少或者免除。

**第二百六十一条** 没收财产的判决,无论附加适用或者独立适用,都由人民法院执行;在必要的时候,可以会同公安机关执行。

**第二百六十二条** 罪犯在服刑期间又犯罪的,或者发现了判决的时候所没有发现的罪行,由执行机关移送人民检察院处理。

被判处管制、拘役、有期徒刑或者无期徒刑的罪犯,在执行期间确有悔改或者立功表现,应当依法予以减刑、假释的时候,由执行机关提出建议书,报请人民法院审核裁定,并将建议书副本抄送人民检察院。人民检察院可以向人民法院提出书面意见。

**第二百六十三条** 人民检察院认为人民法院减刑、假释的裁定不当,应当在收到裁定书副本后二十日以内，向人民法院提出书面纠正意见。人民法院应当在收到纠正意见后一个月以内重新组成合议庭进行审理，作出最终裁定。

**第二百六十四条** 监狱和其他执行机关在刑罚执行中，如果认为判决有错误或者罪犯提出申诉，应当转请人民检察院或者原判人民法院处理。

**第二百六十五条** 人民检察院对执行机关执行刑罚的活动是否合法实行监督。如果发现有违法的情况，应当通知执行机关纠正。

## 三、最高人民法院关于适用《中华人民共和国刑事诉讼法》的解释（节选）

（2012年11月5日最高人民法院审判委员会第1559次会议通过 2012年12月20日公布 法释〔2012〕21号 自2013年1月1日起施行）

**第四百三十二条** 被判处无期徒刑、有期徒刑或者拘役的罪犯，符合刑事诉讼法第二百五十四条第一款、第二款的规定，人民法院决定暂予监外执行的，应当制作暂予监外执行决定书，写明罪犯基本情况、判决确定的罪名和刑罚、决定暂予监外执行的原因、依据等，通知罪犯居住地的县级司法行政机关派员办理交接手续，并将暂予监外执行决定书抄送罪犯居住地的县级人民检察院和公安机关。

人民检察院认为人民法院的暂予监外执行决定不当，在法定期限内提出书面意见的，人民法院应当立即对该决定重新核查，并在一个月内作出决定。

**第四百三十三条** 暂予监外执行的罪犯具有下列情形之一的，原作出

暂予监外执行决定的人民法院,应当在收到执行机关的收监执行建议书后十五日内,作出收监执行的决定:

(一)不符合暂予监外执行条件的;

(二)未经批准离开所居住的市、县,经警告拒不改正,或者拒不报告行踪,脱离监管的;

(三)因违反监督管理规定受到治安管理处罚,仍不改正的;

(四)受到执行机关两次警告,仍不改正的;

(五)保外就医期间不按规定提交病情复查情况,经警告拒不改正的;

(六)暂予监外执行的情形消失后,刑期未满的;

(七)保证人丧失保证条件或者因不履行义务被取消保证人资格,不能在规定期限内提出新的保证人的;

(八)违反法律、行政法规和监督管理规定,情节严重的其他情形。

人民法院收监执行决定书,一经作出,立即生效。

**第四百三十四条** 人民法院应当将收监执行决定书送交罪犯居住地的县级司法行政机关,由其根据有关规定将罪犯交付执行。收监执行决定书应当同时抄送罪犯居住地的同级人民检察院和公安机关。

**第四百三十五条** 被收监执行的罪犯有不计入执行刑期情形的,人民法院应当在作出收监决定时,确定不计入执行刑期的具体时间。

**第四百三十六条** 对被判处管制、宣告缓刑的罪犯,人民法院应当核实其居住地。宣判时,应当书面告知罪犯到居住地县级司法行政机关报到的期限和不按期报到的后果。判决、裁定生效后十日内,应当将判决书、裁定书、执行通知书等法律文书送达罪犯居住地的县级司法行政机关,同时抄送罪犯居住地的县级人民检察院。

**第四百四十九条** 对减刑、假释案件,应当按照下列情形分别处理:

(一)对被判处死刑缓期执行的罪犯的减刑,由罪犯服刑地的高级人民法院根据同级监狱管理机关审核同意的减刑建议书裁定;

(二)对被判处无期徒刑的罪犯的减刑、假释,由罪犯服刑地的高级人民法院,在收到同级监狱管理机关审核同意的减刑、假释建议书后一个月内作出裁定,案情复杂或者情况特殊的,可以延长一个月;

(三)对被判处有期徒刑和被减为有期徒刑的罪犯的减刑、假释,由罪犯服刑地的中级人民法院，在收到执行机关提出的减刑、假释建议书后一个月内作出裁定，案情复杂或者情况特殊的，可以延长一个月；

（四）对被判处拘役、管制的罪犯的减刑，由罪犯服刑地中级人民法院，在收到同级执行机关审核同意的减刑、假释建议书后一个月内作出裁定。

对暂予监外执行罪犯的减刑，应当根据情况，分别适用前款的有关规定。

**第四百五十条** 受理减刑、假释案件，应当审查执行机关移送的材料是否包括下列内容：

（一）减刑、假释建议书；

（二）终审法院的裁判文书、执行通知书、历次减刑裁定书的复制件；

（三）证明罪犯确有悔改、立功或者重大立功表现具体事实的书面材料；

（四）罪犯评审鉴定表、奖惩审批表等；

（五）罪犯假释后对所居住社区影响的调查评估报告；

（六）根据案件情况需要移送的其他材料。

经审查，材料不全的，应当通知提请减刑、假释的执行机关补送。

**第四百五十一条** 审理减刑、假释案件，应当审查财产刑和附带民事裁判的执行情况，以及罪犯退赃、退赔情况。罪犯积极履行判决确定的义务的，可以认定有悔改表现，在减刑、假释时从宽掌握；确有履行能力而不履行的，在减刑、假释时从严掌握。

**第四百五十二条** 审理减刑、假释案件，应当对以下内容予以公示：

（一）罪犯的姓名、年龄等个人基本情况；

（二）原判认定的罪名和刑期；

（三）罪犯历次减刑情况；

（四）执行机关的减刑、假释建议和依据。

公示应当写明公示期限和提出意见的方式。公示地点为罪犯服刑场所的公共区域；有条件的地方，可以面向社会公示。

**第四百五十三条** 审理减刑、假释案件，应当组成合议庭，可以采用书面审理的方式，但下列案件应当开庭审理：

（一）因罪犯有重大立功表现提请减刑的；

（二）提请减刑的起始时间、间隔时间或者减刑幅度不符合一般规定的；

（三）社会影响重大或者社会关注度高的；

（四）公示期间收到投诉意见的；

（五）人民检察院有异议的；

（六）有必要开庭审理的其他案件。

**第四百五十四条** 人民法院作出减刑、假释裁定后，应当在七日内送达提请减刑、假释的执行机关、同级人民检察院以及罪犯本人。人民检察院认为减刑、假释裁定不当，在法定期限内提出书面纠正意见的，人民法院应当在收到意见后另行组成合议庭审理，并在一个月内作出裁定。

**第四百五十五条** 减刑、假释裁定作出前，执行机关书面提请撤回减刑、假释建议的，是否准许，由人民法院决定。

**第四百五十六条** 人民法院发现本院已经生效的减刑、假释裁定确有错误的，应当另行组成合议庭审理；发现下级人民法院已经生效的减刑、假释裁定确有错误的，可以指令下级人民法院另行组成合议庭审理。

**第四百五十七条** 罪犯在缓刑、假释考验期限内犯新罪或者被发现在判决宣告前还有其他罪没有判决，应当撤销缓刑、假释的，由审判新罪的人民法院撤销原判决、裁定宣告的缓刑、假释，并书面通知原审人民法院和执行机关。

**第四百五十八条** 罪犯在缓刑、假释考验期限内，有下列情形之一的，原作出缓刑、假释判决、裁定的人民法院应当在收到执行机关的撤销缓刑、假释建议书后一个月内，作出撤销缓刑、假释的裁定：

（一）违反禁止令，情节严重的；

（二）无正当理由不按规定时间报到或者接受社区矫正期间脱离监管，超过一个月的；

（三）因违反监督管理规定受到治安管理处罚，仍不改正的；

（四）受到执行机关三次警告仍不改正的；

（五）违反有关法律、行政法规和监督管理规定，情节严重的其他情形。

人民法院撤销缓刑、假释的裁定,一经作出,立即生效。

人民法院应当将撤销缓刑、假释裁定书送交罪犯居住地的县级司法行政机关,由其根据有关规定将罪犯交付执行。撤销缓刑、假释裁定书应当同时抄送罪犯居住地的同级人民检察院和公安机关。

## 四、社区矫正实施办法

(2012年1月11日发布　司发通〔2012〕12号)

**第一条**　为依法规范实施社区矫正,将社区矫正人员改造成为守法公民,根据《中华人民共和国刑法》、《中华人民共和国刑事诉讼法》等有关法律规定,结合社区矫正工作实际,制定本办法。

**第二条**　司法行政机关负责指导管理、组织实施社区矫正工作。

人民法院对符合社区矫正适用条件的被告人、罪犯依法作出判决、裁定或者决定。

人民检察院对社区矫正各执法环节依法实行法律监督。

公安机关对违反治安管理规定和重新犯罪的社区矫正人员及时依法处理。

**第三条**　县级司法行政机关社区矫正机构对社区矫正人员进行监督管理和教育帮助。司法所承担社区矫正日常工作。

社会工作者和志愿者在社区矫正机构的组织指导下参与社区矫正工作。

有关部门、村(居)民委员会、社区矫正人员所在单位、就读学校、家庭成员或者监护人、保证人等协助社区矫正机构进行社区矫正。

**第四条**　人民法院、人民检察院、公安机关、监狱对拟适用社区矫正的被告人、罪犯，需要调查其对所居住社区影响的，可以委托县级司法行政机关进行调查评估。

受委托的司法行政机关应当根据委托机关的要求，对被告人或者罪犯的居所情况、家庭和社会关系、一贯表现、犯罪行为的后果和影响、居住地村(居)民委员会和被害人意见、拟禁止的事项等进行调查了解，形成评估意见，及时提交委托机关。

**第五条** 对于适用社区矫正的罪犯，人民法院、公安机关、监狱应当核实其居住地，在向其宣判时或者在其离开监所之前，书面告知其到居住地县级司法行政机关报到的时间期限以及逾期报到的后果，并通知居住地县级司法行政机关；在判决、裁定生效起三个工作日内，送达判决书、裁定书、决定书、执行通知书、假释证明书副本等法律文书，同时抄送其居住地县级人民检察院和公安机关。县级司法行政机关收到法律文书后，应当在三个工作日内送达回执。

**第六条** 社区矫正人员应当自人民法院判决、裁定生效之日或者离开监所之日起十日内到居住地县级司法行政机关报到。县级司法行政机关应当及时为其办理登记接收手续，并告知其三日内到指定的司法所接受社区矫正。发现社区矫正人员未按规定时间报到的，县级司法行政机关应当及时组织查找，并通报决定机关。

暂予监外执行的社区矫正人员，由交付执行的监狱、看守所将其押送至居住地，与县级司法行政机关办理交接手续。罪犯服刑地与居住地不在同一省、自治区、直辖市，需要回居住地暂予监外执行的，服刑地的省级监狱管理机关、公安机关监所管理部门应当书面通知罪犯居住地的同级监狱管理机关、公安机关监所管理部门，指定一所监狱、看守所接收罪犯档案，负责办理罪犯收监、释放等手续。人民法院决定暂予监外执行的，应当通知其居住地县级司法行政机关派员到庭办理交接手续。

**第七条** 司法所接收社区矫正人员后，应当及时向社区矫正人员宣告判决书、裁定书、决定书、执行通知书等有关法律文书的主要内容；社区矫正期限；社区矫正人员应当遵守的规定、被禁止的事项以及违反规定的法律后果；社区矫正人员依法享有的权利和被限制行使的权利；矫正小组人员组成及职责等有关事项。

宣告由司法所工作人员主持,矫正小组成员及其他相关人员到场,按照规定程序进行。

**第八条** 司法所应当为社区矫正人员确定专门的矫正小组。矫正小组由司法所工作人员担任组长,由本办法第三条第二、第三款所列相关人员组成。社区矫正人员为女性的,矫正小组应当有女性成员。

司法所应当与矫正小组签订矫正责任书,根据小组成员所在单位和身份,明确各自的责任和义务,确保各项矫正措施落实。

**第九条** 司法所应当为社区矫正人员制定矫正方案,在对社区矫正人员被判处的刑罚种类、犯罪情况、悔罪表现、个性特征和生活环境等情况进行综合评估的基础上,制定有针对性的监管、教育和帮助措施。根据矫正方案的实施效果,适时予以调整。

**第十条** 县级司法行政机关应当为社区矫正人员建立社区矫正执行档案,包括适用社区矫正的法律文书,以及接收、监管审批、处罚、收监执行、解除矫正等有关社区矫正执行活动的法律文书。

司法所应当建立社区矫正工作档案,包括司法所和矫正小组进行社区矫正的工作记录,社区矫正人员接受社区矫正的相关材料等。同时留存社区矫正执行档案副本。

**第十一条** 社区矫正人员应当定期向司法所报告遵纪守法、接受监督管理、参加教育学习、社区服务和社会活动的情况。发生居所变化、工作变动、家庭重大变故以及接触对其矫正产生不利影响人员的,社区矫正人员应当及时报告。

保外就医的社区矫正人员还应当每个月向司法所报告本人身体情况,每三个月向司法所提交病情复查情况。

**第十二条** 对于人民法院禁止令确定需经批准才能进入的特定区域或者场所,社区矫正人员确需进入的,应当经县级司法行政机关批准,并告知人民检察院。

**第十三条** 社区矫正人员未经批准不得离开所居住的市、县(旗)。

社区矫正人员因就医、家庭重大变故等原因,确需离开所居住的市、县(旗),在七日以内的,应当报经司法所批准;超过七日的,应当由司法所签署意见后报经县级司法行政机关批准。返回居住地时,应当立即向司法所报告。社区矫正人员离开所居住市、县(旗)不得超过一个月。

**第十四条** 社区矫正人员未经批准不得变更居住的县(市、区、旗)。

社区矫正人员因居所变化确需变更居住地的,应当提前一个月提出书面申请,由司法所签署意见后报经县级司法行政机关审批。县级司法行政机关在征求社区矫正人员新居住地县级司法行政机关的意见后作出决定。

经批准变更居住地的,县级司法行政机关应当自作出决定之日起三个工作日内,将有关法律文书和矫正档案移交新居住地县级司法行政机关。有关法律文书应当抄送现居住地及新居住地县级人民检察院和公安机关。社区矫正人员应当自收到决定之日起七日内到新居住地县级司法行政机关报到。

**第十五条** 社区矫正人员应当参加公共道德、法律常识、时事政策等教育学习活动,增强法制观念、道德素质和悔罪自新意识。社区矫正人员每月参加教育学习时间不少于八小时。

**第十六条** 有劳动能力的社区矫正人员应当参加社区服务,修复社会关系,培养社会责任感、集体观念和纪律意识。社区矫正人员每月参加社区服务时间不少于八小时。

**第十七条** 根据社区矫正人员的心理状态、行为特点等具体情况,应当采取有针对性的措施进行个别教育和心理辅导,矫正其违法犯罪心理,提高其适应社会能力。

**第十八条** 司法行政机关应当根据社区矫正人员的需要,协调有关部门和单位开展职业培训和就业指导,帮助落实社会保障措施。

**第十九条** 司法所应当根据社区矫正人员个人生活、工作及所处社区的实际情况,有针对性地采取实地检查、通讯联络、信息化核查等措施及时掌握社区矫正人员的活动情况。重点时段、重大活动期间或者遇有特殊情况,司法所应当及时了解掌握社区矫正人员的有关情况,可以根据需要要求社区矫正人员到办公场所报告、说明情况。

社区矫正人员脱离监管的,司法所应当及时报告县级司法行政机关组织追查。

**第二十条** 司法所应当定期到社区矫正人员的家庭、所在单位、就读学校和居住的社区了解、核实社区矫正人员的思想动态和现实表现等情况。

对保外就医的社区矫正人员，司法所应当定期与其治疗医院沟通联系，及时掌握其身体状况及疾病治疗、复查结果等情况，并根据需要向批准、决定机关或者有关监狱、看守所反馈情况。

**第二十一条** 司法所应当及时记录社区矫正人员接受监督管理、参加教育学习和社区服务等情况，定期对其接受矫正的表现进行考核，并根据考核结果，对社区矫正人员实施分类管理。

**第二十二条** 发现社区矫正人员有违反监督管理规定或者人民法院禁止令情形的，司法行政机关应当及时派员调查核实情况，收集有关证明材料，提出处理意见。

**第二十三条** 社区矫正人员有下列情形之一的，县级司法行政机关应当给予警告，并出具书面决定：

（一）未按规定时间报到的；

（二）违反关于报告、会客、外出、居住地变更规定的；

（三）不按规定参加教育学习、社区服务等活动，经教育仍不改正的；

（四）保外就医的社区矫正人员无正当理由不按时提交病情复查情况，或者未经批准进行就医以外的社会活动且经教育仍不改正的；

（五）违反人民法院禁止令，情节轻微的；

（六）其他违反监督管理规定的。

**第二十四条** 社区矫正人员违反监督管理规定或者人民法院禁止令，依法应予治安管理处罚的，县级司法行政机关应当及时提请同级公安机关依法给予处罚。公安机关应当将处理结果通知县级司法行政机关。

**第二十五条** 缓刑、假释的社区矫正人员有下列情形之一的，由居住地同级司法行政机关向原裁判人民法院提出撤销缓刑、假释建议书并附相关证明材料，人民法院应当自收到之日起一个月内依法作出裁定：

（一）违反人民法院禁止令，情节严重的；

（二）未按规定时间报到或者接受社区矫正期间脱离监管，超过一个月的；

（三）因违反监督管理规定受到治安管理处罚，仍不改正的；

（四）受到司法行政机关三次警告仍不改正的；

（五）其他违反有关法律、行政法规和监督管理规定，情节严重的。

司法行政机关撤销缓刑、假释的建议书和人民法院的裁定书同时抄送社区矫正人员居住地同级人民检察院和公安机关。

**第二十六条** 暂予监外执行的社区矫正人员有下列情形之一的，由居住地县级司法行政机关向批准、决定机关提出收监执行的建议书并附相关证明材料，批准、决定机关应当自收到之日起十五日内依法作出决定：

（一）发现不符合暂予监外执行条件的；

（二）未经司法行政机关批准擅自离开居住的市、县（旗），经警告拒不改正，或者拒不报告行踪，脱离监管的；

（三）因违反监督管理规定受到治安管理处罚，仍不改正的；

（四）受到司法行政机关两次警告，仍不改正的；

（五）保外就医期间不按规定提交病情复查情况，经警告拒不改正的；

（六）暂予监外执行的情形消失后，刑期未满的；

（七）保证人丧失保证条件或者因不履行义务被取消保证人资格，又不能在规定期限内提出新的保证人的；

（八）其他违反有关法律、行政法规和监督管理规定，情节严重的。

司法行政机关的收监执行建议书和决定机关的决定书，应当同时抄送社区矫正人员居住地同级人民检察院和公安机关。

**第二十七条** 人民法院裁定撤销缓刑、假释或者对暂予监外执行罪犯决定收监执行的，居住地县级司法行政机关应当及时将罪犯送交监狱或者看守所，公安机关予以协助。

监狱管理机关对暂予监外执行罪犯决定收监执行的，监狱应当立即赴羁押地将罪犯收监执行。

公安机关对暂予监外执行罪犯决定收监执行的，由罪犯居住地看守所将罪犯收监执行。

**第二十八条** 社区矫正人员符合法定减刑条件的，由居住地县级司法行政机关提出减刑建议书并附相关证明材料，经地（市）级司法行政机关审核同意后提请社区矫正人员居住地的中级人民法院裁定。人民法院应当自收到之日起一个月内依法裁定；暂予监外执行罪犯的减刑，案情复杂或者情况特殊的，可以延长一个月。司法行政机关减刑建议书和人民法院减刑裁定书副本，应当同时抄送社区矫正人员居住地同级人民检察院和公安机关。

**第二十九条** 社区矫正期满前，社区矫正人员应当作出个人总结，司法所应当根据其在接受社区矫正期间的表现、考核结果、社区意见等情况作出书面鉴定，并对其安置帮教提出建议。

**第三十条** 社区矫正人员矫正期满，司法所应当组织解除社区矫正宣告。宣告由司法所工作人员主持，按照规定程序公开进行。

司法所应当针对社区矫正人员不同情况，通知有关部门、村(居)民委员会、群众代表、社区矫正人员所在单位、社区矫正人员的家庭成员或者监护人、保证人参加宣告。

宣告事项应当包括：宣读对社区矫正人员的鉴定意见；宣布社区矫正期限届满，依法解除社区矫正；对判处管制的，宣布执行期满，解除管制；对宣告缓刑的，宣布缓刑考验期满，原判刑罚不再执行；对裁定假释的，宣布考验期满，原判刑罚执行完毕。

县级司法行政机关应当向社区矫正人员发放解除社区矫正证明书，并书面通知决定机关，同时抄送县级人民检察院和公安机关。

暂予监外执行的社区矫正人员刑期届满的，由监狱、看守所依法为其办理刑满释放手续。

**第三十一条** 社区矫正人员死亡、被决定收监执行或者被判处监禁刑罚的，社区矫正终止。

社区矫正人员在社区矫正期间死亡的，县级司法行政机关应当及时书面通知批准、决定机关，并通报县级人民检察院。

**第三十二条** 对于被判处剥夺政治权利在社会上服刑的罪犯，司法行政机关配合公安机关，监督其遵守刑法第五十四条的规定，并及时掌握有关信息。被剥夺政治权利的罪犯可以自愿参加司法行政机关组织的心理辅导、职业培训和就业指导活动。

**第三十三条** 对未成年人实施社区矫正，应当遵循教育、感化、挽救的方针，按照下列规定执行：

(一)对未成年人的社区矫正应当与成年人分开进行；

(二)对未成年社区矫正人员给予身份保护，其矫正宣告不公开进行，其矫正档案应当保密；

（三）未成年社区矫正人员的矫正小组应当有熟悉青少年成长特点的人员参加；

（四）针对未成年人的年龄、心理特点和身心发育需要等特殊情况，采取有益于其身心健康发展的监督管理措施；

（五）采用易为未成年人接受的方式，开展思想、法制、道德教育和心理辅导；

（六）协调有关部门为未成年社区矫正人员就学、就业等提供帮助；

（七）督促未成年社区矫正人员的监护人履行监护职责，承担抚养、管教等义务；

（八）采取其他有利于未成年社区矫正人员改过自新、融入正常社会生活的必要措施。

犯罪的时候不满十八周岁被判处五年有期徒刑以下刑罚的社区矫正人员，适用前款规定。

**第三十四条** 社区矫正人员社区矫正期满的，司法所应当告知其安置帮教有关规定，与安置帮教工作部门妥善做好交接，并转交有关材料。

**第三十五条** 司法行政机关应当建立例会、通报、业务培训、信息报送、统计、档案管理以及执法考评、执法公开、监督检查等制度，保障社区矫正工作规范运行。

司法行政机关应当建立突发事件处置机制，发现社区矫正人员非正常死亡、实施犯罪、参与群体性事件的，应当立即与公安机关等有关部门协调联动、妥善处置，并将有关情况及时报告上级司法行政机关和有关部门。

司法行政机关和公安机关、人民检察院、人民法院建立社区矫正人员的信息交换平台，实现社区矫正工作动态数据共享。

**第三十六条** 社区矫正人员的人身安全、合法财产和辩护、申诉、控告、检举以及其他未被依法剥夺或者限制的权利不受侵犯。社区矫正人员在就学、就业和享受社会保障等方面，不受歧视。

司法工作人员应当认真听取和妥善处理社区矫正人员反映的问题，依法维护其合法权益。

**第三十七条** 人民检察院发现社区矫正执法活动违反法律和本办法规定的，可以区别情况提出口头纠正意见、制发纠正违法通知书或者检察建议书。交付执行机关和执行机关应当及时纠正、整改,并将有关情况告知人民检察院。

**第三十八条** 在实施社区矫正过程中,司法工作人员有玩忽职守、徇私舞弊、滥用职权等违法违纪行为的,依法给予相应处分;构成犯罪的,依法追究刑事责任。

**第三十九条** 各级人民法院、人民检察院、公安机关、司法行政机关应当切实加强对社区矫正工作的组织领导,健全工作机制,明确工作机构,配备工作人员,落实工作经费,保障社区矫正工作的顺利开展。

**第四十条** 本办法自2012年3月1日起施行。最高人民法院、最高人民检察院、公安部、司法部之前发布的有关社区矫正的规定与本办法不一致的,以本办法为准。

## 五、最高人民法院关于办理减刑、假释案件具体应用法律若干问题的规定

(2012年1月17日发布 法释〔2012〕2号)

为正确适用刑法、刑事诉讼法,依法办理减刑、假释案件,根据刑法、刑事诉讼法和有关法律的规定,制定本规定。

**第一条** 根据刑法第七十八条第一款的规定,被判处管制、拘役、有期徒刑、无期徒刑的犯罪分子,在执行期间,认真遵守监规,接受教育改造,确有悔改表现的,或者有立功表现的,可以减刑;有重大立功表现的,应当减刑。

**第二条** “确有悔改表现”是指同时具备以下四个方面情形:认罪悔罪;认真遵守法律法规及监规,接受教育改造;积极参加思想、文化、职业技

术教育;积极参加劳动,努力完成劳动任务。

对罪犯在刑罚执行期间提出申诉的,要依法保护其申诉权利,对罪犯申诉不应不加分析地认为是不认罪悔罪。

罪犯积极执行财产刑和履行附带民事赔偿义务的,可视为有认罪悔罪表现,在减刑、假释时可以从宽掌握;确有执行、履行能力而不执行、不履行的,在减刑、假释时应当从严掌握。

**第三条** 具有下列情形之一的,应当认定为有“立功表现”:

(一)阻止他人实施犯罪活动的;

(二)检举、揭发监狱内外犯罪活动,或者提供重要的破案线索,经查证属实的;

(三)协助司法机关抓捕其他犯罪嫌疑人(包括同案犯)的;

(四)在生产、科研中进行技术革新,成绩突出的;

(五)在抢险救灾或者排除重大事故中表现突出的;

(六)对国家和社会有其他贡献的。

**第四条** 具有下列情形之一的,应当认定为有“重大立功表现”:

(一)阻止他人实施重大犯罪活动的;

(二)检举监狱内外重大犯罪活动,经查证属实的;

(三)协助司法机关抓捕其他重大犯罪嫌疑人(包括同案犯)的;

(四)有发明创造或者重大技术革新的;

(五)在日常生产、生活中舍己救人的;

(六)在抗御自然灾害或者排除重大事故中,有特别突出表现的;

(七)对国家和社会有其他重大贡献的。

**第五条** 有期徒刑罪犯在刑罚执行期间,符合减刑条件的,减刑幅度为:确有悔改表现,或者有立功表现的,一次减刑一般不超过一年有期徒刑;确有悔改表现并有立功表现,或者有重大立功表现的,一次减刑一般不超过二年有期徒刑。

**第六条** 有期徒刑罪犯的减刑起始时间和间隔时间为:被判处五年以上有期徒刑的罪犯,一般在执行一年六个月以上方可减刑,两次减刑之间一般应当间隔一年以上。被判处不满五年有期徒刑的罪犯,可以比照上述规定,适当缩短起始和间隔时间。

确有重大立功表现的，可以不受上述减刑起始和间隔时间的限制。

有期徒刑的减刑起始时间自判决执行之日起计算。

**第七条** 无期徒刑罪犯在刑罚执行期间，确有悔改表现，或者有立功表现的，服刑二年以后，可以减刑。减刑幅度为：确有悔改表现，或者有立功表现的，一般可以减为二十年以上二十二年以下有期徒刑；有重大立功表现的，可以减为十五年以上二十年以下有期徒刑。

**第八条** 无期徒刑罪犯经过一次或几次减刑后，其实际执行的刑期不能少于十三年，起始时间应当自无期徒刑判决确定之日起计算。

**第九条** 死刑缓期执行罪犯减为无期徒刑后，确有悔改表现，或者有立功表现的，服刑二年以后可以减为二十五年有期徒刑；有重大立功表现的，服刑二年以后可以减为二十三年有期徒刑。

死刑缓期执行罪犯经过一次或几次减刑后，其实际执行的刑期不能少于十五年，死刑缓期执行期间不包括在内。

死刑缓期执行罪犯在缓期执行期间抗拒改造，尚未构成犯罪的，此后减刑时可以适当从严。

**第十条** 被限制减刑的死刑缓期执行罪犯，缓期执行期满后依法被减为无期徒刑的，或者因有重大立功表现被减为二十五年有期徒刑的，应当比照未被限制减刑的死刑缓期执行罪犯在减刑的起始时间、间隔时间和减刑幅度上从严掌握。

**第十一条** 判处管制、拘役的罪犯，以及判决生效后剩余刑期不满一年有期徒刑的罪犯，符合减刑条件的，可以酌情减刑，其实际执行的刑期不能少于原判刑期的二分之一。

**第十二条** 有期徒刑罪犯减刑时，对附加剥夺政治权利的期限可以酌减。酌减后剥夺政治权利的期限，不能少于一年。

**第十三条** 判处拘役或者三年以下有期徒刑并宣告缓刑的罪犯，一般不适用减刑。

前款规定的罪犯在缓刑考验期限内有重大立功表现的，可以参照刑法第七十八条的规定，予以减刑，同时应依法缩减其缓刑考验期限。拘役的缓刑考验期限不能少于二个月，有期徒刑的缓刑考验期限不能少于一年。

**第十四条** 被判处十年以上有期徒刑、无期徒刑的罪犯在刑罚执行期间又犯罪,被判处有期徒刑以下刑罚的,自新罪判决确定之日起二年内一般不予减刑;新罪被判处无期徒刑的,自新罪判决确定之日起三年内一般不予减刑。

**第十五条** 办理假释案件,判断“没有再犯罪的危险”,除符合刑法第八十一条规定的情形外,还应根据犯罪的具体情节、原判刑罚情况,在刑罚执行中的一贯表现,罪犯的年龄、身体状况、性格特征,假释后生活来源以及监管条件等因素综合考虑。

**第十六条** 有期徒刑罪犯假释,执行原判刑期二分之一以上的起始时间,应当从判决执行之日起计算,判决执行以前先行羁押的,羁押一日折抵刑期一日。

**第十七条** 刑法第八十一条第一款规定的“特殊情况”,是指与国家、社会利益有重要关系的情况。

**第十八条** 对累犯以及因故意杀人、强奸、抢劫、绑架、放火、爆炸、投放危险物质或者有组织的暴力性犯罪被判处十年以上有期徒刑、无期徒刑的罪犯,不得假释。

因前款情形和犯罪被判处死刑缓期执行的罪犯,被减为无期徒刑、有期徒刑后,也不得假释。

**第十九条** 未成年罪犯的减刑、假释,可以比照成年罪犯依法适当从宽。

未成年罪犯能认罪悔罪,遵守法律法规及监规,积极参加学习、劳动的,应视为确有悔改表现,减刑的幅度可以适当放宽,起始时间、间隔时间可以相应缩短。符合刑法第八十一条第一款规定的,可以假释。

前两款所称未成年罪犯,是指减刑时不满十八周岁的罪犯。

**第二十条** 老年、身体残疾(不含自伤致残)、患严重疾病罪犯的减刑、假释,应当主要注重悔罪的实际表现。

基本丧失劳动能力、生活难以自理的老年、身体残疾、患严重疾病的罪犯,能够认真遵守法律法规及监规,接受教育改造,应视为确有悔改表现,减刑的幅度可以适当放宽,起始时间、间隔时间可以相应缩短。假释后生活确有着落的,除法律和本解释规定不得假释的情形外,可以依法假释。

对身体残疾罪犯和患严重疾病罪犯进行减刑、假释,其残疾、疾病程度应由法定鉴定机构依法作出认定。

**第二十一条** 对死刑缓期执行罪犯减为无期徒刑或者有期徒刑后,符合刑法第八十一条第一款和本规定第九条第二款、第十八条规定的,可以假释。

**第二十二条** 罪犯减刑后又假释的间隔时间,一般为一年;对一次减去二年有期徒刑后,决定假释的,间隔时间不能少于二年。

罪犯减刑后余刑不足二年,决定假释的,可以适当缩短间隔时间。

**第二十三条** 人民法院按照审判监督程序重新审理的案件,维持原判决、裁定的,原减刑、假释裁定效力不变;改变原判决、裁定的,应由刑罚执行机关依照再审裁判情况和原减刑、假释情况,提请有管辖权的人民法院重新作出减刑、假释裁定。

**第二十四条** 人民法院受理减刑、假释案件,应当审查执行机关是否移送下列材料:

(一)减刑或者假释建议书;

(二)终审法院的裁判文书、执行通知书、历次减刑裁定书的复制件;

(三)罪犯确有悔改或者立功、重大立功表现的具体事实的书面证明材料;

(四)罪犯评审鉴定表、奖惩审批表等;

(五)其他根据案件的审理需要移送的材料。

提请假释的,应当附有社区矫正机构关于罪犯假释后对所居住社区影响的调查评估报告。

人民检察院对提请减刑、假释案件提出的检察意见,应当一并移送受理减刑、假释案件的人民法院。

经审查,如果前三款规定的材料齐备的,应当立案;材料不齐备的,应当通知提请减刑、假释的执行机关补送。

**第二十五条** 人民法院审理减刑、假释案件,应当一律予以公示。公示地点为罪犯服刑场所的公共区域。有条件的地方,应面向社会公示,接受社会监督。公示应当包括下列内容:

(一)罪犯的姓名;

(二)原判认定的罪名和刑期;

(三)罪犯历次减刑情况;

(四)执行机关的减刑、假释建议和依据;

(五)公示期限;

(六)意见反馈方式等。

**第二十六条** 人民法院审理减刑、假释案件,可以采用书面审理的方式。但下列案件,应当开庭审理:

(一)因罪犯有重大立功表现提请减刑的;

(二)提请减刑的起始时间、间隔时间或者减刑幅度不符合一般规定的;

(三)在社会上有重大影响或社会关注度高的;

(四)公示期间收到投诉意见的;

(五)人民检察院有异议的;

(六)人民法院认为有开庭审理必要的。

**第二十七条** 在人民法院作出减刑、假释裁定前,执行机关书面提请撤回减刑、假释建议的,是否准许,由人民法院决定。

**第二十八条** 减刑、假释的裁定,应当在裁定作出之日起七日内送达有关执行机关、人民检察院以及罪犯本人。

**第二十九条** 人民法院发现本院或者下级人民法院已经生效的减刑、假释裁定确有错误,应当依法重新组成合议庭进行审理并作出裁定。

## 六、暂予监外执行规定

(2014年10月24日发布 司发通〔2014〕112号)

为了正确贯彻实施修改后的刑事诉讼法,进一步完善暂予监外执行制度,保障暂予监外执行工作严格依法规范进行,按照中央司法体制改革的要求，最高人民法院、最高人民检察院、公安部、司法部、国家卫生计生委联合制定了《暂予监外执行规定》，现予以印发，请认真贯彻执行。对于实施情况及遇到的问题，请分别及时报告最高人民法院、最高人民检察院、公安部、司法部、国家卫生计生委。

**第一条** 为了规范暂予监外执行工作，严格依法适用暂予监外执行，根据刑事诉讼法、监狱法等有关规定，结合刑罚执行工作实际，制定本规定。

**第二条** 对罪犯适用暂予监外执行，分别由下列机关决定或者批准：

（一）在交付执行前，由人民法院决定；

（二）在监狱服刑的，由监狱审查同意后提请省级以上监狱管理机关批准；

（三）在看守所服刑的，由看守所审查同意后提请设区的市一级以上公安机关批准。

对有关职务犯罪罪犯适用暂予监外执行，还应当依照有关规定逐案报请备案审查。

**第三条** 对暂予监外执行的罪犯，依法实行社区矫正，由其居住地的社区矫正机构负责执行。

**第四条** 罪犯在暂予监外执行期间的生活、医疗和护理等费用自理。

罪犯在监狱、看守所服刑期间因参加劳动致伤、致残被暂予监外执行的，其出监、出所后的医疗补助、生活困难补助等费用，由其服刑所在的监狱、看守所按照国家有关规定办理。

**第五条** 对被判处有期徒刑、拘役或者已经减为有期徒刑的罪犯，有下列情形之一，可以暂予监外执行：

（一）患有属于本规定所附《保外就医严重疾病范围》的严重疾病，需要保外就医的；

（二）怀孕或者正在哺乳自己婴儿的妇女；

（三）生活不能自理的。

对被判处无期徒刑的罪犯，有前款第二项规定情形的，可以暂予监外执行。

**第六条** 对需要保外就医或者属于生活不能自理，但适用暂予监外执行可能有社会危险性，或者自伤自残，或者不配合治疗的罪犯，不得暂予监外执行。

对职务犯罪、破坏金融管理秩序和金融诈骗犯罪、组织（领导、参加、包庇、纵容）黑社会性质组织犯罪的罪犯适用保外就医应当从严审批，对患有高血压、糖尿病、心脏病等严重疾病，但经诊断短期内没有生命危险的，不得暂予监外执行。

对在暂予监外执行期间因违法违规被收监执行或者因重新犯罪被判刑的罪犯，需要再次适用暂予监外执行的，应当从严审批。

**第七条** 对需要保外就医或者属于生活不能自理的累犯以及故意杀人、强奸、抢劫、绑架、放火、爆炸、投放危险物质或者有组织的暴力性犯罪的罪犯，原被判处死刑缓期二年执行或者无期徒刑的，应当在减为有期徒刑后执行有期徒刑七年以上方可适用暂予监外执行；原被判处十年以上有期徒刑的，应当执行原判刑期三分之一以上方可适用暂予监外执行。

对未成年罪犯、六十五周岁以上的罪犯、残疾人罪犯，适用前款规定可以适度从宽。

对患有本规定所附《保外就医严重疾病范围》的严重疾病，短期内有生命危险的罪犯，可以不受本条第一款规定关于执行刑期的限制。

**第八条** 对在监狱、看守所服刑的罪犯需要暂予监外执行的，监狱、看守所应当组织对罪犯进行病情诊断、妊娠检查或者生活不能自理的鉴别。罪犯本人或者其亲属、监护人也可以向监狱、看守所提出书面申请。

监狱、看守所对拟提请暂予监外执行的罪犯，应当核实其居住地。需要调查其对所居住社区影响的，可以委托居住地县级司法行政机关进行调查。

监狱、看守所应当向人民检察院通报有关情况。人民检察院可以派员监督有关诊断、检查和鉴别活动。

**第九条** 对罪犯的病情诊断或者妊娠检查，应当委托省级人民政府指定的医院进行。医院出具的病情诊断或者检查证明文件，应当由两名具有副高以上专业技术职称的医师共同作出，经主管业务院长审核签名，加盖公章，并附化验单、影像学资料和病历等有关医疗文书复印件。

对罪犯生活不能自理情况的鉴别，由监狱、看守所组织有医疗专业人员参加的鉴别小组进行。鉴别意见由组织鉴别的监狱、看守所出具,参与鉴别的人员应当签名,监狱、看守所的负责人应当签名并加盖公章。

对罪犯进行病情诊断、妊娠检查或者生活不能自理的鉴别,与罪犯有亲属关系或者其他利害关系的医师、人员应当回避。

**第十条** 罪犯需要保外就医的,应当由罪犯本人或者其亲属、监护人提出保证人,保证人由监狱、看守所审查确定。

罪犯没有亲属、监护人的,可以由其居住地的村(居)民委员会、原所在单位或者社区矫正机构推荐保证人。

保证人应当向监狱、看守所提交保证书。

**第十一条** 保证人应当同时具备下列条件:

(一)具有完全民事行为能力,愿意承担保证人义务;

(二)人身自由未受到限制;

(三)有固定的住处和收入;

(四)能够与被保证人共同居住或者居住在同一市、县。

**第十二条** 罪犯在暂予监外执行期间,保证人应当履行下列义务:

(一)协助社区矫正机构监督被保证人遵守法律和有关规定;

(二)发现被保证人擅自离开居住的市、县或者变更居住地,或者有违法犯罪行为,或者需要保外就医情形消失,或者被保证人死亡的,立即向社区矫正机构报告;

(三)为被保证人的治疗、护理、复查以及正常生活提供帮助;

(四)督促和协助被保证人按照规定履行定期复查病情和向社区矫正机构报告的义务。

**第十三条** 监狱、看守所应当就是否对罪犯提请暂予监外执行进行审议。经审议决定对罪犯提请暂予监外执行的,应当在监狱、看守所内进行公示。对病情严重必须立即保外就医的,可以不公示,但应当在保外就医后三个工作日以内在监狱、看守所内公告。

公示无异议或者经审查异议不成立的,监狱、看守所应当填写暂予监外执行审批表,连同有关诊断、检查、鉴别材料、保证人的保证书,提请省级以上监狱管理机关或者设区的市一级以上公安机关批准。已委托进行核实、调查的,还应当附县级司法行政机关出具的调查评估意见书。

监狱、看守所审议暂予监外执行前，应当将相关材料抄送人民检察院。决定提请暂予监外执行的，监狱、看守所应当将提请暂予监外执行书面意见的副本和相关材料抄送人民检察院。人民检察院可以向决定或者批准暂予监外执行的机关提出书面意见。

**第十四条** 批准机关应当自收到监狱、看守所提请暂予监外执行材料之日起十五个工作日以内作出决定。批准暂予监外执行的，应当在五个工作日以内将暂予监外执行决定书送达监狱、看守所，同时抄送同级人民检察院、原判人民法院和罪犯居住地社区矫正机构。暂予监外执行决定书应当上网公开。不予批准暂予监外执行的，应当在五个工作日以内将不予批准暂予监外执行决定书送达监狱、看守所。

**第十五条** 监狱、看守所应当向罪犯发放暂予监外执行决定书，及时为罪犯办理出监、出所相关手续。

在罪犯离开监狱、看守所之前，监狱、看守所应当核实其居住地，书面通知其居住地社区矫正机构，并对其进行出监、出所教育，书面告知其在暂予监外执行期间应当遵守的法律和有关监督管理规定。罪犯应当在告知书上签名。

**第十六条** 监狱、看守所应当派员持暂予监外执行决定书及有关文书材料，将罪犯押送至居住地，与社区矫正机构办理交接手续。监狱、看守所应当及时将罪犯交接情况通报人民检察院。

**第十七条** 对符合暂予监外执行条件的，被告人及其辩护人有权向人民法院提出暂予监外执行的申请，看守所可以将有关情况通报人民法院。对被告人、罪犯的病情诊断、妊娠检查或者生活不能自理的鉴别，由人民法院依照本规定程序组织进行。

**第十八条** 人民法院应当在执行刑罚的有关法律文书依法送达前，作出是否暂予监外执行的决定。

人民法院决定暂予监外执行的，应当制作暂予监外执行决定书，写明罪犯基本情况、判决确定的罪名和刑罚、决定暂予监外执行的原因、依据等，在判决生效后七日以内将暂予监外执行决定书送达看守所或者执行取保候审、监视居住的公安机关和罪犯居住地社区矫正机构，并抄送同级人民检察院。

人民法院决定不予暂予监外执行的，应当在执行刑罚的有关法律文书依法送达前，通知看守所或者执行取保候审、监视居住的公安机关，并告知同级人民检察院。监狱、看守所应当依法接收罪犯，执行刑罚。

人民法院在作出暂予监外执行决定前，应当征求人民检察院的意见。

**第十九条** 人民法院决定暂予监外执行，罪犯被羁押的，应当通知罪犯居住地社区矫正机构，社区矫正机构应当派员持暂予监外执行决定书及时与看守所办理交接手续，接收罪犯档案；罪犯被取保候审、监视居住的，由社区矫正机构与执行取保候审、监视居住的公安机关办理交接手续。

**第二十条** 罪犯原服刑地与居住地不在同一省、自治区、直辖市，需要回居住地暂予监外执行的，原服刑地的省级以上监狱管理机关或者设区的市一级以上公安机关监所管理部门应当书面通知罪犯居住地的监狱管理机关、公安机关监所管理部门，由其指定一所监狱、看守所接收罪犯档案，负责办理罪犯收监、刑满释放等手续，并及时书面通知罪犯居住地社区矫正机构。

**第二十一条** 社区矫正机构应当及时掌握暂予监外执行罪犯的身体状况以及疾病治疗等情况，每三个月审查保外就医罪犯的病情复查情况，并根据需要向批准、决定机关或者有关监狱、看守所反馈情况。

**第二十二条** 罪犯在暂予监外执行期间因犯新罪或者发现判决宣告以前还有其他罪没有判决的，侦查机关应当在对罪犯采取强制措施后二十四小时以内，将有关情况通知罪犯居住地社区矫正机构；人民法院应当在判决、裁定生效后，及时将判决、裁定的结果通知罪犯居住地社区矫正机构和罪犯原服刑或者接收其档案的监狱、看守所。

罪犯按前款规定被判处监禁刑罚后，应当由原服刑的监狱、看守所收监执行；原服刑的监狱、看守所与接收其档案的监狱、看守所不一致的，应当由接收其档案的监狱、看守所收监执行。

**第二十三条** 社区矫正机构发现暂予监外执行罪犯依法应予收监执行的，应当提出收监执行的建议，经县级司法行政机关审核同意后，报决定或者批准机关。决定或者批准机关应当进行审查，作出收监执行决定的，将有关的法律文书送达罪犯居住地县级司法行政机关和原服刑或者接收其档案的监狱、看守所，并抄送同级人民检察院、公安机关和原判人民法院。

人民检察院发现暂予监外执行罪犯依法应予收监执行而未收监执行的,由决定或者批准机关同级的人民检察院向决定或者批准机关提出收监执行的检察建议。

**第二十四条** 人民法院对暂予监外执行罪犯决定收监执行的,决定暂予监外执行时剩余刑期在三个月以下的,由居住地公安机关送交看守所收监执行;决定暂予监外执行时剩余刑期在三个月以上的,由居住地公安机关送交监狱收监执行。

监狱管理机关对暂予监外执行罪犯决定收监执行的,原服刑或者接收其档案的监狱应当立即赴羁押地将罪犯收监执行。

公安机关对暂予监外执行罪犯决定收监执行的,由罪犯居住地看守所将罪犯收监执行。

监狱、看守所将罪犯收监执行后,应当将收监执行的情况报告决定或者批准机关,并告知罪犯居住地县级人民检察院和原判人民法院。

**第二十五条** 被决定收监执行的罪犯在逃的,由罪犯居住地县级公安机关负责追捕。公安机关将罪犯抓捕后,依法送交监狱、看守所执行刑罚。

**第二十六条** 被收监执行的罪犯有法律规定的不计入执行刑期情形的,社区矫正机构应当在收监执行建议书中说明情况,并附有关证明材料。批准机关进行审核后,应当及时通知监狱、看守所向所在地的中级人民法院提出不计入执行刑期的建议书。人民法院应当自收到建议书之日起一个月以内依法对罪犯的刑期重新计算作出裁定。

人民法院决定暂予监外执行的,在决定收监执行的同时应当确定不计入刑期的期间。

人民法院应当将有关的法律文书送达监狱、看守所,同时抄送同级人民检察院。

**第二十七条** 罪犯暂予监外执行后,刑期即将届满的,社区矫正机构应当在罪犯刑期届满前一个月以内,书面通知罪犯原服刑或者接收其档案的监狱、看守所按期办理刑满释放手续。

人民法院决定暂予监外执行罪犯刑期届满的,社区矫正机构应当及时解除社区矫正,向其发放解除社区矫正证明书,并将有关情况通报原判人民法院。

**第二十八条** 罪犯在暂予监外执行期间死亡的，社区矫正机构应当自发现之日起五日以内，书面通知决定或者批准机关，并将有关死亡证明材料送达罪犯原服刑或者接收其档案的监狱、看守所，同时抄送罪犯居住地同级人民检察院。

**第二十九条** 人民检察院发现暂予监外执行的决定或者批准机关、监狱、看守所、社区矫正机构有违法情形的，应当依法提出纠正意见。

**第三十条** 人民检察院认为暂予监外执行不当的，应当自接到决定书之日起一个月以内将书面意见送交决定或者批准暂予监外执行的机关，决定或者批准暂予监外执行的机关接到人民检察院的书面意见后，应当立即对该决定进行重新核查。

**第三十一条** 人民检察院可以向有关机关、单位调阅有关材料、档案，可以调查、核实有关情况，有关机关、单位和人员应当予以配合。

人民检察院认为必要时，可以自行组织或者要求人民法院、监狱、看守所对罪犯重新组织进行诊断、检查或者鉴别。

**第三十二条** 在暂予监外执行执法工作中，司法工作人员或者从事诊断、检查、鉴别等工作的相关人员有玩忽职守、徇私舞弊、滥用职权等违法违纪行为的，依法给予相应的处分；构成犯罪的，依法追究刑事责任。

**第三十三条** 本规定所称生活不能自理，是指罪犯因患病、身体残疾或者年老体弱，日常生活行为需要他人协助才能完成的情形。

生活不能自理的鉴别参照《劳动能力鉴定—职工工伤与职业病致残等级分级》(GB/T16180－2006)执行。进食、翻身、大小便、穿衣洗漱、自主行动等五项日常生活行为中有三项需要他人协助才能完成，且经过六个月以上治疗、护理和观察，自理能力不能恢复的，可以认定为生活不能自理。六十五周岁以上的罪犯，上述五项日常生活行为有一项需要他人协助才能完成即可视为生活不能自理。

**第三十四条** 本规定自2014年12月1日起施行。最高人民检察院、公安部、司法部1990年12月31日发布的《罪犯保外就医执行办法》同时废止。

## 七、监狱暂予监外执行程序规定

(2016年8月22日发布 司发通〔2016〕78号)

### 第一章 总 则

**第一条** 为规范监狱办理暂予监外执行工作程序,根据《中华人民共和国刑事诉讼法》、《中华人民共和国监狱法》、《暂予监外执行规定》等有关规定,结合刑罚执行工作实际,制定本规定。

**第二条** 监狱办理暂予监外执行,应当遵循依法、公开、公平、公正的原则,严格实行办案责任制。

**第三条** 省、自治区、直辖市监狱管理局和监狱分别成立暂予监外执行评审委员会,由局长和监狱长任主任,分管暂予监外执行工作的副局长和副监狱长任副主任,刑罚执行、狱政管理、教育改造、狱内侦查、生活卫生、劳动改造等有关部门负责人为成员,监狱管理局、监狱暂予监外执行评审委员会成员不得少于9人。

监狱成立罪犯生活不能自理鉴别小组,由监狱长任组长,分管暂予监外执行工作的副监狱长任副组长,刑罚执行、狱政管理、生活卫生等部门负责人及2名以上医疗专业人员为成员,对因生活不能自理需要办理暂予监外执行的罪犯进行鉴别,鉴别小组成员不得少于7人。

**第四条** 监狱办理暂予监外执行,应当由监区人民警察集体研究,监区长办公会议审核,监狱刑罚执行部门审查,监狱暂予监外执行评审委员会评审,监狱长办公会议决定。

省、自治区、直辖市监狱管理局刑罚执行部门审查监狱依法定程序提请的暂予监外执行建议并出具意见,报请局长召集暂予监外执行评审委员会审核,必要时可以召开局长办公会议决定。

**第五条** 违反法律规定和本规定办理暂予监外执行，涉嫌违纪的，依照有关处分规定追究相关人员责任；涉嫌犯罪的，移送司法机关追究刑事责任。

## 第二章 暂予监外执行的诊断、检查、鉴别程序

**第六条** 对在监狱服刑的罪犯需要暂予监外执行的，监狱应当组织对罪犯进行病情诊断、妊娠检查或者生活不能自理的鉴别。罪犯本人或者其亲属、监护人也可以向监狱提出书面申请。

**第七条** 监狱组织诊断、检查或者鉴别，应当由监区提出意见，经监狱刑罚执行部门审查，报分管副监狱长批准后进行诊断、检查或者鉴别。

对于患有严重疾病或者怀孕需要暂予监外执行的罪犯，委托省级人民政府指定的医院进行病情诊断或者妊娠检查。

对于生活不能自理需要暂予监外执行的罪犯，由监狱罪犯生活不能自理鉴别小组进行鉴别。

**第八条** 对罪犯的病情诊断或妊娠检查证明文件，应当由两名具有副高以上专业技术职称的医师共同作出，经主管业务院长审核签名，加盖公章，并附化验单、影像学资料和病历等有关医疗文书复印件。

**第九条** 对于生活不能自理的鉴别，应当由监狱罪犯生活不能自理鉴别小组审查下列事项：

（一）调取并核查罪犯经六个月以上治疗、护理和观察，生活自理能力仍不能恢复的材料；

（二）查阅罪犯健康档案及相关材料；

（三）询问主管人民警察，并形成书面材料；

（四）询问护理人员及其同一监区 2 名以上罪犯，并形成询问笔录；

（五）对罪犯进行现场考察，观察其日常生活行为，并形成现场考察书面材料；

（六）其他能够证明罪犯生活不能自理的相关材料。

审查结束后，鉴别小组应当及时出具意见并填写《罪犯生活不能自理鉴别书》，经鉴别小组成员签名以后，报监狱长审核签名，加盖监狱公章。

**第十条** 监狱应当向人民检察院通报对罪犯进行病情诊断、妊娠检查

和生活不能自理鉴别工作情况。人民检察院可以派员监督。

## 第三章　暂予监外执行的提请程序

**第十一条**　罪犯需要保外就医的，应当由罪犯本人或其亲属、监护人提出保证人。无亲属、监护人的，可以由罪犯居住地的村（居）委会、原所在单位或者县级司法行政机关社区矫正机构推荐保证人。监狱刑罚执行部门对保证人的资格进行审查，填写《保证人资格审查表》，并告知保证人在罪犯暂予监外执行期间应当履行的义务，由保证人签署《暂予监外执行保证书》。

**第十二条**　对符合办理暂予监外执行条件的罪犯，监区人民警察应当集体研究，提出提请暂予监外执行建议，经监区长办公会议审核同意后，报送监狱刑罚执行部门审查。

**第十三条**　监区提出提请暂予监外执行建议的，应当报送下列材料：

（一）《暂予监外执行审批表》；

（二）终审法院裁判文书、执行通知书、历次刑罚变更执行法律文书；

（三）《罪犯病情诊断书》、《罪犯妊娠检查书》及相关诊断、检查的医疗文书复印件，《罪犯生活不能自理鉴别书》及有关证明罪犯生活不能自理的治疗、护理和现场考察、询问笔录等材料；

（四）监区长办公会议记录；

（五）《保证人资格审查表》、《暂予监外执行保证书》及相关材料。

**第十四条**　监狱刑罚执行部门收到监区对罪犯提请暂予监外执行的材料后，应当就下列事项进行审查：

（一）提交的材料是否齐全、完备、规范；

（二）罪犯是否符合法定暂予监外执行的条件；

（三）提请暂予监外执行的程序是否符合规定。

经审查，对材料不齐全或者不符合提请条件的，应当通知监区补充有关材料或者退回；对相关材料有疑义的，应当进行核查。对材料齐全、符合提请条件的，应当出具审查意见，由科室负责人在《暂予监外执行审批表》上签署意见，连同监区报送的材料一并提交监狱暂予监外执行评审委员会评审。

**第十五条**　监狱刑罚执行部门应当核实暂予监外执行罪犯拟居住地，

对需要调查评估其对所居住社区影响或核实保证人具保条件的，填写《拟暂予监外执行罪犯调查评估委托函》，附带原刑事判决书、减刑裁定书复印件以及罪犯在服刑期间表现情况材料，委托居住地县级司法行政机关进行调查，并出具调查评估意见书。

**第十六条** 监狱暂予监外执行评审委员会应当召开会议，对刑罚执行部门审查提交的提请暂予监外执行意见进行评审，提出评审意见。

监狱可以邀请人民检察院派员列席监狱暂予监外执行评审委员会会议。

**第十七条** 监狱暂予监外执行评审委员会评审后同意对罪犯提请暂予监外执行的，应当在监狱内进行公示。公示内容应当包括罪犯的姓名、原判罪名及刑期、暂予监外执行依据等。

公示期限为三个工作日。公示期内，罪犯对公示内容提出异议的，监狱暂予监外执行评审委员会应当进行复核，并告知其复核结果。

对病情严重必须立即保外就医的，可以不公示，但应当在保外就医后三个工作日内在监狱公告。

**第十八条** 公示无异议或者经复核异议不成立的，监狱应当将提请暂予监外执行相关材料送人民检察院征求意见。

征求意见后，监狱刑罚执行部门应当将监狱暂予监外执行评审委员会暂予监外执行建议和评审意见连同人民检察院意见，一并报请监狱长办公会议审议。

监狱对人民检察院意见未予采纳的，应当予以回复，并说明理由。

**第十九条** 监狱长办公会议决定提请暂予监外执行的，由监狱长在《暂予监外执行审批表》上签署意见，加盖监狱公章，并将有关材料报送省、自治区、直辖市监狱管理局。

人民检察院对提请暂予监外执行提出的检察意见，监狱应当一并移送办理暂予监外执行的省、自治区、直辖市监狱管理局。

决定提请暂予监外执行的，监狱应当将提请暂予监外执行书面意见的副本和相关材料抄送人民检察院。

**第二十条** 监狱决定提请暂予监外执行的，应当向省、自治区、直辖市监狱管理局提交提请暂予监外执行书面意见及下列材料：

（一）《暂予监外执行审批表》；

（二）终审法院裁判文书、执行通知书、历次刑罚变更执行法律文书；

（三）《罪犯病情诊断书》、《罪犯妊娠检查书》及相关诊断、检查的医疗文书复印件，《罪犯生活不能自理鉴别书》及有关证明罪犯生活不能自理的治疗、护理和现场考察、询问笔录等材料；

（四）监区长办公会议、监狱评审委员会会议、监狱长办公会议记录；

（五）《保证人资格审查表》、《暂予监外执行保证书》及相关材料；

（六）公示情况；

（七）根据案件情况需要提交的其他材料。

已委托县级司法行政机关进行核实、调查的，应当将调查评估意见书一并报送。

## 第四章　暂予监外执行的审批程序

**第二十一条**　省、自治区、直辖市监狱管理局收到监狱报送的提请暂予监外执行的材料后，应当进行审查。

对病情诊断、妊娠检查或者生活不能自理情况的鉴别是否符合暂予监外执行条件，由生活卫生部门进行审查；对上报材料是否符合法定条件、法定程序及材料的完整性等，由刑罚执行部门进行审查。

审查中发现监狱报送的材料不齐全或者有疑义的，刑罚执行部门应当通知监狱补交有关材料或者作出说明，必要时可派员进行核实；对诊断、检查、鉴别有疑议的，生活卫生部门应当组织进行补充鉴定或者重新鉴定。

审查无误后，应当由刑罚执行部门出具审查意见，报请局长召集评审委员会进行审核。

**第二十二条**　监狱管理局局长认为案件重大或者有其他特殊情况的，可以召开局长办公会议审议决定。

监狱管理局对罪犯办理暂予监外执行作出决定的，由局长在《暂予监外执行审批表》上签署意见，加盖监狱管理局公章。

**第二十三条**　对于病情严重需要立即保外就医的，省、自治区、直辖市监狱管理局收到监狱报送的提请暂予监外执行材料后，应当由刑罚执行部门、生活卫生部门审查，报经分管副局长审核后报局长决定，并在罪犯保外就医后三日内召开暂予监外执行评审委员会予以确认。

**第二十四条** 监狱管理局应当自收到监狱提请暂予监外执行材料之日起十五个工作日内作出决定。

批准暂予监外执行的，应当在五个工作日内，将《暂予监外执行决定书》送达监狱，同时抄送同级人民检察院、原判人民法院和罪犯居住地县级司法行政机关社区矫正机构。

不予批准暂予监外执行的，应当在五个工作日内将《不予批准暂予监外执行决定书》送达监狱。

人民检察院认为暂予监外执行不当提出书面意见的，监狱管理局应当在接到书面意见后十五日内对决定进行重新核查，并将核查结果书面回复人民检察院。

**第二十五条** 监狱管理局批准暂予监外执行的，应当在十个工作日内，将暂予监外执行决定上网公开。

## 第五章 暂予监外执行的交付程序

**第二十六条** 省、自治区、直辖市监狱管理局批准暂予监外执行后，监狱应当核实罪犯居住地，书面通知罪犯居住地县级司法行政机关社区矫正机构并协商确定交付时间，对罪犯进行出监教育，书面告知罪犯在暂予监外执行期间应当遵守的法律和有关监督管理规定。

罪犯应当在《暂予监外执行告知书》上签名，如果因特殊原因无法签名的，可由其保证人代为签名。

监狱将《暂予监外执行告知书》连同《暂予监外执行决定书》交予罪犯本人或保证人。

**第二十七条** 监狱应当派员持《暂予监外执行决定书》及有关文书材料，将罪犯押送至居住地，与县级司法行政机关社区矫正机构办理交接手续。

罪犯因病情严重需要送入居住地的医院救治的，监狱可与居住地县级司法行政机关协商确定在居住地的医院交付并办理交接手续，暂予监外执行罪犯的保证人应当到场。

罪犯交付执行后，监狱应当在五个工作日内将罪犯交接情况通报人民检察院。

**第二十八条** 罪犯原服刑地与居住地不在同一省、自治区、直辖市，需要回居住地暂予监外执行的，监狱应当及时办理出监手续并将交接情况通报罪犯居住地的监狱管理局，原服刑地的监狱管理局应当自批准暂予监外执行三个工作日内将《罪犯档案转递函》、《暂予监外执行决定书》以及罪犯档案等材料送达罪犯居住地的监狱管理局。

罪犯居住地的监狱管理局应当在十个工作日内指定一所监狱接收罪犯档案，负责办理该罪犯的收监、刑满释放等手续，并书面通知罪犯居住地县级司法行政机关社区矫正机构。

## 第六章 暂予监外执行的收监和释放程序

**第二十九条** 对经县级司法行政机关审核同意的社区矫正机构提出的收监建议，批准暂予监外执行的监狱管理局应当进行审查。

决定收监执行的，将《暂予监外执行收监决定书》送达罪犯居住地县级司法行政机关和原服刑或接收其档案的监狱，并抄送同级人民检察院、公安机关和原判人民法院。

**第三十条** 监狱收到《暂予监外执行收监决定书》后，应当立即赴羁押地将罪犯收监执行，并将《暂予监外执行收监决定书》交予罪犯本人。

罪犯收监后，监狱应当将收监执行的情况报告批准收监执行的监狱管理局，并告知罪犯居住地县级人民检察院和原判人民法院。

被决定收监执行的罪犯在逃的，由罪犯居住地县级司法行政机关通知罪犯居住地县级公安机关负责追捕。

**第三十一条** 被收监执行的罪犯有法律规定的不计入执行刑期情形的，县级司法行政机关社区矫正机构应当在收监执行建议书中说明情况，并附有关证明材料。

监狱管理局应当对前款材料进行审核，对材料不齐全的，应当通知县级司法行政机关社区矫正机构在五个工作日内补送；对不符合法律规定的不计入执行刑期情形的或者逾期未补送材料的，应当将结果告知县级司法行政机关社区矫正机构；对材料齐全、符合法律规定的不计入执行刑期情形的，应当通知监狱向所在地中级人民法院提出不计入刑期的建议书。

**第三十二条** 暂予监外执行罪犯刑期即将届满的，监狱收到县级司法行政机关社区矫正机构书面通知后,应当按期办理刑满释放手续。

**第三十三条** 罪犯在暂予监外执行期间死亡的,县级司法行政机关社区矫正机构应当自发现其死亡之日起五日以内,书面通知批准暂予监外执行的监狱管理局,并将有关死亡证明材料送达该罪犯原服刑或者接收其档案的监狱,同时抄送罪犯居住地同级人民检察院。

## 第七章 附 则

**第三十四条** 监区人民警察集体研究会议、监区长办公会议、监狱暂予监外执行评审委员会会议、监狱长办公会议、监狱管理局暂予监外执行评审委员会会议、监狱管理局局长办公会议的记录和本规定第二十条规定的材料,应当存入档案并永久保存。会议记录应当载明不同意见,并由与会人员签名。

**第三十五条** 监狱办理职务犯罪罪犯暂予监外执行案件,应当按照有关规定报请备案审查。

**第三十六条** 司法部直属监狱办理暂予监外执行工作程序,参照本规定办理。

**第三十七条** 本规定自2016年10月1日起施行。

# 八、关于进一步加强社区矫正工作衔接配合管理的意见

(2016年9月21日发布 司发〔2016〕88号)

为进一步加强社区矫正工作衔接配合,确保社区矫正依法适用、规范运行,根据刑法、刑事诉讼法以及最高人民法院、最高人民检察院、公安部、

司法部《社区矫正实施办法》等有关规定，结合工作实际，制定本意见。

**一、加强社区矫正适用前的衔接配合管理**

1. 人民法院、人民检察院、公安机关、监狱对拟适用或者提请适用社区矫正的被告人、犯罪嫌疑人或者罪犯，需要调查其对所居住社区影响的，可以委托其居住地县级司法行政机关调查评估。对罪犯提请假释的，应当委托其居住地县级司法行政机关调查评估。对拟适用社区矫正的被告人或者罪犯，裁定或者决定机关应当核实其居住地。

委托调查评估时，委托机关应当发出调查评估委托函，并附下列材料：

(1)人民法院委托时，应当附带起诉书或者自诉状；

(2)人民检察院委托时，应当附带起诉意见书；

(3)看守所、监狱委托时，应当附带判决书、裁定书、执行通知书、减刑裁定书复印件以及罪犯在服刑期间表现情况材料。

2. 调查评估委托函应当包括犯罪嫌疑人、被告人、罪犯及其家属等有关人员的姓名、住址、联系方式、案由以及委托机关的联系人、联系方式等内容。

调查评估委托函不得通过案件当事人、法定代理人、诉讼代理人或者其他利害关系人转交居住地县级司法行政机关。

3. 居住地县级司法行政机关应当自收到调查评估委托函及所附材料之日起10个工作日内完成调查评估，提交评估意见。对于适用刑事案件速裁程序的，居住地县级司法行政机关应当在5个工作日内完成调查评估，提交评估意见。评估意见同时抄送居住地县级人民检察院。

需要延长调查评估时限的，居住地县级司法行政机关应当与委托机关协商，并在协商确定的期限内完成调查评估。

调查评估意见应当客观公正反映被告人、犯罪嫌疑人、罪犯适用社区矫正对其所居住社区的影响。委托机关应当认真审查调查评估意见，作为依法适用或者提请适用社区矫正的参考。

4. 人民法院在作出暂予监外执行决定前征求人民检察院意见时，应当附罪犯的病情诊断、妊娠检查或者生活不能自理的鉴别意见等有关材料。

**二、加强对社区服刑人员交付接收的衔接配合管理**

5. 对于被判处管制、宣告缓刑、假释的罪犯，人民法院、看守所、监狱应当书面告知其到居住地县级司法行政机关报到的时间期限以及逾期报到的后果，并在规定期限内将有关法律文书送达居住地县级司法行政机关，同时抄送居住地县级人民检察院和公安机关。

社区服刑人员前来报到时，居住地县级司法行政机关未收到法律文书或者法律文书不齐全，可以先记录在案，并通知人民法院、监狱或者看守所在5日内送达或者补齐法律文书。

6. 人民法院决定暂予监外执行或者公安机关、监狱管理机关批准暂予监外执行的，交付时应当将罪犯的病情诊断、妊娠检查或者生活不能自理的鉴别意见等有关材料复印件一并送达居住地县级司法行政机关。

7. 人民法院、公安机关、司法行政机关在社区服刑人员交付接收工作中衔接脱节，或者社区服刑人员逃避监管、未按规定时间期限报到，造成没有及时执行社区矫正的，属于漏管。

8. 居住地社区矫正机构发现社区服刑人员漏管，应当及时组织查找，并由居住地县级司法行政机关通知有关人民法院、公安机关、监狱、居住地县级人民检察院。

社区服刑人员逃避监管、不按规定时间期限报到导致漏管的，居住地县级司法行政机关应当给予警告；符合收监执行条件的，依法提出撤销缓刑、撤销假释或者对暂予监外执行收监执行的建议。

9. 人民检察院应当加强对社区矫正交付接收中有关机关履职情况的监督，发现有下列情形之一的，依法提出纠正意见：

(1)人民法院、公安机关、监狱未依法送达交付执行法律文书，或者未向社区服刑人员履行法定告知义务；

(2)居住地县级司法行政机关依法应当接收社区服刑人员而未接收；

(3)社区服刑人员未在规定时间期限报到，居住地社区矫正机构未及时组织查找；

(4)人民法院决定暂予监外执行，未通知居住地社区矫正机构与有关公安机关，致使未办理交接手续；

(5)公安机关、监狱管理机关批准罪犯暂予监外执行，罪犯服刑的看守所、监狱未按规定与居住地社区矫正机构办理交接手续；

(6)其他未履行法定交付接收职责的情形。

三、加强对社区服刑人员监督管理的衔接配合

10. 社区服刑人员在社区矫正期间脱离居住地社区矫正机构的监督管理下落不明,或者虽能查找到其下落但拒绝接受监督管理的,属于脱管。

11. 居住地社区矫正机构发现社区服刑人员脱管,应当及时采取联系本人、其家属亲友,走访有关单位和人员等方式组织追查,做好记录,并由县级司法行政机关视情形依法给予警告、提请治安管理处罚、提请撤销缓刑、撤销假释或者对暂予监外执行的提请收监执行。

12. 人民检察院应当加强对社区矫正监督管理活动的监督,发现有下列情形之一的,依法提出纠正意见:

(1)社区服刑人员报到后,居住地县级司法行政机关未向社区服刑人员履行法定告知义务,致使其未按照有关规定接受监督管理;

(2)居住地社区矫正机构违反规定批准社区服刑人员离开所居住的市、县,或者违反人民法院禁止令的内容批准社区服刑人员进入特定区域或者场所;

(3)居住地县级司法行政机关对违反社区矫正规定的社区服刑人员,未依法给予警告、提请治安管理处罚;

(4)其他未履行法定监督管理职责的情形。

13. 司法行政机关应当会同人民法院、人民检察院、公安机关健全完善联席会议制度、情况通报制度,每月通报核对社区服刑人员人数变动、漏管脱管等数据信息,及时协调解决工作中出现的问题。

14. 司法行政机关应当建立完善社区服刑人员的信息交换平台,推动与人民法院、人民检察院、公安机关互联互通,利用网络及时准确传输交换有关法律文书,根据需要查询社区服刑人员脱管漏管、被治安管理处罚、犯罪等情况,共享社区矫正工作动态信息,实现网上办案、网上监管、网上监督。对社区服刑人员采用电子定位方式实施监督,应当采用相应技术,防止发生人机分离,提高监督管理的有效性和安全性。

15. 社区服刑人员被依法决定行政拘留、司法拘留、收容教育、强制隔离戒毒等或者因涉嫌犯新罪、发现判决宣告前还有其他罪没有判决被采取强制措施的,决定机关应当自作出决定之日起3日内将有关情况通知居住地县级司法行政机关和居住地县级人民检察院。

**四、加强对社区服刑人员收监执行的衔接配合管理**

16. 社区服刑人员符合收监执行条件的，居住地社区矫正机构应当及时按照规定，向原裁判人民法院或者公安机关、监狱管理机关送达撤销缓刑、撤销假释建议书或者对暂予监外执行的收监执行建议书并附相关证明材料。人民法院、公安机关、监狱管理机关应当在规定期限内依法作出裁定或者决定，并将法律文书送达居住地县级司法行政机关，同时抄送居住地县级人民检察院、公安机关。

17. 社区服刑人员因违反监督管理规定被依法撤销缓刑、撤销假释或者暂予监外执行被决定收监执行的，应当本着就近、便利、安全的原则，送交其居住地所属的省（区、市）的看守所、监狱执行刑罚。

18. 社区服刑人员被裁定撤销缓刑的，居住地社区矫正机构应当向看守所、监狱移交撤销缓刑裁定书和执行通知书、撤销缓刑建议书以及原判决书、裁定书和执行通知书、起诉书副本、结案登记表以及社区矫正期间表现情况等文书材料。

社区服刑人员被裁定撤销假释的，居住地社区矫正机构应当向看守所、监狱移交撤销假释裁定书和执行通知书，撤销假释建议书、社区矫正期间表现情况材料，原判决书、裁定书和执行通知书、起诉书副本、结案登记表复印件等文书材料。罪犯收监后，居住地社区矫正机构通知罪犯原服刑看守所、监狱将罪犯假释前的档案材料移交撤销假释后的服刑看守所、监狱。

暂予监外执行社区服刑人员被人民法院决定收监执行的，居住地社区矫正机构应当向看守所、监狱移交收监执行决定书和执行通知书以及原判决书、裁定书和执行通知书、起诉书副本、结案登记表、社区矫正期间表现等文书材料。

暂予监外执行社区服刑人员被公安机关、监狱管理机关决定收监执行的，居住地社区矫正机构应当向看守所、监狱移交社区服刑人员在接受矫正期间的表现情况等文书材料。

19. 撤销缓刑、撤销假释裁定书或者对暂予监外执行罪犯收监执行决定书应当在居住地社区矫正机构教育场所公示。属于未成年或者犯罪的时候不满十八周岁被判处五年有期徒刑以下刑罚的社区服刑人员除外。

20. 被裁定、决定收监执行的社区服刑人员在逃的，居住地社区矫正机构应当在收到人民法院、公安机关、监狱管理机关的裁定、决定后，立即通知居住地县级公安机关，由其负责实施追捕。

撤销缓刑、撤销假释裁定书和对暂予监外执行罪犯收监执行决定书，可以作为公安机关网上追逃依据。公安机关根据案情决定是否实施网上追逃。

21. 社区服刑人员被行政拘留、司法拘留、收容教育、强制隔离戒毒等行政处罚或者强制措施期间，人民法院、公安机关、监狱管理机关依法作出对其撤销缓刑、撤销假释的裁定或者收监执行决定的，居住地社区矫正机构应当将人民法院、公安机关、监狱管理机关的裁定书、决定书送交作出上述决定的机关，由有关部门依法收监执行刑罚。

22. 人民检察院应当加强对社区矫正收监执行活动的监督，发现有下列情形之一的，依法提出纠正意见：

(1)居住地县级司法行政机关未依法向人民法院、公安机关、监狱管理机关提出撤销缓刑、撤销假释建议或者对暂予监外执行的收监执行建议；

(2)人民法院、公安机关、监狱管理机关未依法作出裁定、决定，或者未依法送达；

(3)居住地县级司法行政机关、公安机关未依法将罪犯送交看守所、监狱，或者未依法移交被收监执行罪犯的文书材料；

(4)看守所、监狱未依法收监执行；

(5)公安机关未依法协助送交收监执行罪犯，或者未依法对在逃的收监执行罪犯实施追捕；

(6)其他违反收监执行规定的情形。

23. 对社区服刑人员实行社区矫正，本意见未明确的程序和事项，按照有关法律法规以及最高人民法院、最高人民检察院、公安部、司法部《社区矫正实施办法》，最高人民法院、最高人民检察院、公安部、司法部、国家卫生计生委《暂予监外执行规定》等执行。

24. 本意见自发布之日起施行。

## 九、关于对因犯罪在大陆受审的台湾居民依法适用缓刑实行社区矫正有关问题的意见

(2016年7月26日发布 法发〔2016〕33号)

为维护因犯罪在大陆受审的台湾居民的合法权益,保障缓刑的依法适用和执行,根据《中华人民共和国刑法》《中华人民共和国刑事诉讼法》和《社区矫正实施办法》等有关规定,结合工作实际,制定本意见。

**第一条** 对因犯罪被判处拘役、三年以下有期徒刑的台湾居民,如果其犯罪情节较轻、有悔罪表现、没有再犯罪的危险且宣告缓刑对所居住社区没有重大不良影响的,人民法院可以宣告缓刑,对其中不满十八周岁的人、怀孕的妇女和已满七十五周岁的人,应当宣告缓刑。

**第二条** 人民检察院建议对被告人宣告缓刑的,应当说明依据和理由。

被告人及其法定代理人、辩护人提出宣告缓刑的请求,应当说明理由,必要时需提交经过台湾地区公证机关公证的被告人在台湾地区无犯罪记录证明等相关材料。

**第三条** 公安机关、人民检察院、人民法院需要委托司法行政机关调查评估宣告缓刑对社区影响的,可以委托犯罪嫌疑人、被告人在大陆居住地的县级司法行政机关,也可以委托适合协助社区矫正的下列单位或者人员所在地的县级司法行政机关:

(一)犯罪嫌疑人、被告人在大陆的工作单位或者就读学校;

(二)台湾同胞投资企业协会、台湾同胞投资企业;

(三)其他愿意且有能力协助社区矫正的单位或者人员。

已经建立涉台社区矫正专门机构的地方，可以委托该机构所在地的县级司法行政机关调查评估。

根据前两款规定仍无法确定接受委托的调查评估机关的，可以委托办理案件的公安机关、人民检察院、人民法院所在地的县级司法行政机关。

**第四条**　司法行政机关收到委托后，一般应当在十个工作日内向委托机关提交调查评估报告；对提交调查评估报告的时间另有规定的，从其规定。

司法行政机关开展调查评估，可以请当地台湾同胞投资企业协会、台湾同胞投资企业以及犯罪嫌疑人、报告人在大陆的监护人、亲友等协助提供有关材料。

**第五条**　人民法院对被告人宣告缓刑时，应当核实其居住地或者本意见第三条规定的有关单位、人员所在地，书面告知被告人应当自判决、裁定生效后十日内到社区矫正执行地的县级司法行政机关报到，以及逾期报到的法律后果。

缓刑判决、裁定生效后，人民法院应当在十日内将判决书、裁定书、执行通知书等法律文书送达社区矫正执行地的县级司法行政机关，同时抄送该地县级人民检察院和公安机关。

**第六条**　对被告人宣告缓刑的，人民法院应当及时作出不准出境决定书，同时依照有关规定办理边控手续。

实施边控的期限为缓刑考验期。

**第七条**　对缓刑犯的社区矫正，由其在大陆居住地的司法行政机关负责指导管理、组织实施；在大陆没有居住地的，由本意见第三条规定的有关司法行政机关负责。

**第八条**　为缓刑犯确定的社区矫正小组可以吸收下列人员参与：

（一）当地台湾同胞投资企业协会、台湾同胞投资企业的代表；

（二）在大陆居住或者工作的台湾同胞；

（三）缓刑犯在大陆的亲友；

（四）其他愿意且有能力参与社区矫正工作的人员。

**第九条**　根据社区矫正需要，司法行政机关可以会同相关部门，协调台湾同胞投资企业协会、台湾同胞投资企业等，为缓刑犯提供工作岗位、技能培训等帮助。

**第十条** 对于符合条件的缓刑犯,可以依据《海峡两岸共同打击犯罪及司法互助协议》,移交台湾地区执行。

**第十一条** 对因犯罪在大陆受审、执行刑罚的台湾居民判处管制、裁定假释、决定或者批准暂予监外执行,实行社区矫正的,可以参照适用本意见的有关规定。

**第十二条** 本意见自2017年1月1日起施行。

# 参考文献


**著作类：**

1. 陈春安主编:《社区矫正专业方法应用指南》,法律出版社 2012 年版。

2. 陈文椿主编:《社区矫正教程》,广东高等教育出版社 2016 年版。

3. 蔡一军:《刑罚配置的基础理论研究》,中国法制出版社 2011 年版。

4. 邓中文主编:《社区矫正理论与实务研究》,中国政法大学出版社 2015 年版。

5. 胡春莉:《未成年人刑罚制度研究》,武汉大学出版社 2012 年版。

6. 黄华生:《论刑罚轻缓化》,中国经济出版社 2006 年版。

7. 郝方昉:《刑罚现代化研究》,中国政法大学出版社 2011 年版。

8. 金碧华:《支持的"过程":社区矫正假释对象的社会支持网络研究》,法律出版社 2014 年版。

9. 姜祖桢主编:《社区矫正理论与实务》,法律出版社 2010 年版。

10. 贡太雷:《惩戒与人权:中国社区矫正的法治理论》,法律出版社 2015 年版。

11. 高铭暄,马克昌:《刑法学》,北京大学出版社 2011 年版。

12. 高莹主编:《社区矫正工作手册》,法律出版社 2015 年版。

13. 李川:《刑罚目的理论的反思与重构》,法律出版社 2010 年版。

14. 连春亮主编:《社区矫正理论与实务》,法律出版社 2015 年版。

15. 连春亮主编:《社区矫正个案点评》,群众出版社 2013 年版。

16. 连春亮主编:《社区矫正工作规范》,群众出版社 2013 年版。

17. 刘丹福等:《社区服刑人员心理矫正》,科学出版社 2015 年版。

18. 刘强:《美国社区矫正演变史研究:以犯罪刑罚控制为视角》,法律出版社 2009 年版。

19. 刘强主编:《社区矫正组织管理模式比较研究》,中国法制出版社 2010 年版。

20. 刘强主编:《英国社区刑罚执行制度研究》,中国法制出版社 2011 年版。

21. 刘强主编:《社区矫正评论》(第一卷),中国法制出版社 2011 年版。

22. 刘强、姜爱东主编:《社区矫正评论》(第二卷),中国法制出版社 2012 年版。

23. 刘强、姜爱东主编:《社区矫正评论》(第三卷),中国法制出版社 2013 年版。

24. 刘强、姜爱东主编:《社区矫正评论》(第四卷),中国法制出版社 2014 年版。

25. 刘强、姜爱东主编:《社区矫正评论》(第五卷),中国法制出版社 2015 年版。

26. 刘强、武玉红等:《社区矫正制度惩罚机制完善研究》,中国人民公安大学出版社 2016 年版。

27. 李蓉:《社区矫正程序实证分析》,湘潭大学出版社 2011 年版。

28. 吕世伦主编:《西方法律思想史论》,商务印书馆 2006 年版。

29. 罗书平主编:《社区矫正工作指南》,中国民主法治出版社 2015 年版。

30. 龙腾云:《刑罚进化研究》,法律出版社 2014 年版。

31. 马辉、张文彪主编:《社区矫正实务》,中国政法大学出版社 2015 年版。

32. 梅正义:《社区矫正制度的移植、嵌入与重构》,中国民主法制出版社 2015 年版。

33. 欧渊华:《社区服刑人员教育矫正理论与实务》,中国法制出版社 2016 年版。

34. 邱帅萍:《刑罚目的论:基于近现代思想史的考察》,知识产权出版社 2016 年版。

35. 施洪深、张昱主编:《上海购买社区矫正社会工作服务十年实践与探索》,华东理工大学出版社 2015 年版。

36. 司法部社区矫正管理局编:《社区矫正研究论文集》,法律出版社 2013 年版。

37. 孙培梁:《社区矫正信息化》,华中科技大学出版社 2013 年版。

38. 王利宾:《刑罚的经济分析》,法律出版社 2014 年版。

39. 王联合:《论犯罪与刑罚》,中国政法大学出版社 2016 年版。

40. 王平、何显兵、郝方昉著:《理想主义的〈社区矫正法〉——学者建议稿及说明》,中国政法大学出版社 2012 年版。

41. 王志亮:《刑罚学研究》,中国法制出版社 2012 年版。

42. 王志亮:《刑罚学研究:欧美刑罚观、监狱观的演变》,苏州大学出版社 2016 年版。

43. 吴宗宪:《中国刑罚改革论》,北京师范大学出版社 2011 年版。

44. 吴宗宪:《社区矫正比较研究》,中国人民大学出版社 2011 年版。

45. 吴宗宪:《社区矫正导论》,中国人民大学出版社 2011 年版。

46. 吴宗宪、蔡雅奇、彭玉伟:《社区矫正制度适用与执行》,中国人民公安大学出版社 2012 年版。

47. 徐华、邱炜主编:《社区矫正一百问》,华东理工大学出版社 2015 年版。

48. 熊贵彬、荣容:《社区矫正"北京模式"新发展研究》,中国社会出版社 2012 年版。

49. 应放淦主编:《基层社区矫正执法工作实务》,法律出版社 2015 年版。

50. 赵秉志主编:《刑罚体系结构的改革与完善》,北京师范大学出版社 2012 年版。

51. 赵秉志主编:《社区矫正法(专家建议稿)》,中国法制出版社 2013 年版。

52. 张晨光:《刑罚的历史》,吉林大学出版社 2010 年版。

53. 张传伟:《我国社区矫正制度的趋向》,中国检察出版社 2006 年版。

54. 周国强:《社区矫正公民参与机制研究》,江苏大学出版社 2016

年版。

55. 张荆主编:《海峡两岸社区矫正制度建设研究》,法律出版社 2016 年版。

56. 张建明主编:《社区矫正实务》,中国政法大学出版社 2014 年版。

57. 朱久伟、王安主编:《社会治理视野下的社区矫正》,法律出版社 2012 年版。

58. 朱久伟、王志亮主编:《刑罚执行视野下的社区矫正》,法律出版社 2011 年版。

59. 张明楷:《责任刑与预防刑》,北京大学出版社 2015 年版。

60. 张明楷:《刑法学》,法律出版社 2011 年版。

61. 张苏军主编:《严宽相济刑事司法政策与刑罚执行方式改革研究》,中国检察出版社 2011 年版。

62. 张书颖、曹海英主编:《社区矫正社会工作服务项目操作指南》,知识产权出版社 2013 年版。

63. 王平主编:《社区矫正制度研究》,中国政法大学出版社 2014 年版。

64. 武玉红:《社区矫正管理模式研究》,中国法制出版社 2011 年版。

65. 武玉红、刘强:《社区矫正典型案例与矫正指要》,中国法制出版社 2015 年版。

66. 翟中东:《社区性刑罚的崛起与社区矫正的新模式——国际的视角》,中国政法大学出版社 2013 年版。

67. [英]艾伦·诺里:《刑罚、责任与正义:关联批判》,中国人民大学出版社 2009 年版。

68. [意]切萨雷·贝卡利亚:《论犯罪与刑罚》,黄风译,北京大学出版社 2014 年版。

69. [德]卡尔·路德维格·冯·巴尔:《大陆刑法史——从古罗马到十九世纪》,周振杰译,法律出版社 2016 年版。

70. [美]道格拉斯·胡萨克:《刑法哲学》,姜敏译,中国法制出版社 2015 年版。

71. [德]弗兰茨·骑士·冯·李斯特:《论犯罪、刑罚与刑事政策》,徐久生译,北京大学出版社 2016 年版。

72. [德]汉斯·约阿西姆·施耐德:《犯罪学》,吴鑫涛、马君玉译,中国人民公安大学出版社1990年版。

73. [英]皮特·雷诺,莫里斯·范斯顿:《解读社区刑罚》,刘强、王贵芳译,中国人民公安大学出版社2009年版。

74. [日]松原芳博:《刑法总论重要问题》,王昭武译,中国政法大学出版社2014年版。

**期刊类:**

1. 陈金林:《刑罚的正当性危机与积极的一般预防》,载《法学评论》2014年第4期。

2. 蔡芹、孙月春:《对社区矫正对象分类矫治的思考》,载《经济研究导刊》2010年第36期。

3. 陈庆:《社区矫正判前调查评估制度探析》,载《中北大学学报》2013年第29卷第2期。

4. 陈伟:《教育刑与刑罚的教育功能》,载《法学研究》2011年第6期。

5. 陈银珠:《刑罚的正当性——以保障人权为视角》,载《河南科技大学学报》2011年第29卷第1期。

6. 葛卫民:《论司法公正与司法效率》,载《政法学刊》2005年第2期。

7. 韩谦:《论刑罚的人道主义》,载《公民与法》2014年第7期。

8. 贾晓文:《完善监狱刑罚执行与社区矫正衔接配合的相关机制》,载《人民司法》2016年第1期。

9. 李冰:《澳大利亚的社区矫正制度》,载《中国司法》2005年第7期。

10. 李川:《从特殊预防到风险防控:社区矫正之理论嬗变与进路选择》,载《法律科学:西北大学学报》2012年第3期。

11. 李光勇:《社区服刑人员帮扶现状、困境与对策调查》,载《中国刑事法杂志》2013年第4期。

12. 黎鸿铭:《社区矫正终止工作存在的问题与对策》,载《职工法律天地》2015年第1期。

13. 李继斌、胡艳萍、施基熊、朱建华、朱黎明、刘强:《加拿大社区矫正概况及评价》,载《法治论丛》2004年第5期。

14. 刘景文、毛新政:《社区矫正衔接的制度缝隙及弥合——以社区矫正接收地存疑时的法院决定机制为对策》，载《尊重司法规律与刑事法律适用研究（下）——全国法院第 27 届学术讨论会获奖论文集》，会议时间：2016 年 4 月。

15. 刘强：《试论社区矫正的目的》，载《法治研究》2015 年第 6 期。

16. 刘淑波：《论司法公正》，载《当代法学》2003 年第 11 期。

17. 刘诗嘉：《社区矫正评估对象的选择——一种刑事司法评估方法的运用》，载《中国刑事法杂志》2005 年第 3 期。

18. 李素琴、谭恩惠：《美国社区矫正制度对我国的借鉴》，载《中国人民公安大学学报》（社会科学版）2012 年第 5 期。

19. 李希慧：《论刑罚的目的及其实现》，载《法治研究》2011 年第 2 期。

20. 李晓明、陈争尧：《“并合主义”刑罚观对我国刑法立法的推动——以〈刑法修正案（九）〉为视角》，载《政法论丛》2016 年第 2 期。

21. 林宇虹：《国外社区矫正人身危险性评估的简析及其借鉴》，载《法治与经济》2007 年第 4 期。

22. 康均心、杜辉：《对我国社区矫正适用范围的质疑——以社区矫正的性质为视角》，载《辽宁公安司法管理干部学院学报》2006 年第 4 期。

23. 司法部预防犯罪研究所课题组：《社区矫正衔接机制建设研究报告》，载《人民司法》2016 年第 6 期。

24. 上海市新航社区服务总站宝山工作站：《社区矫正分阶段集中教育经验分享》，载《社会工作上半月（实务）》第 2009 年第 7 期。

25. 社区矫正考察组：《加拿大社区矫正概况与评价》，载《法治论丛》2004 年第 5 期。

26. 苏青：《我国〈刑法〉“禁止令”如何才能“令行禁止”——兼论与社区矫正的衔接问题》，载《法学杂志》2013 年第 10 期。

27. 苏永生：《变动中的刑罚结构——由〈刑法修正案（九）〉引发的思考》，载《法学论坛》2015 年第 5 期。

28. 时延安：《刑罚的正当性探究——从权利出发》，载《法制与社会发展》2010 年第 2 期。

29. 王华婷：《社区矫正对象的分类矫治初探》，载《北京农学院学报》2008 年第 2 期。

30. 翁里:《中美“社区矫正”理论与实务比较研究》,载《浙江大学学报》2007 年第 37 卷第 6 期。

31. 王胜:《社区矫正制度研究》,载《环球市场》2016 年第 5 期。

32. 王友江、马捷、林仲书:《社区服刑人员分类管理份阶段教育模式的探索与实践》,载《基层司法行政》2006 年第 5 期。

33. 吴宗宪:《中国中途之家发展模式探讨》,载《中国司法》2010 年第 7 期。

34. 徐伟、童春荣:《刑罚正当性的社会心理学分析》,载《齐齐哈尔大学学报》2012 年第 5 期。

35. 叶小波:《社区矫正适用范围及条件之分析》,载《法治与社会》2012 年第 31 期。

36. 张明楷:《新刑法与并和主义》,载《中国社会科学》2000 年第 1 期。

37. 张绍彦:《社区矫正在中国——基础分析、前景与困境》,载《环球法律评论》2006 年第 3 期。

38. 张学超、王宏玉:《我国社区服刑人员的分类实践及完善建议》,载《中国人民公安大学学报》2013 年第 6 期。

39. 郑艳:《社区矫正工作风险及防控策略》,载《河南司法警官职业学院学报》2016 年第 14 卷第 2 期。

**图书在版编目(CIP)数据**

社区矫正工作教程 / 陈明国主编. --北京:法律出版社,2017
ISBN 978-7-5197-1107-8

Ⅰ.①社… Ⅱ.①陈… Ⅲ.①社区-监督改造-中国-教材 Ⅳ.①D926.7

中国版本图书馆CIP数据核字(2017)第180576号

**社区矫正工作教程**
**SHEQU JIAOZHENG GONGZUO JIAOCHENG**

陈明国 主编

**策划编辑** 郑 导
**责任编辑** 郑 导
**装帧设计** 汪奇峰

**出版** 法律出版社
**总发行** 中国法律图书有限公司
**经销** 新华书店
**印刷** 北京嘉恒彩色印刷有限责任公司
**责任校对** 王沁陶
**责任印制** 张建伟

**编辑统筹** 独立项目策划部
**开本** 720毫米×960毫米 1/16
**印张** 19.75
**字数** 306千
**版本** 2017年12月第1版
**印次** 2017年12月第1次印刷

法律出版社/北京市丰台区莲花池西里7号(100073)
网址/www.lawpress.com.cn
投稿邮箱/info@lawpress.com.cn
举报维权邮箱/jbwq@lawpress.com.cn
销售热线/010-63939792
咨询电话/010-63939796

中国法律图书有限公司/北京市丰台区莲花池西里7号(100073)
全国各地中法图分、子公司销售电话:
统一销售客服/400-660-6393
第一法律书店/010-63939781/9782
西安分公司/029-85330678
重庆分公司/023-67453036
上海分公司/021-62071639/1636
深圳分公司/0755-83072995

**书号**:ISBN 978-7-5197-1107-8
**定价**:66.00元
(如有缺页或倒装,中国法律图书有限公司负责退换)